高职高专经济管理类创新教材

会计基础

（第二版）

李天宇　编著

清华大学出版社

北　京

内 容 简 介

本书依据财政部对会计从业人员应具备专业技能的具体要求，在总结作者多年一线教学工作经验的基础上编写而成。本书在编写时力求深入浅出、重点突出、通俗易懂。全书共 10 章，细化为近 200 个知识要点，分别从知识概述、会计要素与会计等式、会计科目与账户、记账方法、借贷记账法的应用、会计凭证、会计账簿、账务处理程序、财产清查和财务报表等方面进行介绍。每个知识点均在 MOOC 平台资源共享课程中配有视频讲解等资源。书中每章均在起始和结束位置设有【基本要求】【练一练】【做一做】等专栏，以帮助读者更好地学习和掌握知识体系。

本书可作为普通高等院校(高职高专、应用型本科)、成人高校、民办高校和本科院校举办的职业技术学院会计类专业的通用教材及其他管理类专业的教材。

图书在版编目(CIP)数据

会计基础 / 李天宇编著. —2 版. —北京：清华大学出版社，2022.4

高职高专经济管理类创新教材

ISBN 978-7-302-60446-4

Ⅰ. ①会…　Ⅱ. ①李…　Ⅲ. ①会计学—高等职业教育—教材　Ⅳ. ①F230

中国版本图书馆 CIP 数据核字(2022)第 052817 号

责任编辑：刘金喜
装帧设计：孔祥峰
责任校对：成凤进
责任印制：沈　露

出版发行：清华大学出版社

    网　　　址：http://www.tup.com.cn，http://www.wqbook.com

    地　　　址：北京清华大学学研大厦 A 座　　　　　　邮　　编：100084

    社 总 机：010-83470000　　　　　　　　　　　　邮　　购：010-62786544

    投稿与读者服务：010-62776969，c-service@tup.tsinghua.edu.cn

    质 量 反 馈：010-62772015，zhiliang@tup.tsinghua.edu.cn

印 装 者：三河市铭诚印务有限公司

经　　销：全国新华书店

开　　本：185mm×260mm　　　印　　张：16.5　　　字　　数：412 千字

版　　次：2018 年 6 月第 1 版　　2022 年 6 月第 2 版　　印　　次：2022 年 6 月第 1 次印刷

定　　价：59.80 元

产品编号：095181-01

第二版前言

2021 年 10 月，中共中央办公厅、国务院办公厅印发了《关于推动现代职业教育高质量发展的意见》(下称《意见》)，文件指出职业教育是国民教育体系和人力资源开发的重要组成部分，肩负着培养多样化人才、传承技术技能、促进就业创业的重要职责。《意见》要求"坚持立德树人、德技并修，推动思想政治教育与技术技能培养融合统一"，故第二版修订过程中强调了课程思政元素，在专业知识讲授的同时加入了会计人员应具备的"诚信为本、操守为重、坚持准则、不做假账"的职业操守原则。《意见》还要求"坚持产教融合、校企合作，推动形成产教良性互动、校企优势互补的发展格局"，故第二版修订过程中强调了与企业实际业务的无缝对接，坚持面向实践、强化能力，让更多青年凭借一技之长实现人生价值。

"会计基础"课程的内容包括会计基本理论、基本方法和基本操作技能，是为后续会计专业课程打基础的一门重要的必修课程。其教学目的是帮助初学者掌握会计基本理论、基本方法和基本操作技能，以便更好地学习后续会计课程。基于这一目的，我们坚持理论联系实际，力求使本书内容进一步贴近企业的真实工作过程，以增强本书的实用性。

职教"金课"需要为学生体验知识与技能创设真实的工作环境，表现为具体化、形象化、生活化、生动化、活泼化、背景化、问题化和思维化，带动学生入情入境，使学生由内而外地产生情感共鸣。

本书是中国大学 MOOC、智慧职教 MOOC 学院、职教云、学银在线和超星泛雅等多个MOOC 学习平台中"会计从业技术基础"(原"会计基础")资源共享课程的配套教材，MOOC中包含微课、视频、教学 PPT、图片等丰富的教学资源。

MOOC 地址：
- 中国大学 MOOC 链接：https://www.icourse163.org/course/TJXDZY-1450019169
- 智慧职教 MOOC 学院链接：https://mooc.icve.com.cn/course.html?cid=HJCTJ537165
- 学银在线链接：https://www.xueyinonline.com/detail/215065087

本书附配 PPT 教学课件，可通过 http://www.tupwk.com.cn/downpage 页面或扫描下方二维码下载。

PPT 教学课件

　　本书由李天宇设计架构并独立编著。本书在编写过程中参阅了有关法律法规制度及参考资料，但由于笔者本身的局限及时间限制，书中难免有不妥及疏漏之处，敬请读者批评指正。借此机会笔者还要向在本书编写和出版过程中提供帮助的单位和个人致以衷心的感谢！

　　服务邮箱：476371891@qq.com。

作　者

2022 年 2 月

第一版前言

2017 年 11 月 5 日，新修订的《中华人民共和国会计法》(以下简称《会计法》)正式施行，新《会计法》删除了关于从事会计工作的人员必须取得会计从业资格证书等规定，对会计人员应当具备从事会计工作所需要的专业能力并遵守职业道德、违法会计人员五年内不得从事会计工作或者不得再从事会计工作等做出了规定。本书依据财政部对会计从业人员应具备专业技能的具体要求，在总结作者多年一线教学工作经验的基础上编写而成。

"会计基础"课程的内容包括会计基本理论、基本方法和基本操作技能，是为后续会计专业课程打基础的一门重要的必修课程。其教学目的是帮助初学者掌握会计基本理论、基本方法和基本操作技能，以便更好地学习后续会计课程。基于这一目的，我们坚持理论联系实际，力求使本书内容进一步贴近企业的真实工作过程，以增强本书的实用性。

本书中所有实例均已按照中华人民共和国财政部"财税〔2018〕32 号"文件的要求调整了增值税税率，在编写时力求深入浅出、突出重点、通俗易懂。全书共分为十章，每章均在起始和结束位置设有【基本要求】【练一练】【做一做】等专栏，以帮助读者更好地学习和掌握知识体系。本书可用作高职高专、成人高校、民办高校会计类专业的通用教材及其他管理类专业的教材，也可根据中华人民共和国财政部"财会〔2018〕10 号"文件第三章第九条的规定，用作会计专业技术人员继续教育专业科目部分的教学用书。

本书由李天宇设计架构并独立编著。在本书的编写过程中，作者参阅了有关法律法规制度及参考资料，但由于作者本身的局限及时间限制，书中难免有不妥及疏漏之处，敬请读者批评指正。借此机会笔者还要向在本书编写和出版过程中提供帮助的单位和个人致以衷心的感谢。

本书附配课件、习题等相关教学资源，可通过 http://www.tupwk.com.cn/downpage 下载。
服务邮箱：476371891@qq.com

作　者
2018 年 5 月

目　录

第一章

总　　论

第一节　会计的概念与目标

人类的生存，社会的发展，都需要生产活动。生产活动，一方面创造物质财富，取得一定的劳动成果；另一方面发生劳动耗费，包括人力、物力的耗费。在一切社会形态中，人们进行生产活动时，总是力求以尽可能少的劳动耗费，取得尽可能多的劳动成果。为此，就必须在不断改革生产技术的同时，采用一定方法对劳动耗费和劳动成果进行记录、计算，并加以比较和分析。这种对劳动耗费和劳动成果予以确认、计量、报告，并进行分析的方法就是基本意义上的会计。

一、会计的概念与特征

(一) 会计的概念

会计是以货币为主要计量单位，运用专门的方法，核算和监督一个单位经济活动的一种经济管理工作。概念中提到的单位是国家机关、社会团体、公司、企业、事业单位和其他组织的统称。未特别说明时，本书主要以《企业会计准则》为依据介绍企业经济业务的会计处理。

随着经济的发展，会计已经成为现代企业一项重要的管理工作。企业的会计工作主要是通过一系列会计程序，对企业的经济活动和财务收支进行核算和监督，反映企业财务状况、经营成果和现金流量，以及企业管理层受托责任履行情况，为会计信息使用者提供有用的决策信息，并积极参与经营管理决策，提高企业经济效益，促进市场经济的健康有序发展。

(二) 会计的基本特征

会计的基本特征有以下几种。

1. 会计是一种经济管理活动

会计是管理生产过程中反映和控制经济活动并使之达到一定目的的一种活动。会计的主要目标是提供有助于决策制定的信息。会计信息的最终产品是决策，该决策主体无论是所有者、管理人员、债权人、政府监管机构，还是与企业财务业绩利益相关的众多其他团体，决策有效性都会因使用会计信息而得到加强。会计应而且必须提供相关人士所需的信息，但更重要的是信息生成前的预测和决策及信息反馈过程中的控制。因此，核算并提供信息是手段，而控制管理才是真正的目的。

2. 会计是一个经济信息系统

会计核算与监督的目的是为会计信息使用者提供有用的会计信息，供其了解和管理经济过程。因此，会计采用专门方法收集、检查、筛选、加工、存储、输送信息，形成了一个有机的整体，构成了一个具有特定功能的信息系统。

3. 会计以货币作为主要计量单位

会计反映社会再生产过程时，使用实物、劳动(或时间)和货币 3 种量度，但应以具有综合量度特点的货币量度为主。实物量度是为了核算不同物资的实物数量而采用的计量单位，具有直观性，它能够提供经济管理上所需的各种实物指标，但实物计量单位不能用来总计不同种类的财产物资，也不能总计各种不同的经济活动；劳动量度是为了核算经济活动中消耗的工作时间的数量而采用的计量单位，它有助于合理地安排工作和具体确定某一工作过程中的劳动耗费数量，但在商品经济条件下，由于有简单劳动和复杂劳动之分，所以对各种人员的劳动还不能以某种劳动计量单位进行综合，各种劳动时间的直接相加也并不表明企业单位的劳动总成果；货币量度具有质的同一性和量的可加性，为了克服实物计量单位的差异性和劳动计量单位的复杂性，会计核算应以货币量度为主，以综合反映经济活动的过程和结果，为经济管理提供所需的价值指标。

4. 会计具有核算和监督的基本职能

会计的职能是会计在经济管理过程中所具有的功能。如今，人们一般认为会计的基本职能包括进行会计核算和实施会计监督两个方面，这两项基本职能已写入《中华人民共和国会计法》，对会计工作的开展具有重要的指导意义。

5. 会计采用一系列专门的方法

会计方法是指用来核算和监督会计内容、完成会计任务的手段。为了反映和监督会计对象，会计工作需要一系列用于确认、计量和报告的专门方法，这些会计方法一般包括会计核算方法、会计分析方法、会计检查方法、会计控制方法和会计预测、决策方法。

(三) 会计的发展历程

会计是随着人类社会生产的发展和经济管理的需要而产生、发展并不断得到完善的。其中，会计的发展可划分为古代会计、近代会计和现代会计 3 个阶段。

最初的会计只是作为生产职能的附带部分，即由生产者在生产时间之外将收入、支付等事项记载下来，如原始社会早期的结绳记事、绘图记事、刻木记日等。当社会生产力发展到一定水平，即原始社会的中期和后期时，出现了剩余产品及有了商品生产和以某种商品作为"一般等价物"进行的交换，会计才逐渐从生产职能的附带工作中分离出来，成为专门委托当事人的独立职能或工作。在远古的印度公社中，产生了农业记账员。中国西周时期，也曾出现了专门从事会计工作的官员，名曰"司会"，进行"日计月会，月计岁会"，并记载"零星算之为计，总合算之为会"。

古代会计主要指服务于王室的赋税征收、财政支出、财产保管等。因此，早在公元前的古巴比伦、埃及、中国和希腊就因私有财富的积累而有了受托责任会计的产生。社会生产的发展，尤其是社会生产商品化程度的不断提高，会计经历了一个从简单到复杂，从低级到高级不断发展的过程。在我国的宋朝，以编制"四柱清册"来办理钱粮报销及移交手续，具体算清并明确经管财务的责任，"四柱"指旧管、新收、开除、实在，相当于现时会计术语的期初结存、本期收入、本期支出和期末结存。"四柱"之间的平衡关系为：旧管＋新收－开除＝实在。该方法后由官厅拓展到民间，逐步形成我国传统的中式簿记。在中世纪欧洲，资本主义商品货币经济的迅速发展，促进了会计的发展。

近代会计的基本特征是：从单式记账法过渡到复式记账法。意大利数学家卢卡·巴其阿勒(Luca Paciolo)有关复式记账论著的问世，是会计发展史上的一个里程碑，为现代会计的发展奠定了基础。

现代意义上的会计是在 20 世纪 50 年代以后，在市场经济发达的国家发展起来的。在经济活动更加复杂、生产日益社会化、人们的社会关系更加广泛的情况下，会计的地位和作用、会计的目标，以及会计所应用的原则、方法和技术都在不断发展、变化且日趋完善，并逐步形成自身的理论和方法体系。随着科学技术水平的提高，现代数学、现代管理科学与会计结合，在此基础上形成的财务会计与管理会计相分离是现代会计的开端。

会计按其报告对象的不同可分为财务会计和管理会计。财务会计主要侧重于向企业外部关系人提供有关企业财务状况、经营成果和现金流量情况等信息；管理会计主要侧重于向企业内部管理者提供进行经营规划、经营管理、预测决策所需的相关信息。财务会计侧重于过去信息，为外部有关各方提供所需数据；管理会计侧重于未来信息，为内部管理部门提供数据。

人类社会进入 21 世纪后，一个全球化、信息化、网络化和以知识驱动为基本特征的崭新经济时代的出现，特别是电子计算机在会计数据处理中的应用，使会计信息范围不断扩大，会计工作效能显著提高。面对整个经济环境的变化，为了更好地发挥会计职能的作用，无论是会计实践还是会计理论都将进入一个新的、更快的发展阶段。

二、会计的对象与目标

(一) 会计对象

会计对象是指会计核算和监督的内容，具体是指社会再生产过程中能以货币表现的经济活动，即资金运动或价值运动。

资金运动包括各特定主体的资金投入、资金运用和资金退出等过程，而具体到企业、事业、行政单位又有较大差异。即便同样是企业，工业、农业、商业、交通运输业、建筑业及金融业等也均有各自资金运动的特点，其中尤以工业企业最具代表性。下面以工业企业为例，说明企业会计的具体对象。

工业企业是从事工业产品生产和销售的营利性经济组织。为了从事产品的生产与销售活动，企业必须拥有一定数量的资金，用于建造厂房、购买机器设备、购买材料、支付职工工资、支付经营管理中必要的开支等，生产出的产品经过销售后，收回的货款还要补偿生产中的垫付资金、偿还有关债务、上交有关税费等。由此可见，工业企业的资金运动包括资金的投入、资金的循环与周转(包括供应过程、生产过程、销售过程 3 个阶段)及资金的退出三部分，既有一定时期内的显著运动状态(表现为收入、费用、利润等)，又有一定日期的相对静止状态(表现为资产与负债及所有者权益的恒等关系)。

资金的投入包括企业所有者投入的资金和债权人投入的资金两部分，前者属于企业所有者权益，后者属于企业债权人权益——企业负债。投入企业的资金一部分构成流动资产，另一部分构成非流动资产。

资金的循环和周转分为供应、生产、销售 3 个阶段。在供应过程中，企业要购买材料等劳动对象，发生材料买价、运输费、装卸费等材料采购成本，与供应单位发生货款结算关系。在生产过程中，劳动者借助于劳动手段将劳动对象加工成特定的产品，发生材料消耗的材料费、固定资产磨损的折旧费、生产工人劳动耗费的人工费等，构成产品使用价值与价值的统一体，同时，还将发生企业与工人之间的工资结算关系、与有关单位之间的劳务结算关系等。在销售过程中，将生产的产品销售出去，发生有关销售费用、收回货款、缴纳税金等业务活动，并同购货单位发生货款结算关系、同税务机关发生税务结算关系等。企业获得的销售收入，扣除各项费用后的利润，还要提取盈余公积并向所有者分配利润。

资金的退出包括偿还各项债务、上交各项税金、向所有者分配利润等，这部分资金便离开本企业，退出本企业的资金循环与周转。

上述资金运动的 3 个阶段，构成了开放式的运动形式，是相互支撑、相互制约的统一体。没有资金的投入，就不会有资金的循环与周转；没有资金的循环与周转，就不会有债务的偿还、税金的上缴和利润的分配等；没有这类资金的退出，就不会有新一轮的资金投入，就不会有企业进一步的发展。

上述资金运动呈现出显著的运动状态，同时也具有某一时点上的相对静止状态。仍以工业企业为例，为了维持生产经营活动，企业必须拥有一定量的经济资源(即资产)，它们分布在企业生产经营过程的不同阶段(供应、生产、销售等阶段)和不同方面(表现为厂房、机器设备、原材料、在产品、库存商品及货币资金等)，称为资金占用。另外，这些经济资源的取得需要通过一定的途径，包括来自投资者投入的资金或是债权人提供的借款等，称为资金来源。从任一时点上看，资金运动总处于相对静止的状态，即企业的资金在任一时点上均表现为资金占用和资金来源两方面，这两个方面既相互联系，又相互制约。

(二) 会计目标

会计目标也称为会计目的，是要求会计工作完成的任务或达到的标准，即向财务会计报告使用者提供与企业财务状况、经营成果和现金流量等有关的会计信息，反映企业管理层受托责任履行情况，有助于财务会计报告使用者做出经济决策。

关于会计目标，理论界有"决策有用观"和"经营责任观"之争。在信息提供的内容和提供对象上，"决策有用观"认为，会计应向现时的投资人和潜在的投资人(包括债权人)提供其投资决策所需要的信息；"经营责任观"则认为，会计应以向现时的投资人提供反映管理当局受托责任履行情况的信息。在信息质量特征上，"决策有用观"要求所提供的信息应与决策有直接的相关性；而"经营责任观"认为，反映报告主体经济活动的真实性是首要的标准。

第二节　会计的职能与核算方法

一、会计的职能

会计的职能是指会计在经济管理过程中所具有的功能。会计具有会计核算和会计监督两项基本职能和预测经济前景、参与经济决策、评价经营业绩等拓展职能。

(一) 基本职能

1. 会计核算

会计核算职能，又称为会计反映职能，是会计最基本的职能。会计核算贯穿于经济活动的全过程，它是指会计以货币为主要计量单位，对特定主体的经济活动进行确认、计量和报告，为有关各方提供会计信息。会计核算的内容具体表现为生产经营过程中的各种经济业务，包括：①款项和有价证券的收付；②财物的收发、增减和使用；③债权、债务的发生和结算；④资本的增减；⑤收入、费用、成本的计算；⑥财务成果的计算和处理；⑦其他需要办理会计手续、进行会计核算的事项。会计核算的要求是真实、准确、完整、及时。

会计核算具有完整性、连续性和系统性。完整性，一方面是指会计反映的会计事项，不能遗漏和任意取舍，另一方面是指将经济业务引起资金运动的来龙去脉反映出来，这样就能反映经济活动的全过程。连续性，是指会计在反映经济活动时，应按其发生时间的先后顺序依次不间断地进行登记。系统性，是指会计对经济活动的反映，既要全面相互联系地记录，又必须进行科学的分类，使之成为系统的会计数据，便于信息使用者的有效利用。

2. 会计监督

会计监督职能，又称为会计控制职能，是指对特定主体经济活动和相关会计核算的真实性、合法性和合理性进行监督检查。

(1) 真实性监督。真实性监督是指通过相关的会计法规制度来规范会计行为，使会计在对经济活动进行确认、计量和报告时所生成的会计资料真实和完整。会计资料作为重要的社会资源和"商业语言"，为政府管理部门、投资者、债权人及社会公众进行评价财务状况、防范经营风险提供重要依据。因此，保证会计资料真实、完整是维护社会经济秩序正常运转的客观要求。

(2) 合法性监督。合法性监督是指依据财务收支的监督标准，对企业单位发生经济业务而引起的现金、银行存款的收入和支出、应收和应付款项、投资等在进行会计确认、计量、记录和报告的同时，是否符合党和国家有关的法律法规的监督，会计人员对于违反法律和国家统一的会计标准规定的会计事项，有权拒绝办理或按照职权予以纠正。

(3) 合理性监督。合理性监督是指依据提高工作效率和经济效益的监督标准，对经济活动进行会计确认、计量和报告的同时，对是否符合节约和效率原则的监督，揭露经济管理中的矛盾，促进企业开展增产节约，挖掘内部潜力，堵塞漏洞，防止损失和浪费，更好地提高经济效益。

会计监督是一个过程，它分为事前监督、事中监督和事后监督。事前监督是指依据会计的监督标准，主要采用预测的方法，预测和分析将要发生的经济活动可能达到的预期结果，是否与决策和计划的目标一致。事中监督也称为日常监督，是指按照会计的监督标准，主要采用控制和审核的方法，对进行中的经济活动进行审核和分析，对已发现的问题提出建议，督促有关部门采取措施，调整经济活动，使其按照预定的目标和要求进行。事后监督是指依据会计的监督标准，通过检查和分析已取得的会计资料，对已完成的经济活动的合法性、合理性和有效性进行的考核和评价。

会计核算职能和会计监督职能是相辅相成、辩证统一的关系。会计核算是会计监督的基础，没有核算所提供的各种信息，监督就失去了依据；而会计监督又是会计核算质量的保障，只有核算、没有监督，就难以保证核算所提供信息的真实性、可靠性。

(二) 拓展职能

会计的拓展职能主要有预测经济前景、参与经济决策和评价经营业绩等。随着生产水平的日益提高、社会经济关系的日益复杂和管理理论的不断深化，会计所发挥的作用日益重要，其职能也在不断丰富和发展，会计的职能将随着经济的发展而不断发展变化。

二、会计的核算方法

会计核算方法是指对会计对象进行连续、系统、全面、综合地确认、计量和报告所采用的各种方法。

(一) 会计核算方法体系

会计核算方法体系由填制和审核会计凭证、设置会计科目和账户、复式记账、登记会计账簿、成本计算、财产清查、编制财务会计报告等专门方法构成。它们相互联系、紧密结合，确保会计工作有序进行。

1. 填制和审核会计凭证

会计凭证是记录经济业务事项和明确经济责任的书面证明，也是登记账簿的依据。填制和审核会计凭证是为了保证会计记录真实、可靠、完整、正确而采用的方法，它不仅是会计核算的专门方法，也是会计监督的重要方式。任何一项经济业务事项都应根据实际发生和完成的情况填制或取得会计凭证，经有关部门和人员审核无误后，方可登记账簿。填制和审核会计凭证是保证会计资料真实、完整的有效手段。

2. 设置会计科目和账户

会计科目是对会计对象的具体内容进行科学分类的名称。由于会计对象的内容是多种多样的，因此必须通过科学分类的方法，才能将它系统地反映出来。企业可以选用国家统一会计制度设置的会计科目，也可以根据统一会计制度规定的内容自行设置和使用会计科目。

账户是根据会计科目在账簿中设置的，具有一定结构，用以反映会计对象具体内容的增减变化及其结果的一种专门方法。设置会计科目和账户对复式记账、填制凭证、登记账簿和编制财务会计报告等方面的运用具有重要意义。

3. 复式记账

复式记账是指每一项经济业务事项都要以相等的金额在相互关联的两个或两个以上的账户中同时进行记录的方法。任何一项经济业务事项都会引起至少两个方面的变化，或者同时出现增减，或者此增彼减，这种变化既相互独立，又密切联系。如果采取单式记账法，只能对其中的一种变化进行核算和监督，无法全面地反映经济业务事项的全貌。采用复式记账法，可以通过账户的对应关系完整地反映经济业务的来龙去脉，还可以通过每一项经济业务事项所涉及的两个或两个以上的账户之间的平衡关系，检查会计记录的正确性。

4. 登记会计账簿

会计账簿是由具有规定格式的账页所组成的，用以全面、系统、连续地记录经济业务事项的簿籍。登记会计账簿是根据审核无误的会计凭证，分门别类地记入有关簿籍的专门方法。账簿是将会计凭证中分散的经济业务事项进行分类、汇总、系统记录的信息载体。账簿记录的资料是编制财务会计报告的重要依据。

5. 成本计算

成本计算就是将经营过程中发生的全部费用，按照一定对象进行归集，借以明确各对象的总成本和单位成本的专门方法。通过成本计算，可以考核各企业的物化劳动和活劳动的耗费程度，进而为成本控制、价格决策和经营成果的确定提供有用资料。

6. 财产清查

财产清查是指定期或不定期地对财产物资、货币资金、往来结算款项进行清查盘点，以查明其实物量和价值量实有数额的一种专门方法。通过财产清查，可以保证账实相符，从而确保财务会计报告的数据真实可靠。同时，也是加强财产物资管理，充分挖掘财产物资潜力，明确经济责任，强化会计监督的重要制度。

7. 编制财务会计报告

编制财务会计报告是根据账簿记录的数据资料，概括、综合地反映各单位在一定时期的经济活动情况及其结果的一种书面报告。财务会计报告由会计报表、会计报表附注和财务情况说明书组成。编制财务会计报告是对日常核算的总结，是在账簿记录基础上对会计核算资料的进一步加工整理，也是进行会计分析、会计检查、会计预测和会计决算的重要依据。

上述 7 种会计核算的主要方法相互联系、配合，构成了一个完整的方法体系。经济业务事项发生时，首先要取得或填制会计凭证并加以审核，然后按照设置的会计科目，运用复式记账登记账簿。对于生产经营过程中发生的各项费用，应进行归集并按一定的对象定期计算成本，同时，定期或不定期地进行财产清查，核对账目。在账证相符、账账相符、账实相符的基础上，根据账簿资料，定期编制财务会计报告。

(二) 会计循环

会计循环是指按照一定的步骤反复运行的会计程序。从会计工作流程来看，会计循环由确认、计量和报告等环节组成；从会计核算的具体内容来看，会计循环由填制和审核会计凭证、设置会计科目和账户、复式记账、登记会计账簿、成本计算、财产清查、编制财务会计报告等组成。会计核算方法构成会计循环过程，填制和审核会计凭证是会计核算的起点。

从会计核算的具体方法来看，当经济业务发生后，取得和填制会计凭证；按会计科目对经济业务进行分类核算，并运用复式记账法在有关会计账簿中进行登记；对生产经营过程中发生的各种费用进行成本计算；对账簿记录通过财产清查加以核实，保证账实相符；期末，根据账簿记录资料和其他资料，实行必要的加工计算，编制会计报表。从填制会计凭证到登记账簿、编制出会计报表，一个会计期间(通常为一个月)的会计核算工作即告结束，然后按照上述程序进入新的会计期间，如此循环往复，持续不断地进行下去，这个过程称为会计循环。

第三节 会计基本假设与会计基础

一、会计基本假设

会计基本假设是企业会计确认、计量和报告的前提，是对会计核算所处时间、空间环境等所做的合理假定。会计假设并不是毫无根据地猜想，而是根据会计的社会经济环境，从已掌握的事实材料出发，并根据已证实的理论进行逻辑推理的结果。会计基本假设包括会计主体、持续经营、会计分期和货币计量。

(一) 会计主体

会计主体，又称为会计实体，是会计核算服务对象或会计人员进行核算采取的立场及空间活动的范围的界定。其指会计所服务的特定单位，是企业会计确认、计量和报告的空间范围，即会计核算和监督的特定单位或组织。对会计主体的择定，有两个可以依赖的基础：一是根据能控制资源、承担义务并进行经营运作的经济单位来确定；二是根据特定的个人、集团或机构的经济利益的范围来确定。一般情况下，一个经济单位就是一个会计主体。

需要注意的是，会计主体不同于法律主体，一般而言，法律主体必然是一个会计主体，但是会计主体不一定是法律主体。作为会计主体，必须能够控制经济资源并进行独立核算。会计主体既可以是一个企业，也可以是若干企业组织起来的集团公司，甚至还可以是一个企业的分部。会计主体既可以是法人(如股份有限公司或有限责任公司)，也可以是不具备法人资格的实体(如独资企业或合伙企业、集团公司、事业部、分公司、工厂的分部)。

会计主体必须具备以下 3 个条件：①具有一定数量的经济来源；②进行独立的生产经营活动或其他活动；③实现独立核算并提供反映本主体经营活动情况的会计报表。

(二) 持续经营

持续经营是指在可以预见的未来，企业将会按当前的规模和状态继续经营下去，不会停业，也不会大规模削减业务。

一个会计主体(企业)的生产经营过程总是一个再生产过程，所处的社会经济环境总是在不断地变化，也会面临发生破产清算的可能。但企业是否会破产清算及何时破产清算是一个未知数，除非有充分的反证明，否则都将认为它能连续地经营下去。因此，为了建立会计反映和监督的正常秩序和方法，提出了"持续经营"的概念。

持续经营假设是对会计主体经营时间长度的描述，是指作为会计主体的企业单位，在可以预见的将来，会计核算应以既定的经营方针和预定的经营目标继续经营下去，不需破产清算，因而其资产将按预定的目标去使用。持续经营假设为会计对象设定了一种运行的状态，在持续经营下，会计主体所持有的资产将在正常的经营过程中被耗用、出售或转换，而其所承担的债务也将在正常的经营过程中被清偿。例如，企业购入一台设备，预计使用 7 年，考虑该企业会持续经营下去，由此可以假设企业的资产会在持续的生产经营过程中长期发挥作用，即不断地为企业生产成品，直到设备使用寿命的结束。为此，该设备损耗掉的价值逐渐地转移到预计使用寿命期间所生产的相关产品的成本中，同时，其债务也将按发生时承诺的条件去清偿。

(三) 会计分期

会计分期是指将一个企业持续经营的经济活动划分为一个个连续的、长短相同的期间，以便分期结算账目和编制财务会计报告。

一个会计主体(企业)的经营成果，从理论上讲只有到经营活动全部停止或企业单位破产清算时才能最终计算确定并提供财务报告，但在现实中这个命题无法成立。这是因为一方面会计主体的经济活动何时停止是一个不确定因素；另一方面会计信息的使用者不可能等到经营活动全部停止或企业单位破产清算时才去了解财务报告。由此，在会计实践中就需要将连续不断的经营活动过程规定在一个较短的期间内对其进行考核和报告，因此，产生了"会计分期"的概念。

会计分期是在持续经营假设前提下，以便分期结算账目和编制财务会计报告。由此可见，会计分期是在持续经营假设前提下，为了便于结算盈亏，按期编制财务报告，及时向有关方面提供关于企业财务状况、经营成果和现金流量等会计信息而人为划分的。划分的结果即为会计期间，包括年度、半年度、季度和月度，且均按公历(日历)日期起讫。其中半年度、季度和月度又称为会计中期。会计分期假设是持续经营假设的补充，有了会计分期，才产生本期与非本期的区别；有了本期和非本期的区别，才产生权责发生制和收付实现制。

(四) 货币计量

货币计量是指会计主体在会计确认、计量和报告时以货币作为计量尺度，以反映会计主体的经济活动，对会计主体(企业)的经营活动及其成果进行核算，所采用的具有综合性的货币量度，旨在克服实物量度的差异性和劳动量度的复杂性。

在货币计量的前提下，会计核算应以人民币作为记账本位币，业务收支以外币为主的企业也可以选择某一种外币作为记账本位币，但向外编送财务报告时，应折算为人民币反映。在境外设立机构的中国企业，在向国内报送财务报告时，也应折算为人民币反映。货币计量这一前提，还要求选择外币作为记账本位币的企业务必要考虑币值稳定的问题。

二、会计基础

会计基础是指会计确认、计量和报告的基础，也是为了确认一定会计期间的收入和费用，从而确定的损益的标准，包括权责发生制和收付实现制。

对会计核算基础的不同选择，决定了会计主体收入和费用在特定会计期间的配比，并直接影响该主体的经营成果。由于会计分期的假设，产生了本期与非本期的区别，所以会计核算基础就有权责发生制和收付实现制的区别。

(一) 权责发生制

权责发生制，也称为应计制或应收应付制，是指收入、费用的确认应以收入和费用的实际发生作为确认的标准，合理确认当期损益的一种会计基础。《企业会计准则——基本准则》规定，企业应以权责发生制为基础进行确认、计量和报告。

权责发生制要求凡是当期已经实现的收入、已经发生和应负担的费用，不论款项是否收付，都应作为当期的收入、费用；凡是不属于当期的收入、费用，即使款项已经在当期收付，也不应作为当期的收入、费用。例如，Y 企业 7 月份预收了 X 企业货款 120 000 元，但当月并没有发货实现销售，到 8 月份才发出商品。根据权责发生制的要求，尽管收款时间在 7 月份，但因为 7 月份尚未发出商品，与商品相关的风险并没有从 Y 企业转移，未实现销售，所以 120 000 元不能确认为收入，只能确认为预收账款，只有 8 月份发出商品，实现销售后，才能将预收账款再转为收入。

权责发生制主要是从时间上规定会计确认的基础，其核心是根据权、责关系实际发生的期间来确认收入和费用。根据权责发生制进行收入与成本、费用的核算，尽管在收入和费用的确认上思考过程比较复杂，核算手续比较烦琐，但其可以更加准确地反映特定期间真实的财务状况及经营成果。

(二) 收付实现制

收付实现制，也称为现金制，是以收到或支付的现金作为确认收入和费用的标准，是与权责发生制相对应的一种会计基础。在收付实现制下记账，要求凡属本期实际收到款项的收入和支付款项的费用，不管其是否应归属于本期，都应作为本期的收入和费用入账；反之，凡本期未实际收到款项的收入和未支付款项的费用，也不应作为本期的收入和费用入账。例如，在上例中，同样的一笔业务，如果记账基础采用收付实现制，则确认收入 120 000 元的会计期间应该是 7 月，而不是 8 月。当然我国企业的记账基础并不采用收付实现制，因为采用这种会计基础，本期的收入和费用缺乏合理配比，所计算的财务成果也不够完整、正确。

事业单位会计核算一般采用收付实现制；事业单位部分经济业务或事项及部分行业事业单位的会计核算是采用权责发生制核算的，由财政部在相关会计制度中具体规定。

《政府会计准则——基本准则》规定，政府会计由预算会计和财务会计构成，预算会计实行收付实现制(国务院另有规定的，依照其规定)，财务会计实行权责发生制。

第四节　会计信息的使用者及其质量要求

一、会计信息的使用者

会计信息的使用者主要包括投资者、债权人、企业管理者、政府及其相关部门和社会公众等。

(1) 投资者是企业财务报告的首要使用者。在会计信息的众多使用者中，最主要的使用者就是投资者，其他使用者的需要服从于投资者的需要。在提供财务报告时，应首先考虑报告所涵盖的信息是否有利于投资者的决策。投资者需要借助会计信息对受托管理层是否能够很好地管理其资金进行评价和监督，潜在投资者需要依据会计信息做出投资决策。

(2) 债权人是指银行其他金融机构，其可以分析企业的偿债能力，衡量贷款风险，做出贷款决策。

(3) 企业管理者通过了解企业的资产、负债及所有者权益的构成情况，以及资金、成本、利润的基本状况，进而有针对性地组织企业的生产经营活动，加强经营管理，为提高企业的经济效益服务。

(4) 政府及其相关部门通过制定税收政策等宏观调控和管理措施，进行税收征管，对国民经济的运行情况进行调节，促进资源的合理配置，保证整个国民经济发展规划的顺利实施。

(5) 社会公众可以了解企业产品质量和价格的变动情况、企业在同行业中所处的地位、企业所承担的社会责任及其信誉情况，监督企业的生产经营活动，保护自身合法权益。

二、会计信息的质量要求

会计信息的质量要求是对企业财务会计报告中所提供的高质量会计信息的基本规范，是使财务会计报告中所提供的会计信息对投资者等使用者决策有用而应具备的基本特征，主要包括可靠性、相关性、可理解性、可比性、实质重于形式、重要性、谨慎性和及时性等。

(一) 可靠性

可靠性要求企业应以实际发生的交易或事项为依据进行确认、计量和报告，如实反映符合确认和计量要求的各项会计要素及其他相关信息，保证会计信息真实可靠、内容完整。

可靠性是对会计信息质量最基本的要求。会计信息要有用，必须以可靠性为基础，否则，会给财务报告使用者的决策产生误导。为了贯彻可靠性要求，企业应做到：

(1) 以实际发生的交易或事项为依据进行确认、计量，将符合会计要素定义及其确认条件的资产、负债、所有者权益、收入、费用和利润等如实反映在财务报表中，不得根据虚构、没有发生的或尚未发生的交易或事项进行确认、计量和报告。

(2) 在符合重要性和成本效益原则的前提下，保证会计信息的完整性，其中包括编报的报表及其辅助内容等应保持完整，不能随意遗漏或减少应予以披露的信息，与使用者决策相关的有用信息都应充分披露。

(3) 在财务报告中的会计信息应是客观中立的、无偏的。如果企业在财务报告中为了达到事先设定的结果或效果，通过选择或列示有关会计信息以影响决策和判断，则这样的财务报告信息就不是中立的。

(二) 相关性

相关性要求企业提供的会计信息应与财务会计报告使用者的经济决策需要相关，有助于财务会计报告使用者对企业过去和现在的情况做出评价，对未来的情况做出预测。

会计信息的价值，关键是看其与使用者的决策需要是否相关，是否有助于决策或提高决策水平。相关的会计信息应有助于使用者评价企业过去的决策，证实或修正过去的有关预测，因而具有反馈价值。相关的会计信息还应具有预测价值，有助于使用者根据财务报告所提供的会计信息预测企业未来的财务状况、经营成果和现金流量。例如，区分收入和利得、费用和损失，区分流动资产和非流动资产、流动负债和非流动负债等，都可以提高会计信息的预测价值，进而提升会计信息的相关性。

为了满足会计信息质量的相关性要求，企业应在确认、计量和报告会计信息的过程中充分考虑使用者的决策模式和信息需要。当然，对于某些特定目的或用途的信息，财务报告可能无法完全提供，企业可以通过其他形式予以提供。

(三) 可理解性

可理解性要求企业提供的会计信息应清晰明了，便于财务会计报告使用者理解和使用。

企业编制财务报告、提供会计信息的目的在于使用，而要让使用者有效地使用会计信息，则要让其了解会计信息的内涵，弄懂会计信息的内容，这就要求财务报告所提供的会计信息应清晰明了，易于理解。只有这样，才能提高会计信息的有用性，实现财务报告的目标，满足向使用者提供决策有用信息的要求。

鉴于会计信息是一种专业性较强的信息产品，因此，在强调会计信息的可理解性要求的同时，还应假定使用者具有一定的有关企业生产经营活动和会计核算方面的知识，并且愿意付出努力去研究这些信息。对于某些复杂的信息，如交易本身较为复杂或会计处理较为复杂，但其对使用者的经济决策是相关的，就应在财务报告中予以披露，企业不能仅因为信息会使某些使用者难以理解而将其排除在财务报告所应披露的信息之外。

(四) 可比性

可比性要求企业提供的会计信息应相互可比，保证同一企业不同时期可比、不同企业相同会计期间可比。具体包括下列要求：

(1) 同一企业不同会计期间纵向可比。为了便于使用者了解企业财务状况和经营成果的变化趋势，比较企业在不同时期的财务报告信息，从而全面、客观地评价过去、预测未来，会计信息质量的可比性要求同一企业对于不同时期发生的相同或相似的交易或事项，应采用一致的会计政策，不得随意变更。满足会计信息可比性的要求，并不表明不允许企业变更会计政策，企业按照规定或会计政策变更后可以提供更可靠、更相关的会计信息时，就有必要变更会计政策，以向使用者提供更为有用的信息，但是有关会计政策变更的情况，应在附注中予以说明。

(2) 不同企业同一会计期间横向可比。为了便于使用者评价不同企业的财务状况、经营成果的水平及其变动情况，从而有助于使用者做出科学合理的决策，会计信息质量的可比性还要求不同企业发生的相同或相似的交易或事项，应采用规定的会计政策，确保会计信息口径一致、相互可比，即对于相同或相似的交易或事项，不同企业应尽可能采用相同的会计政策，以使不同企业按照一致的确认、计量和报告基础提供有关会计信息。

(五) 实质重于形式

实质重于形式要求企业应按照交易或事项的经济实质进行会计确认、计量和报告，不应仅以交易或事项的法律形式为依据。

企业发生的交易或事项在多数情况下，其经济实质和法律形式是一致的，但在有些情况下，会出现不一致。例如，企业融资租入的固定资产，虽然从法律上所有权仍归属于出租人，但由于其租赁期占其使用寿命的大部分，且租赁期满承租企业有优先购买该资产的选择权，最主要的是，租赁期间其经济利益归承租人所有，所以，按照实质重于形式的原则，融资租入固定资产应视为自有固定资产核算，列入承租企业的资产负债表中。

(六) 重要性

重要性要求企业提供的会计信息应反映与企业财务状况、经营成果和现金流量有关的所有重要交易或事项。

在实务中，如果会计信息的省略或错报会影响投资者等财务报告使用者据此做出决策的，该信息就具有重要性。重要性的应用需要依赖职业判断，企业应根据其所处环境和实际情况，从项目的性质和金额大小两方面加以判断。例如，某企业1月份订全年报刊一份，金额为120元。该项业务按照权责发生制处理，每月应计费用10元，每月均需对该项业务进行处理；若按收付实现制处理，支付报刊费当月即可将120元全部计入费用，其他月份不再需要对该项业务进行处理。由于费用金额小，采用收付实现制对企业盈亏没有实质性的影响，而且会计处理简化，节约了核算成本，因此，可以选择使用收付实现制处理。

总之，企业发生的某些支出，金额较小的，从支出收益期来看，可能需要在若干会计期间进行分摊，但根据重要性原则，可以一次性计入当期损益，如一次性购入笔、纸篓等办公用品等。

(七) 谨慎性

谨慎性要求企业对交易或事项进行会计确认、计量和报告时保持应有的谨慎，不应高估资产或收益、低估负债或费用。

在市场经济环境下，企业的生产经营活动面临着许多风险和不确定性，如应收款项的可收回性、固定资产的使用寿命、无形资产的使用寿命、售出存货可能发生的退货或返修等。会计信息质量的谨慎性要求，企业在面临不确定性因素的情况下做出职业判断时，应保持应有的谨慎，充分估计到各种风险和损失，既不高估资产或收益，也不低估负债或费用。例如，要求企业定期或至少于年度终了时，对可能发生的各项资产损失计提资产减值或跌价准备，对固定资产采用加速折旧法等，充分体现了谨慎性的要求。

需要注意的是，谨慎性的应用也不允许企业设置秘密准备，如企业故意低估资产或收益，或者故意高估负债或费用，将不符合会计信息的可靠性和相关性要求，损害会计信息质量，扭曲企业实际的财务状况和经营成果，从而对使用者的决策产生误导，这是会计准则所不允许的。

(八) 及时性

及时性要求企业对于已经发生的交易或事项，应及时进行确认、计量和报告，不得提前或延后。

会计信息的价值在于帮助所有者或其他方面做出经济决策，具有时效性。即使是可靠、相关的会计信息，如果不及时提供，就失去了时效性，对于使用者的效用就大大降低，甚至不再具有实际意义。在会计确认、计量和报告过程中贯彻及时性，一是要求及时收集会计信息，即在经济交易或事项发生后，及时收集整理各种原始单据或凭证；二是要求及时处理会计信息，即按照会计准则的规定，及时对经济交易或事项进行确认或计量，并编制财务报告；三是要求及时传递会计信息，即按照国家规定的有关时限，及时地将编制的财务报告传递给财务报告使用者，便于其及时使用和决策。

第五节　会计准则体系

一、会计准则的构成

会计准则是反映经济活动、确认产权关系、规范收益分配的会计技术标准，是生成和提供会计信息的重要依据，也是政府调控经济活动、规范经济秩序和开展国际经济交往等的重要手段。会计准则具有严密和完整的体系。我国已颁布的会计准则有《企业会计准则》《小企业会计准则》《事业单位会计准则》和《政府会计准则——基本准则》。

二、企业会计准则

我国的企业会计准则体系包括基本准则、具体准则、应用指南和解释公告等。2006年2月15日，财政部发布了《企业会计准则》，自2007年1月1日起在上市公司范围内施行，并鼓励其他企业执行。

基本准则包括11章54条，内容涉及总则、会计信息质量要求、资产、负债、所有者权益、收入、费用、利润、会计计量、财务报表和附则等内容。在本书中，基本准则的内容在很多章节中都有体现。

为规范企业会计确认、计量和报告行为，保证会计信息质量，根据《中华人民共和国会计法》《企业会计准则——基本准则》等国家有关法律、行政法规，财政部制定了《企业会计准则第 1 号——存货》等 38 项具体准则，自 2007 年 1 月 1 日起在上市公司范围内施行，鼓励其他企业执行。执行该 38 项具体准则的企业不再执行现行准则、《企业会计制度》和《金融企业会计制度》。

根据《企业会计准则——基本准则》(中华人民共和国财政部令第 33 号)和《财政部关于印发<企业会计准则第 1 号——存货>第 38 项具体准则的通知》(财会〔2006〕3 号)，财政部于 2006年 10 月 30 日制定了《企业会计准则——应用指南》，自 2007 年 1 月 1 日起在上市公司范围内施行，鼓励其他企业执行。执行《企业会计准则——应用指南》的企业，不再执行现行准则、《企业会计制度》《金融企业会计制度》、各项专业核算办法和问题解答。企业会计准则应用指南由两部分组成，第一部分为会计准则解释，第二部分为会计科目和主要账务处理。

随着企业会计准则的深入贯彻实施和扩大实施范围，新情况、新问题不断出现，客观上要求及时做出解释；另外，企业会计准则实现了国际趋同，国际会计准则理事会(international accounting standards board，IASB)不时发布新准则和解释公告或修改准则，也需要结合国情做出相应处理。但是，巩固企业会计准则实施已有成果和逐步扩大实施范围的背景下，企业会计准则体系应保持相对稳定，不能朝令夕改。综合各方面因素，现阶段财政部采取了发布《企业会计准则解释》的方式，能够较好地解决企业的实际问题。《企业会计准则解释》与具体会计准则具有同等效力。

三、小企业会计准则

2011 年 10 月 18 日，财政部发布了《小企业会计准则》，要求符合适用条件的小企业自 2013年 1 月 1 日起执行，并鼓励提前执行。《小企业会计准则》一般适用于在我国境内依法设立、经济规模较小的企业，具体标准参见《小企业会计准则》和《中小企业划型标准规定》。

四、事业单位会计准则

2012 年 12 月 6 日，财政部修订发布了《事业单位会计准则》，自 2013 年 1 月 1 日起在各级各类事业单位施行。该准则对我国事业单位的会计工作予以规范。《事业单位会计准则》共 9章 49 条，内容涵盖总则、会计信息质量要求、资产、负债、净资产、收入、支出或费用、财务会计报告、附则。

五、政府会计准则

2015 年 10 月 23 日，财政部发布了《政府会计准则——基本准则》，自 2017 年 1 月 1 日起，在各级政府部门、各部门、各单位实施。

我国的政府会计准则体系由政府会计基本准则、具体准则和应用指南三部分组成。

【练一练】

一、单项选择题

1. ( )要通过企业的会计信息，了解企业所承担的义务情况，获取对宏观经济管理、制定宏观经济政策等有用的信息。

  A. 政府   B. 社会公众

  C. 债权人   D. 投资者

2. 会计预测是根据已有的会计信息和相关资料，对生产经营过程及其发展趋势进行判断、预计和估测，找到财务方面的预定目标，作为下一个会计期间实行经济活动的指标。这属于会计的( )职能。

  A. 参与经济决策   B. 会计监督

  C. 预测经济前景   D. 评价经济业绩

3. 在遵循会计核算的基本原则，评价某些项目的( )时，很大程度上取决于会计人员的职业判断。

  A. 真实性   B. 完整性

  C. 重要性   D. 可比性

4. 企业任意设置各种秘密准备属于( )。

  A. 执行配比原则   B. 执行谨慎性原则

  C. 执行可比原则   D. 滥用谨慎性原则

5. 企业将融资租入固定资产按自有固定资产的折旧方法对其计提折旧，遵循的是( )要求。

  A. 谨慎性   B. 实质重于形式

  C. 可比性   D. 重要性

6. 下列说法中，能够保证同一企业会计信息前后各期可比的是( )。

  A. 为了提高会计信息质量，要求企业所提供的会计信息能够在同一会计期间不同企业之间进行相互比较

  B. 存货的计价方法一经确定，不得随意改变，如需变更，应在财务报告中说明

  C. 对于已经发生的交易或事项，应及时进行会计确认、计量和报告

  D. 对于已经发生的交易或事项进行会计确认、计量和报告时，不应高估资产或收益、低估负债或费用

7. 使各有关会计期间损益的确定更为合理的会计基础是( )。

  A. 现金制   B. 收付实现制

  C. 分类制   D. 权责发生制

8. 形成权责发生制和收付实现制不同的记账基础，进而出现应收、应付、预收、预付、折旧、摊销等会计处理方法所依据的会计基本假设是( )。

  A. 货币计量   B. 会计年度

  C. 持续经营   D. 会计分期

9. 乙企业是甲企业的全资子公司,下列各项不属于甲企业核算范围的是(   )。

    A. 甲企业购买原材料   B. 甲企业向乙企业投资

    C. 乙企业购买原材料   D. 甲企业从乙企业取得分红

10. 下列不属于资金退出的是(   )。

    A. 偿还各项债务   B. 支付职工工资

    C. 上交各项税金   D. 向所有者分配利润

二、多项选择题

1. 企业会计准则具体准则根据基本准则的要求,主要就各项具体业务事项的确认、计量和报告做出的规定,分为(   )。

    A. 一般业务准则   B. 特殊业务准则

    C. 报告类准则   D. 基本准则

2. 会计信息的质量要求包括(   )等。

    A. 权责发生制   B. 可靠性

    C. 可比性   D. 历史成本

3. 以收付实现制为核算基础,下列各项属于6月份收入或费用的是(   )。

    A. 6月份支付下期的房租   B. 6月份预收的款项

    C. 6月份预付的款项   D. 6月份采购设备尚未支付的款项

4. 会计分期这一基本假设的主要意义在于(   )。

    A. 使会计原则建立在非清算基础之上

    B. 产生了当期与以前期间、以后期间的差别

    C. 界定了提供会计信息的时间和空间范围

    D. 为分期结算账簿、编制财务报告及相关会计原则的使用奠定了基础

5. 出现(   )情况时,即表明企业不能持续经营。

    A. 财务困难   B. 大规模削减业务

    C. 涉及诉讼   D. 转产生产新产品

6. 下列项目中,可以作为一个会计主体进行核算的有(   )。

    A. 销售部门   B. 分公司

    C. 母公司   D. 企业集团

7. 下列各项活动中,属于企业资金退出的有(   )。

    A. 偿还各种债务   B. 缴纳各种税费

    C. 发放工资薪金   D. 向所有者分配利润

8. 下列各项中,属于会计职能的有(   )。

    A. 预测经济前景   B. 参与经济决策

    C. 评价经营业绩   D. 实施会计监督

9. 下列各项中,(   )运用了会计核算专门方法。

    A. 编制会计凭证   B. 登记现金和银行存款日记账

    C. 编制资产负债表   D. 聘请注册会计师对报表进行审核

10. 企业的债权人包括(　　)。

    A. 银行　　　　　　　　　　　　　　B. 债券购买者

    C. 非银行金融机构　　　　　　　　　D. 提供贷款的单位或个人

三、判断题

1. 投资者、债权人、政府部门、企业管理者都属于企业的外部信息使用者。　　　　　(　　)

2. 货币是商品的一般等价物，是一般商品价值的共同尺度，具有价值尺度、流通手段、贮藏手段和支付手段等特点。　　　　　(　　)

3. 会计核算的方法包括填制和审核会计凭证、设置会计科目和账户、复式记账、登记会计账簿、成本计算、财产清查、编制财务会计报告等，这几种方法各自都是独立的。　　　　　(　　)

4. 事业单位会计要素划分为资产、负债、所有者权益、收入、费用、利润。　　　　　(　　)

5. 为了满足会计信息可比性要求，企业不得变更会计政策。　　　　　(　　)

6. 权责发生制基本要求：企业应在收入已经实现或费用已经发生时就进行确认，而不必等到实际收到或支付现金时才确认。　　　　　(　　)

7. 企业出现严重财务困难时，即表明企业不能持续经营。　　　　　(　　)

8. 由于有了持续经营这个会计核算的基本前提，才产生了本期与非本期的区别，从而出现了权责发生制和收付实现制。　　　　　(　　)

9. 作为一个法人，应独立反映其财务状况、经营成果和现金流量，因而有必要将每个法人作为一个会计主体进行核算。　　　　　(　　)

10. 资金的退出指的是资金离开本企业，退出资金的循环与周转，主要包括提取盈余公积、偿还各项债务、上缴各项税费及向所有者分配利润等。　　　　　(　　)

【做一做】

一、请试做出本章知识结构图

二、填表

胜利公司 1 月份发生如下经济业务。

1. 销售一批商品给大华公司，价值 200 000 元，商品已发出，于销售当日收到大华公司货款 180 000 元并存入银行，其余货款对方暂欠。

2. 收回上年 11 月向光明工厂销售商品货款 30 000 元并存入银行。

3. 预收长城公司货款 60 000 元并存入银行，预计 2 月份发出商品。

4. 以库存现金 600 元预订本年 1—6 月的报纸杂志。

5. 以银行存款 120 000 元支付本年 2—7 月的财产保险费。

6. 在上年 11 月，以银行存款 240 000 元支付今年 1—12 月的房屋租金。

要求：请分别以收付实现制和权责发生制为记账基础，将胜利公司确认的当期收入或费用变化情况填入表 1-1。

表1-1 当期收入或费用变化情况

序号	收付实现制	权责发生制
1		
2		
3		
4		
5		
6		

第二章

会计要素与会计等式

◈ 基本要求
1. 熟悉会计要素的含义与特征
2. 掌握会计要素的确认条件与构成
3. 掌握常用的会计计量属性
4. 掌握会计等式的表现形式
5. 掌握基本经济业务的类型及其对会计等式的影响

第一节　会计要素

一、会计要素的含义与分类

(一) 会计要素的含义

会计要素是指根据交易或事项的经济特征所确定的财务会计对象的基本分类。会计要素是对会计对象按经济特征所做的最基本分类，也是会计核算对象的具体化。

(二) 会计要素的分类

我国《企业会计准则——基本准则》将会计要素划分为资产、负债、所有者权益、收入、费用和利润六类，其中，前三类属于反映财务状况的会计要素，在资产负债表中列示；后三类属于反映经营成果的会计要素，在利润表中列示。

资金运动具有显著运动状态和相对静止状态。在相对静止状态，企业的资金表现为资金占用和资金来源两方面，其中资金占用的具体表现形式就是企业的资产，资金来源分为企业所有者投入资金和债权人投入资金两类。债权人对投入资产的求偿权称为债权人权益，表现为企业的负债；企业所有者对净资产(资产与负债的差额)的所有权称为所有者权益。从一定日期这一相对静止状态来看，资产总额与负债和所有者权益的合计必然相等，由此分离出资产、负债及所有者权益三项表现资金运动静止状态的会计要素。另外，企业的各项资产经过一定时期的营运，将发生一定的耗费，生产出特定种类和数量的产品，产品销售后获得货币收入，收支相抵后确认出当期损益，由此分离出收入、费用及利润三项表现资金运动显著变动状态的会计要素。资产、负债及所有者权益构成资产负债表的基本框架，收入、费用及利润构成利润表的基本框架，因此这六项会计要素又称为财务报表要素。

二、会计要素的确认

(一) 资产

1. 资产的含义与特征

资产是指企业过去的交易或事项形成的、由企业拥有或控制的、预期会给企业带来经济利益的资源。具体来讲，企业从事生产经营活动必须具备一定的物质资源，如货币资金、厂房场地、机器设备、原材料等，这些都是企业从事生产经营的物质基础，都属于企业的资产。此外，如专利权、商标权等不具有实物形态，但却有助于生产经营活动进行的无形资产，以及企业对其他单位的投资等，也都属于资产。

资产具有以下特征。

(1) 资产是由企业过去的交易或事项形成的。也就是说，资产是过去已经发生的交易或事项所产生的结果，资产必须是现实的资产，而不能是预期的资产，未来交易或事项可能产生的结果不能作为资产确认。例如，企业计划在年底购买一批机器设备，8 月份与销售方签订了购买合同，但实际购买行为发生在 12 月份，则企业不能在 8 月份将该批设备确认为资产。

(2) 资产是企业拥有或控制的资源。一项资源要作为企业资产予以确认，企业应该拥有此项资源的所有权，可以按照自己的意愿使用或处置资产。例如，甲企业的加工车间有两台设备，A 设备是从乙企业融资租入获得，B 设备是从丙企业以经营租入方式获得，目前两台设备均投入使用。A、B 设备是否为甲企业的资产？这里要注意经营租入与融资租入的区别。企业对经营租入的 B 设备既没有所有权也没有控制权，因此 B 设备不应确认为企业的资产。而企业对融资租入的 A 设备虽然没有所有权，但享有与所有权相关的风险和报酬的权利，即拥有实际控制权，因此应将 A 设备确认为企业的资产。

(3) 资产预期会给企业带来经济利益。经济利益，是指直接或间接地流入企业的现金或现金等价物。资产都应能够为企业带来经济利益，企业可通过收回应收账款、出售库存商品等直接获得经济利益，也可通过对外投资以获得股利或参与分配利润的方式间接获得经济利益。按照这一特征，那些已经没有经济价值、不能给企业带来经济利益的项目，就不能继续确认为企业的资产。例如，某企业的某工序上有两台机床，其中 A 机床型号较老，自 B 机床投入使用后，一直未再使用；B 机床是 A 机床的替代产品，目前承担该工序的全部生产任务。A、B 机床是否都是企业的固定资产？A 机床不应确认为该企业的固定资产。该企业原有的 A 机床已长期闲置不用，不能给企业带来经济利益，因此不应作为资产反映在资产负债表中。

2. 资产的确认条件

将一项资源确认为资产，需要符合资产的定义，还应同时满足以下两个条件：①与该资源有关的经济利益很可能流入企业；②该资源的成本或价值能够可靠地计量。

3. 资产的分类

按流动性进行分类，资产可以分为流动资产和非流动资产。

(1) 流动资产。流动资产是指预计在一个正常营业周期中变现、出售或耗用，或者主要为交易目的而持有，或者预计在资产负债表日起 1 年内(含 1 年)变现的资产，以及自资产负债表日起 1 年内交换其他资产或清偿负债的能力不受限制的现金或现金等价物。流动资产主要包括货币资金、交易性金融资产、应收票据、应收账款、预付账款、应收利息、应收股利、其他应收款、存货等。

一个正常营业周期是指企业从购买用于加工的资产起至实现现金或现金等价物的期间。正常营业周期通常短于 1 年，在 1 年内有几个营业周期。但是，也存在正常营业周期长于 1 年的情况，在这种情况下，与生产循环相关的产成品、应收账款、原材料尽管是超过 1 年才变现、出售或耗用，但仍应作为流动资产。当正常营业周期不能确定时，应以 1 年(12 个月)作为正常营业周期。

(2) 非流动资产。非流动资产是指流动资产以外的资产，主要包括长期股权投资、固定资产、无形资产和长期待摊费用等。

- 长期股权投资，是指企业投出的期限在1年以上(不含1年)的各种股权性质的投资，包括购入的股票和其他股权等。
- 固定资产，是指企业为生产商品、提供劳务、出租或经营管理而持有的、使用寿命超过一个会计年度的有形资产，包括房屋、建筑物、机器设备、运输工具等。
- 无形资产，是指企业拥有或控制的、没有实物形态的可辨认非货币性资产，包括专利权、非专利技术、商标权、著作权、土地使用权等。
- 长期待摊费用，是指企业已经发生但应由本期和以后各期负担的、分摊期限在1年以上(不含1年)的各项费用，包括以经营租赁形式租入固定资产发生的改良支出等。

(二) 负债

1. 负债的含义与特征

负债是指企业过去的交易或事项形成的，预期会导致经济利益流出企业的现时义务。

负债具有以下特征。

(1) 负债是由企业过去的交易或事项形成的。导致负债的交易或事项必须已经发生，如购置货物或使用劳务会产生应付账款(已经预付或在交货时支付的款项除外)，接受银行贷款则会产生偿还贷款的义务。只有源于已经发生的交易或事项，会计上才有可能确认为负债。

(2) 负债是企业承担的现时义务。现时义务是指企业在现行条件下已承担的义务。对于企业正在筹划的未来交易或事项，如企业的业务计划等，并不构成企业的负债。

(3) 负债预期会导致经济利益流出企业。负债通常是在未来某一时日通过交付资产(包括现金和其他资产)或提供劳务来清偿。例如，企业赊购一批材料，材料已验收入库，但尚未付款，该笔业务所形成的应付账款应确认为企业的负债，需要在未来某一时日通过交付现金或银行存款来清偿。有时，企业可以通过承诺新的负债或转化为所有者权益来了结一项现有的负债，但最终一般都会导致企业经济利益的流出。

2. 负债的确认条件

将一项现时义务确认为负债,需要符合负债的定义,还应同时满足以下两个条件:①与该义务有关的经济利益很可能流出企业;②未来流出的经济利益的金额能够可靠地计量。

3. 负债的分类

按偿还期限的长短,一般将负债分为流动负债和非流动负债。

(1) 流动负债。流动负债是指预计在一个正常营业周期中偿还,或者主要为交易目的而持有,或者自资产负债表日起1年内(含1年)到期应予以清偿,或者企业无权自主地将清偿推迟至资产负债表日以后1年以上的负债。流动负债主要包括短期借款、应付票据、应付账款、预收款项、应付职工薪酬、应交税费、应付利息、应付股利、其他应付款等。

(2) 非流动负债。非流动负债是指流动负债以外的负债,主要包括长期借款、应付债券和长期应付款等。

- 长期借款,是指企业向银行或其他金融机构借入的期限在1年以上(不含1年)的各项借款。
- 应付债券,是指企业为筹集长期资金而发行债券的本金及应付的利息。
- 长期应付款,是指企业除长期借款、应付债券以外的其他各种长期应付款项。

(三) 所有者权益

1. 所有者权益的含义及特征

所有者权益是指企业资产扣除负债后由所有者享有的剩余权益。公司的所有者权益又称为股东权益。对于任何企业而言,资产形成的资金来源不外乎两个:一个是债权人,一个是所有者。债权人对企业资产的要求权形成企业负债,所有者对企业资产的要求权形成企业的所有者权益。

所有者权益具有以下特征。

(1) 除非发生减资、清算或分派现金股利,否则企业不需要偿还所有者权益。

(2) 企业清算时,只有在清偿所有的负债后,所有者权益才返还给所有者。

(3) 所有者凭借所有者权益能够参与企业利润的分配。

2. 所有者权益的确认条件

所有者权益的确认、计量主要取决于资产、负债、收入、费用等其他会计要素的确认和计量。所有者权益在数量上等于企业资产总额扣除债权人权益后的净额,即为企业的净资产,反映所有者(股东)在企业资产中享有的经济利益。

3. 所有者权益的分类

所有者权益的来源包括所有者投入的资本、直接计入所有者权益的利得和损失、留存收益等,具体表现为实收资本(或股本)、资本公积(含资本溢价或股本溢价、其他资本公积)、盈余公积和未分配利润。

(1) 所有者投入的资本是指所有者投入企业的资本部分,它既包括构成企业注册资本(实收资本)或股本部分的金额,也包括投入资本超过注册资本或股本部分的金额,即资本溢价或股本溢价,这部分投入资本在我国企业会计准则体系中被计入资本公积,并在资产负债表中的资本公积项目反映。

(2) 直接计入所有者权益的利得和损失，是指不应计入当期损益、会导致所有者权益发生增减变动的、与所有者投入资本或向所有者分配利润无关的利得或损失。

(3) 留存收益是盈余公积和未分配利润的统称。

(四) 收入

1. 收入的含义与特征

收入是指企业在日常活动中形成的、会导致所有者权益增加的、与所有者投入资本无关的经济利益的总流入。日常活动是指企业为完成其经营目标所从事的经常性活动及与之相关的活动。

收入具有以下特征。

(1) 收入是企业在日常活动中形成的。将收入界定为"日常活动"发生的总流入，是为了将其与利得相区分，因为企业非日常活动所形成的经济利益的流入不能确认为收入，而应计入利得。例如，制造业 A 企业将制造的产品售出，售价 10 万元，由于产品销售是该企业的日常活动，该收入应确认为企业的收入，且为主营业务收入。再如，该企业拥有一项专利技术，出租给另一企业使用，收取的租金也应确认为企业的收入，且为其他业务收入，因为这是与日常活动相关的其他经营活动取得的收入；但是，若把该项专利技术出售给另一企业，该项活动与企业日常经营活动无关，则出售获得的净收益不能作为企业的收入，而应作为企业的利得。

(2) 收入会导致所有者权益的增加。与收入相关的经济利益的流入，或者增加资产，如销售商品取得银行存款；或者导致负债减少，如先预收账款，然后销售商品。与收入相关的经济利益的流入最终会导致所有者权益增加。

(3) 收入是与所有者投入资本无关的经济利益的总流入。

2. 收入的确认条件

收入的确认除了应符合定义外，还应符合以下条件：①与收入相关的经济利益应流入企业；②经济利益流入企业的结果会导致资产的增加或负债的减少；③经济利益的流入额能够可靠计量。

3. 收入的分类

收入包括主营业务收入和其他业务收入。主营业务收入是由企业的主营业务所带来的收入，如工业企业销售商品、提供劳务等主营业务所实现的收入；其他业务收入是除主营业务活动以外的其他经营活动实现的收入，如工业企业出租固定资产、出租无形资产、出租包装物和商品、销售材料等实现的收入。

(五) 费用

1. 费用的含义与特征

费用是指企业在日常活动中发生的、会导致所有者权益减少的、与向所有者分配利润无关的经济利益的总流出。

费用具有以下特征。

(1) 费用是企业在日常活动中发生的。将费用界定为"日常活动"发生的总流出，是为了将其与损失相区分。企业非日常活动所形成的经济利益的流出不能确认为费用，而应计入损失。例如，A 企业进行产品广告宣传，花费 2 万元，这 2 万元广告费应该确认为企业的费用。但是，企业处置固定资产发生净损失 1 万元，这 1 万元净损失与企业日常经营活动无关，具有偶发性，所以不能作为企业的费用，只能作为损失确认为营业外支出。

(2) 费用会导致所有者权益的减少。与费用相关的经济利益的流出，既可能表现为资产的减少，如减少银行存款、库存现金、原材料等；也可能表现为负债的增加，如增加应付职工薪酬、应交税费(应交增值税、消费税等)等。费用的产生最终一定会导致企业所有者权益的减少。

(3) 费用是与向所有者分配利润无关的经济利益的总流出。

2. 费用的确认条件

费用的确认除了应符合定义外，还应符合以下条件：①与费用相关的经济利益可能流出企业；②经济利益流出企业的结果会导致资产的减少或负债的增加；③经济利益的流出额能够可靠计量。

3. 费用的分类

(1) 生产费用。生产费用是指与企业日常生产经营活动有关的费用，按其经济用途可分为直接材料、直接人工和制造费用。生产费用按其实际发生情况计入产品的生产成本；对于生产几种产品共同发生的生产费用，应按照受益原则，采用适当的方法和程序分配计入相关产品的生产成本。

(2) 期间费用。期间费用是指企业本期发生的、不能直接或间接归入产品生产成本，而应直接计入当期损益的各项费用，包括管理费用、销售费用和财务费用。

(六) 利润

1. 利润的含义与特征

利润是指企业在一定会计期间的经营成果。通常情况下，如果企业实现了利润，表明企业的所有者权益将增加，业绩得到了提升；反之，如果企业发生了亏损(即利润为负数)，表明企业的所有者权益将减少，业绩下降。利润是评价企业管理层业绩的指标之一，也是投资者等财务会计报告使用者进行决策时的重要参考依据。

2. 利润的确认条件

利润的确认主要依赖于收入和费用，以及直接计入当期利润的利得和损失的确认，其金额的确定也主要取决于收入、费用、利得、损失金额的计量。

3. 利润的分类

利润包括收入减去费用后的净额、直接计入当期损益的利得和损失等。其中，收入减去费用后的净额反映企业日常活动的经营业绩，属于营业利润；直接计入当期损益的利得和损失反映企业非日常活动的业绩。营业利润加上营业外收入，再减去营业外支出后的金额，就构成利润总额；利润总额减去所得税费用后的金额，就是企业的净利润。

直接计入当期损益的利得和损失，是指计入当期损益、最终会引起所有者权益发生增减变动的、与所有者投入资本或向所有者分配利润无关的利得或损失。企业应严格区分收入和利得、费用和损失，以便全面反映企业的经营业绩。

三、会计要素的计量

会计要素的计量是为了将符合确认条件的会计要素登记入账并列报于财务报表而确定其金额的过程。企业应按照规定的会计计量属性进行计量，确定相关金额。

(一) 会计计量属性及其构成

会计计量属性是指会计要素的数量特征或外在表现形式，反映了会计要素金额的确定基础，主要包括历史成本、重置成本、可变现净值、现值和公允价值等。

1. 历史成本

历史成本，又称为实际成本，是指为取得或制造某项财产物资实际支付的现金或其他等价物。

历史成本计量是指对企业资产、负债和所有者权益等项目的计量，其应基于经济业务的实际交易成本，而不考虑随后市场价格变动的影响。例如，在企业外购固定资产的计量中，外购固定资产的成本包括购买价款、进口关税等相关税费及使固定资产达到预定可使用状态前发生的可归属于该项资产的包装费、运输费、装卸费、安装费等。

在历史成本计量下，资产按照购置时支付的现金或现金等价物的金额，或者按照购置资产时所付出的对价的公允价值计量；负债按照因承担现时义务而实际收到的款项或资产的金额，或者按照承担现时业务的合同金额，或者按照日常活动中为偿还负债预期需要支付的现金或现金等价物的金额计量。

2. 重置成本

重置成本，又称为现行成本，是指按照当前市场条件，重新取得同样一项资产所需要支付的现金或现金等价物金额。

在重置成本计量下，资产按照现在购买相同或相似资产所需支付的现金或现金等价物的金额计量，负债按照现在偿付该项债务所需支付的现金或现金等价物的金额计量。在会计实践中重置成本多用于固定资产盘盈的计量。例如，企业在财产清查时发现一项盘盈固定资产，对于该盘盈固定资产计量时就应采用重置成本，即以与该盘盈固定资产相同规格型号、相同新旧程度的固定资产的价值作为重置成本，对其进行计量入账。

3. 可变现净值

可变现净值是指在正常的生产经营过程中，以预计售价减去进一步加工成本和预计销售费用及相关税费后的净值。

在可变现净值计量下，资产按照其正常对外销售所能收到现金或现金等价物的金额扣减该资产至完工时估计将要发生的成本、估计的销售费用及相关税费后的金额计量。

可变现净值在会计核算中主要用于存货的期末计量。例如，某企业年末甲产品估计售价100万元(假设暂时不考虑增值税)，预计销售费用及相关税费10万元，则该商品可变现净值为90(100－10)万元。

4. 现值

现值是指对未来现金流量以恰当的折现率进行折现后的价值，是考虑货币时间价值的一种计量属性。

在现值计量下，资产按照预计从其持续使用和最终处置中所产生的未来净现金流入量的折现金额计量，负债按照预计期限内需要偿还的未来净现金流出量的折现金额计量。

现值通常用于对非流动资产或非流动负债进行计量。例如，固定资产的初始计量中对于购买固定资产的价款超过正常信用条件延期支付，实质上是具有融资性质的。固定资产的成本以购买价款的现值为基础确定。

5. 公允价值

公允价值是指市场参与者在计量日发生的有序交易中，出售一项资产所能收到或转移一项负债所需支付的价格。公允价值一般是以市场交易价格为基础确定，具有一定的客观性，但也存在着金额变化比较快、受人为因素影响等弊端。

在公允价值计量下，资产和负债按照在公平交易中，熟悉情况的交易双方自愿进行资产交换或债务清偿的金额计量。公允价值主要用于交易性金融资产、可供出售金融资产及投资性房地产的计量。

(二) 计量属性的运用原则

企业在对会计要素进行计量时，一般采用历史成本。采用重置成本、可变现净值、现值、公允价值计量的，应保证所确定的会计要素金额能够持续取得并可靠计量。

第二节　会计等式

会计等式，又称为会计恒等式、会计方程式或会计平衡公式，它是表明各会计要素之间基本关系的等式。

一、会计等式的表现形式

(一) 财务状况等式

财务状况等式，也称为基本会计等式和静态会计等式，是用于反映企业某一特定时点资产、负债和所有者权益三者之间平衡关系的会计等式。

一个企业要开展生产经营活动，首先必须拥有一定数量的资产，如库存现金、银行存款等货币资金，或者材料、机器设备等实物资产等。资产是企业正常经营的物质基础。企业的资产主要依托投资者的原始投入，此外企业还可以通过向债权人举债的方式获取资产。显而易见，企业的资产无外乎投资者和债权人这两大途径。

权益是指资产的提供者对企业资产所拥有的权利。权益和资产密切相连，是对同一个企业的经济资源从两个不同的角度所进行的表述。资产表明企业经济资源存在的形式及分布情况，而权益则表明企业经济资源所产生的利益的归属。因此，资产与权益从数量上总是相等的，有多少资产就应有多少权益，用公式表示如下。

$$资产＝权益$$

由于企业资产的出资人包括投资者和债权人，因而对资产的要求权自然分为投资者权益和债权人权益。债权人权益，即负债，要求企业到期还本付息的权利。投资者权益或所有者权益，是指所有者对企业资产抵减负债后的净资产所享有的权利。所有权与债权人享有的索偿权从性质上完全不同，债权人对企业资产有索偿权，投资者提供的资产一般不规定偿还期限，也不规定企业应定期偿付的资产报酬，但享有在金额上等于投入资本加上企业自创立以来所累计的资本增值，因此所有者权益又称为净权益。权益由负债和所有者权益组成，用公式表示如下。

$$权益＝负债＋所有者权益$$

基于法律上债权人权益优于所有者权益，则会计恒等式如下。

$$资产＝负债＋所有者权益$$

这一等式是复式记账法的理论基础，也是编制资产负债表的依据。

(二) 经营成果等式

经营成果等式，又称为动态会计等式，是用于反映企业一定时期收入、费用和利润之间恒等关系的会计等式。

六大会计要素中的第二类是反映企业动态经营成果的 3 个要素，即收入、费用和利润。企业在一定时间段内经营的目的就是从生产经营活动中获取收入，实现盈利。企业在取得收入的同时，也必然发生相应的费用，企业一定时期所获得的收入扣除所发生的各项费用后的余额，即表现为利润，用公式表示如下。

$$收入－费用＝利润$$

这一等式反映了利润的实现过程，是编制利润表的依据。

(三) 财务状况等式和经营成果等式的联系

企业在一定时期内取得的经营成果能够对资产、负债和所有者权益产生影响。收入可导致企业资产增加或负债减少，最终会导致所有者权益的增加；费用可导致企业资产减少或负债增加，最终会导致所有者权益减少。因此，在一定会计期间的经营成果必然会影响一定时点的财务状况。在一定会计期间内，将六大会计要素联系起来看，就可以得出如下钩稽关系。

期末结账前：资产＝负债＋所有者权益＋(收入－费用)

或

$$资产＝负债＋所有者权益＋利润$$

期末结账后：资产＝负债＋所有者权益

结账后的等式中的所有者权益包括"当期实现的利润"。

"资产＝负债＋所有者权益＋(收入－费用)"这一等式动态地反映了企业财务状况和经营成果之间的关系。在经营过程中，这一等式表明会计主体的财务状况和经营成果之间的相互关系。该等式可以变形为：资产＋费用＝负债＋所有者权益＋收入。

二、经济业务对会计等式的影响

经济业务，又称为会计事项，是指在经济活动中使会计要素发生增减变动的交易或事项。企业经济业务按其对财务状况等式的影响不同可以分为以下 9 种基本类型(现以某企业 2022 年 2 月份发生的部分经济业务事项为例，对这 9 类基本业务事项做出具体说明，该企业期初资产为 10 000 000 元，负债为 1 500 000 元，所有者权益为 8 500 000 元)。

1. 一项资产增加、另一项资产等额减少的经济业务

【例 2-1】企业以银行存款 30 000 元购入设备一台。

这笔业务使该企业资产中的固定资产增加 30 000 元，该企业因这一项投资使资产中的银行存款减少，两者金额均为 30 000 元。这笔业务对会计等式的影响如下所示。

	资产	=	负债	+	所有者权益
经济业务事项发生前	10 000 000		1 500 000		8 500 000
经济业务事项引起的变动	+30 000				
	−30 000				
经济业务事项发生后	10 000 000		1 500 000		8 500 000

2. 一项资产增加、一项负债等额增加的经济业务

【例 2-2】企业赊购材料 10 000 元。

这笔业务增加了材料，即存货资产，同时也使企业的负债中的应付账款项目增加，两者的金额均为 10 000 元。这笔业务对会计等式的影响如下所示。

	资产	=	负债	+	所有者权益
经济业务事项发生前	10 000 000		1 500 000		8 500 000
经济业务事项引起的变动	+10 000		+10 000		
经济业务事项发生后	10 010 000		1 510 000		8 500 000

3. 一项资产增加、一项所有者权益等额增加的经济业务

【例 2-3】企业收到投资者投入资金 1 000 000 元。

这笔业务使企业资产中的银行存款增加，同时也使所有者权益中的实收资本增加，两者金额均为 1 000 000 元。这笔业务对会计等式的影响如下所示。

	资产	=	负债	+	所有者权益
经济业务事项发生前	10 010 000		1 510 000		8 500 000
经济业务事项引起的变动	+1 000 000				+1 000 000
经济业务事项发生后	11 010 000		1 510 000		9 500 000

4. 一项资产减少、一项负债等额减少的经济业务

【例2-4】企业以银行存款40 000元偿还前欠的材料购货款。

这笔业务使企业资产中的银行存款减少，而这一减少的存款正好予以弥补应付账款，使负债也发生减少，两者金额均为40 000元。这笔业务对会计等式的影响如下所示。

	资产	=	负债	+	所有者权益
经济业务事项发生前	11 010 000		1 510 000		9 500 000
经济业务事项引起的变动	−40 000		−40 000		
经济业务事项发生后	10 970 000		1 470 000		9 500 000

5. 一项资产减少、一项所有者权益等额减少的经济业务

【例2-5】企业以银行存款20 000元分配股利。

这笔业务使企业资产中的银行存款减少，同时利润分配导致所有者权益减少，两者金额均为20 000元。这笔业务对会计等式的影响如下所示。

	资产	=	负债	+	所有者权益
经济业务事项发生前	10 970 000		1 470 000		9 500 000
经济业务事项引起的变动	−20 000				−20 000
经济业务事项发生后	10 950 000		1 470 000		9 480 000

6. 一项负债增加、一项所有者权益等额减少的经济业务

【例2-6】企业宣告分派股利25 000元。

这笔业务由于股利未付，使企业负债中的应付股利增加，同时通过利润分配导致所有者权益减少，两者金额均为25 000元。这笔业务对会计等式的影响如下所示。

	资产	=	负债	+	所有者权益
经济业务事项发生前	10 950 000		1 470 000		9 480 000
经济业务事项引起的变动			+25 000		−25 000
经济业务事项发生后	10 950 000		1 495 000		9 455 000

7. 一项所有者权益增加、一项负债等额减少的经济业务

【例2-7】企业与某债权人达成协议，将其100 000元应付账款转为对本企业的投资。

这笔业务使企业负债中的应付账款减少，同时所有者权益中的实收资本增加，两者金额均为100 000元。这笔业务对会计等式的影响如下所示。

	资产	=	负债	+	所有者权益
经济业务事项发生前	10 950 000		1 495 000		9 455 000
经济业务事项引起的变动			−100 000		+100 000
经济业务事项发生后	10 950 000		1 395 000		9 555 000

8. 一项负债增加、另一项负债等额减少的经济业务

【例2-8】企业向银行取得短期借款，直接偿还应付账款80 000元。

这笔业务使企业增加了负债项目的短期借款，同时取得的短期借款直接用以冲减短期借款，使应付账款金额减少，两者金额均为80 000元。这笔业务对会计等式的影响如下所示。

	资产	=	负债	+	所有者权益
经济业务事项发生前	10 950 000		1 395 000		9 555 000
经济业务事项引起的变动			+80 000		
			−80 000		
经济业务事项发生后	10 950 000		1 395 000		9 555 000

9. 一项所有者权益增加、另一项所有者权益等额减少的经济业务

【例2-9】企业以盈余公积300 000元转增资本。

这笔业务一方面使企业所有者权益中的盈余公积减少，另一方面使企业所有者权益中的另一个项目实收资本增加，两者金额均为300 000元。这笔业务对会计等式的影响如下所示。

	资产	=	负债	+	所有者权益
经济业务事项发生前	10 950 000		1 395 000		9 555 000
经济业务事项引起的变动					+300 000
					−300 000
经济业务事项发生后	10 950 000		1 395 000		9 555 000

上述9类基本经济业务的发生均不影响财务状况等式的平衡关系，具体分为以下3种情形：①基本经济业务1、6、7、8、9使财务状况等式左右两边的金额保持不变；②基本经济业务2、3使财务状况等式左右两边的金额等额增加；③基本经济业务4、5使财务状况等式左右两边的金额等额减少。

实际中，还可能涉及一些更为复杂的情形。

【例2-10】企业购买机器设备一台，价值50 500元，其中50 000元以转账支票支付，余款以库存现金付讫。

这笔经济使企业资产项目中的固定资产增加50 500元，银行存款减少50 000元，库存现金减少500元。这笔业务对会计等式的影响如下所示。

	资产	=	负债	+	所有者权益
经济业务事项发生前	10 950 000		1 395 000		9 555 000
经济业务事项引起的变动	+50 500				
	−50 000				
	−500				
经济业务事项发生后	10 950 000		1 395 000		9 555 000

虽然这笔业务涉及两个以上的项目，但总体上仍属于资产项目此增彼减的基本业务类型，对会计等式的数量平衡关系没有任何影响。

【例2-11】企业向银行取得600 000元的长期借款,其中500 000元直接用于偿还短期借款,余款存入银行。

这笔经济使企业负债中的长期借款增加600 000元,短期借款减少500 000元,资产项目中的银行存款增加100 000元。这笔业务对会计等式的影响如下所示。

	资产	=	负债	+	所有者权益
经济业务事项发生前	10 950 000		1 395 000		9 555 000
经济业务事项引起的变动	+100 000		+600 000		
			−500 000		
经济业务事项发生后	11 050 000		1 495 000		9 555 000

这笔业务同时包含了负债项目此增彼减和资产与负债同时增加两种基本业务类型。这一类会计事项称为复合业务。同时,正如上述分析所示,复合业务同样不对会计恒等关系产生任何影响。

明确会计事项的类型,对于会计核算,尤其是复式记账的运用具有重要的意义。

【练一练】

一、单项选择题

1. 某公司2022年1月初资产总额为500 000元,负债总额为219 000元,当月从银行取得借款30 000元,支付广告费5 000元,月末该公司所有者权益总额为(　　)元。

    A. 306 000　　　　　　　　　　　　B. 281 000

    C. 246 000　　　　　　　　　　　　D. 276 000

2. 以下各项中,能引起所有者权益总额发生增减变动的是(　　)。

    A. 宣告发放现金股利　　　　　　　　B. 发放股票股利

    C. 用资本公积转增资本　　　　　　　D. 用盈余公积弥补亏损

3. 下列表述中,正确反映了"收入−费用=利润"等式的是(　　)。

    A. 企业现金的绝对运动形式

    B. 资金运动在两个动态要素之间的内在联系

    C. 企业在某一时期的经营成果

    D. 构成资产负债表的3个基本要素

4. 一个企业的资产总额与权益总额(　　)。

    A. 必然相等　　　　　　　　　　　　B. 有时相等

    C. 不会相等　　　　　　　　　　　　D. 可能相等

5. 下列不属于企业的日常活动的是(　　)。

    A. 工业企业的产品生产和销售商品　　B. 金融企业的存贷款业务

    C. 商业流通企业的商品购销活动　　　D. 工业企业出售闲置固定资产

6. 我国( )将会计要素划分为资产、负债、所有者权益、收入、费用和利润六类。

    A.《企业会计准则》   B.《中华人民共和国会计法》

    C.《会计基础工作规范》   D.《企业会计制度》

7. 一个企业的所有者权益总额与( )总是相等。

    A. 资产总额   B. 负债总额

    C. 净资产总额   D. 权益总额

8. 资产按照预计从持续使用和最终处置中所产生未来净现金流入量的折现金额计量,所采用的计量属性是( )。

    A. 历史成本   B. 重置成本

    C. 可变现净值   D. 现值

9. 下列各项中,( )不应确认为费用。

    A. 广告宣传费   B. 固定资产净损失

    C. 管理费用   D. 财务费用

10. 下列不属于直接计入当期利润的利得和损失的有( )。

    A. 出租固定资产获得的收益   B. 处置固定资产的净损失

    C. 自然灾害发生的损失   D. 企业对外捐赠支出

二、多项选择题

1. 下列经济业务中,能引起会计等式左右两边会计要素同时变动的有( )。

    A. 收回应收货款   B. 归还到期借款

    C. 收到投资人投入资金   D. 购买商品,支付货款

2. 下列关于会计等式"收入－费用＝利润"的表述中,正确的有( )。

    A. 它是对会计基本等式的补充和发展

    B. 它表明了企业在一定会计期间经营成果与相应的收入和费用之间的关系

    C. 它说明了企业利润的实现过程

    D. 它实际上反映的是企业资金运动的绝对运动形式,故也称为静态会计等式

3. 下列选项中,以"资产＝负债＋所有者权益"这一会计等式为理论依据的有( )。

    A. 平行登记   B. 复式记账

    C. 编制资产负债表   D. 成本计算

4. 下列经济业务,会影响企业利润的项目有( )。

    A. 接受捐赠   B. 销售商品取得收入

    C. 取得短期借款   D. 出租固定资产取得收入

5. 下列有关所有者权益的说法,正确的有( )。

    A. 所有者凭借所有者权益能够参与企业利润的分配

    B. 公司的所有者权益又称为股东权益

    C. 企业接受投资者投入的资产,在该资产符合资产确认条件时,就相应地符合了所有者权益的确认条件

    D. 企业接受投资者投入的资产,当该资产的价值能够可靠计量时,所有者权益的金额也就可以确定

6. 流动负债是指(　　)。

　　A. 预计在一个正常营业周期中偿还

　　B. 主要为交易目的而持有

　　C. 企业无权自主地将清偿推迟至资产负债表日以后1年以上的负债

　　D. 自资产负债表日起1年内(含1年)到期应予以偿还

7. 下列关于营业周期的说法,正确的有(　　)。

　　A. 一个正常营业周期是企业从购买用于加工的资产起至实现现金或现金等价物的期间

　　B. 当正常营业周期不能确定时,应以1年(12个月)作为正常营业周期

　　C. 正常营业周期通常短于1年,在1年内有几个营业周期

　　D. 一个正常营业周期不可能长于1年

8. 收入取得后可能表现为(　　)。

　　A. 资产增加　　　　　　　　　　B. 所有者权益减少

　　C. 负债减少　　　　　　　　　　D. 所有者权益增加

9. 对融资性租入设备的价值进行计量,常用的会计计量属性有(　　)。

　　A. 历史成本　　　　　　　　　　B. 重置成本

　　C. 公允价值　　　　　　　　　　D. 现值

10. 下列关于会计要素的表述中,正确的有(　　)。

　　A. 收入是企业在日常活动中形成的　　B. 费用是企业在日常活动中发生的

　　C. 收入会导致所有者权益的增加　　　D. 费用会导致所有者权益的减少

三、判断题

1. 当企业本期收入大于费用时,表示企业取得了盈利,最终导致企业所有者权益的增加。
(　　)

2. 企业接受投资者投入实物,能引起资产和所有者权益同时增加。　　　　(　　)

3. 权益即所有者权益,代表所有者对企业资产的要求权。　　　　　　　　(　　)

4. 企业应严格区分收入和利得、费用和损失,以便全面反映企业的经营业绩。
(　　)

5. A企业赊购一批甲材料,材料已经验收入库,但尚未付款。该笔业务由于尚未付款,所以不确认A企业的负债。　　　　　　　　　　　　　　　　　　　　　　　(　　)

6. 企业出租专利技术,收取的租金不得确认为收入。　　　　　　　　　　(　　)

7. 会计要素的界定和分类可以使财务会计系统更加科学严密,有利于清晰地反映产权关系和其他经济关系,为投资者等财务报告使用者提供更加有用的信息。　　　　(　　)

8. 企业非日常活动所形成的经济利益的流入不能确认为收入。　　　　　　(　　)

9. 可变现净值是指在正常生产经营过程中,以预计售价减去进一步加工成本和预计销售费用及相关税费后的净值。　　　　　　　　　　　　　　　　　　　　　　　(　　)

10. 企业行政管理部门领用材料,价值3 000元,这3 000元材料费应确认为企业的费用。
(　　)

【做一做】

一、请试做出本章知识结构图

二、填表

2021 年 12 月 31 日，胜利公司根据会计要素和科目余额表计算得出，公司资产总额为 450 000 元，负债总额为 180 000 元，所有者权益总额为 270 000 元。该公司 2022 年 1 月发生如下经济业务。

1. 胜利公司从诚信工厂购入原材料一批，价款 3 000 元，材料已经验收入库，货款尚未支付，不考虑增值税。

2. 胜利公司收到大华公司投入资金 100 000 元并已存入银行。

3. 胜利公司以银行存款 3 000 元偿还前欠诚信工厂的购料款。

4. 某投资人经批准撤回其在胜利公司投资的 20 000 元，胜利公司于当日以银行存款支付。

5. 胜利公司从银行提取库存现金 500 元备用。

6. 胜利公司从银行借入期限 6 个月的短期借款 4 000 元，直接用于归还到期的应付账款。

7. 胜利公司召开董事会，决定从盈余公积中拿出 50 000 元转增资本。

8. 胜利公司计算应付给投资者的利润 30 000 元。

9. 投资者以 6 000 元代替胜利公司偿还所欠外单位的货款，作为追加投资。

要求：根据上述经济业务填写表 2-1。

表2-1 经济业务表

序号	经济业务类型	"资产＝负债＋所有者权益"的会计等式
期初	——	450 000＝180 000＋270 000
1		
2		
3		
4		
5		
6		
7		
8		
9		
得出结论		

第三章

会计科目与账户

◈ **基本要求**

1. 了解会计科目与账户的概念
2. 了解会计科目与账户的分类
3. 熟悉会计科目设置的原则
4. 熟悉常用的会计科目
5. 掌握账户的结构
6. 掌握账户与会计科目的关系

第一节 会计科目

一、会计科目的概念与分类

(一) 会计科目的概念

会计科目,简称为科目,是对会计要素的具体内容进行分类核算的项目。会计要素是对会计对象的基本分类,而这项会计要素仍显得过于粗糙,难以满足各有关方面对会计信息的需要。例如,所有者需要了解利润构成及其分配情况、了解负债及其构成情况;债权人需要了解流动比率、速动比率等有关指标,以评判其债权的安全情况;税务机关要了解企业欠缴税金的详细情况等。为此,还必须对会计要素做进一步分类,这种对会计要素的具体内容进行分类的项目,就是会计科目。

(二) 会计科目的分类

会计科目可按其反映的经济内容(即所属会计要素)、所提供信息的详细程度及其统驭关系分类。

1. 按反映的经济内容分类

会计科目按其反映的经济内容不同，可分为资产类科目、负债类科目、共同类科目、所有者权益类科目、成本类科目和损益类科目。

(1) 资产类科目，是对资产要素的具体内容进行分类核算的项目，按资产的流动性可分为反映流动资产的科目和反映非流动资产的科目。反映流动资产的科目，如库存现金、银行存款等；反映非流动资产的科目，如固定资产、无形资产、长期股权投资等。

(2) 负债类科目，是对负债要素的具体内容进行分类核算的项目，按负债的偿还期限可分为反映流动负债的科目和反映非流动负债的科目。反映流动负债的科目，如短期借款、应付账款、预收账款等；反映非流动负债的科目，如长期借款、应付债券等。

(3) 共同类科目，是既有资产性质又有负债性质的科目，主要有"清算资金往来""外汇买卖""衍生工具""套期工具""被套期项目"等。

(4) 所有者权益类科目，是对所有者权益要素的具体内容进行分类核算的项目，按所有者权益的形成和性质可分为反映资本的科目和反映留存收益的科目。反映资本的科目，如实收资本、资本公积等；反映留存收益的科目，如盈余公积、利润分配等。

(5) 成本类科目，是对可归属于产品生产成本、劳务成本等的具体内容进行分类核算的项目，按成本的内容和性质的不同可分为反映制造成本的科目和反映劳务成本的科目等。反映制造成本的科目，如生产成本、制造费用等；反映劳务成本的科目，如劳务成本等。

(6) 损益类科目，是对收入、费用等的具体内容进行分类核算的项目。按照损益与企业日常生产经营活动是否相关，可分为反映营业损益的科目和反映非营业损益的科目。反映营业损益的科目，如主营业务收入、主营业务成本、税金及附加、其他业务收入、其他业务成本等；反映非营业损益的科目，如营业外收入、营业外支出等。

2. 按提供信息的详细程度及其统驭关系分类

会计科目按其提供信息的详细程度及其统驭关系，可分为总分类科目和明细分类科目。

(1) 总分类科目，又称为总账科目或一级科目，是对会计要素的具体内容进行总括分类，提供总括信息的会计科目，如表 3-1 中所示的常用会计科目均为总分类科目。按我国会计准则的规定，总分类科目一般由财政部统一制定。

(2) 明细分类科目，又称为明细科目，是对总分类科目做进一步分类，提供更为详细和具体会计信息的科目。如果某一总分类科目所属的明细分类科目较多，可在总分类科目下设置二级明细科目，在二级明细科目下设置三级明细科目。明细分类科目除会计准则有明确设置规定外，会计主体可以根据自身经济管理的需要和经济业务的具体内容自行设置。需要注意的是，并不是所有的总分类科目都需要设置明细科目。

二、会计科目的设置

(一) 会计科目设置的原则

设置会计科目是会计核算方法中的一项，各单位由于经济业务活动的具体内容、规模大小与业务繁简程度等情况不尽相同，在具体设置会计科目时，应考虑其自身特点和具体情况并遵循以下原则。

(1) 合法性原则。为了保证会计信息的可比性，设置的会计科目应符合国家统一的会计制度的规定。

(2) 相关性原则。会计科目的设置，应为提供有关各方所需要的会计信息服务，满足对外报告与对内管理的要求。

(3) 实用性原则。企业的组织形式、所处行业、经营内容及业务种类等不同，在会计科目的设置上也应有所区别。在合法性的基础上，应根据企业自身特点，设置符合企业需要的会计科目。

(二) 常用会计科目

具体会计科目的设置一般是从会计要素出发，将会计科目分为资产、负债、共同、所有者权益、成本、损益六大类。参照我国《企业会计准则——应用指南》，企业常用的会计科目如表3-1所示。

表3-1 企业常用的会计科目

科目编码	科目名称	科目编码	科目名称
	一、资产类		二、负债类
1001	库存现金	2001	短期借款
1002	银行存款	2201	应付票据
1012	其他货币资金	2202	应付账款
1101	交易性金融资产	2203	预收账款
1121	应收票据	2211	应付职工薪酬
1122	应收账款	2221	应交税费
1123	预付账款	2231	应付利息
1131	应收股利	2232	应付股利
1132	应收利息	2241	其他应付款
1221	其他应收款	2501	长期借款
1231	坏账准备	2502	应付债券
1401	材料采购	2701	长期应付款
1402	在途物资	2711	专项应付款
1403	原材料	2801	预计负债
1404	材料成本差异	2901	递延所得税负债
1405	库存商品		三、共同类(略)
1406	发出商品		四、所有者权益类
1407	商品进销差价	4001	实收资本
1408	委托加工物资	4002	资本公积
1471	存货跌价准备	4101	盈余公积
1501	持有至到期投资	4102	其他综合收益
1502	持有至到期投资减值准备	4103	本年利润

科目编码	科目名称	科目编码	科目名称
1503	可供出售金融资产	4104	利润分配
1511	长期股权投资		五、成本类
1512	长期股权投资减值准备	5001	生产成本
1521	投资性房地产	5101	制造费用
1531	长期应收款	5201	劳务成本
1601	固定资产	5301	研发支出
1602	累计折旧		六、损益类
1603	固定资产减值准备	6001	主营业务收入
1604	在建工程	6051	其他业务收入
1605	工程物资	6101	公允价值变动损益
1606	固定资产清理	6111	投资收益
1701	无形资产	6301	营业外收入
1702	累计摊销	6401	主营业务成本
1703	无形资产减值准备	6402	其他业务成本
1711	商誉	6403	税金及附加
1801	长期待摊费用	6601	销售费用
1811	递延所得税资产	6602	管理费用
1901	待处理财产损溢	6603	财务费用
		6701	资产减值损失
		6711	营业外支出
		6801	所得税费用
		6901	以前年度损益调整

第二节　账户

　　会计科目只是对会计要素进行分类核算项目的名称,而不具有一定格式和结构,难以连续、系统、综合地反映和记录会计要素的增减变化,也不便于计算各具体项目变化的结果,更无法据以编制会计报表,输出会计信息。因此,设置会计科目以后,还必须根据会计科目开设相应的记账单元,即账户,在账户上分类记录各项经济业务引起要素的增减变化情况,并计算变动结果。

一、账户的概念与分类

(一) 账户的概念

　　账户是根据会计科目设置的,具有一定格式和结构,用于分类反映会计要素增减变动情况及其结果的载体。

设置会计账户是会计核算的一种专门方法。正确地设置和运用会计账户，把各项经济业务的发生情况，以及由此而引起的各会计要素的增减变化，系统地、分门别类地进行核算和监督，以提供各种会计信息，对于加强宏观和微观经济管理具有重要意义。

(二) 账户的分类

因为账户是根据会计科目设置的，所以账户的分类与会计科目的分类具有相似性，账户也可根据其核算的经济内容、提供信息的详细程度及其统驭关系进行分类。

(1) 根据核算的经济内容，账户可分为资产类账户、负债类账户、共同类账户、所有者权益类账户、成本类账户和损益类账户六类。其中，有些资产类账户、负债类账户和所有者权益账户存在备抵账户。备抵账户，又称为抵减账户，是指用来抵减被调整账户余额，以确定被调整账户实有数额而设置的独立账户，如"累计折旧"账户是"固定资产"账户的备抵账户、"累计摊销"账户是"无形资产"账户的备抵账户等。

(2) 根据提供信息的详细程度及其统驭关系，账户可分为总分类账户和明细分类账户。总分类账户与所属明细分类账户核算的内容相同，只是反映内容的详细程度有所不同，两种账户相互补充、制约、核对。总分类账户统驭和控制所属明细分类账户，明细分类账户从属于总分类账户。

① 总分类账户。总分类账户，又称为总账账户、一级账户，是对企业经济活动的具体内容进行总括核算的账户，它能够提供某一具体内容的总括核算指标，一般只用货币计量。总分类账户的名称、核算内容、使用方法通常是国家《企业会计准则》统一制定的。例如，根据"原材料"科目开设的"原材料"账户，能够提供企业所拥有的原材料总额，具体如表3-2所示。

表3-2 原材料总分类账

2022年		凭证		摘要	借方	贷方	借或贷	余额
月	日	种类	编号					
2	1			月初余额			借	20 000
	2	银付	1	购料	10 000		借	30 000
	11	转	1	生产A产品领料		10 600	借	19 400
	28			本月合计	10 000	10 600	借	19 400

② 明细分类账户。明细分类账户是对某一经济业务进行明细核算的账户，它是根据总分类账户的核算内容，按照实际需要和更详细的分类要求设置的。明细分类账户能够提供具体经济业务活动的详细资料，除可以用货币计量外，还可以用实物量度(如个、千克、台)等辅助计量。如表3-3和表3-4所示的原材料——甲材料、乙材料明细分类账，反映了数量、单价和金额指标。

表3-3　甲材料明细分类账

2022年		凭证		摘要	单价	借方		贷方		余额	
月	日	种类	号数			数量	金额	数量	金额	数量	金额
2	1			月初余额	10					400	4 000
	2	银付	1	购料	10	200	2 000			600	6 000
	11	转	1	生产领料	10			500	5 000	100	1 000
	28			本月合计		200	2 000	500	5 000	100	1 000

表3-4　乙材料明细分类账

2022年		凭证		摘要	单价	借方		贷方		余额	
月	日	种类	号数			数量	金额	数量	金额	数量	金额
2	1			月初余额	8					2000	16 000
	2	银付	1	购料	8	1000	8 000			3000	24 000
	11	转	1	生产领料	8			700	5 600	2300	18 400
	28			本月合计		1000	8 000	700	5 600	2300	18 400

当然，会计实务中不是所有的总分类账户都需要设明细分类账户，如"累计摊销""累计折旧"等账户不必设置明细分类账户。而多数总分类账户都要设置明细分类账户，如根据"应交税费"科目下属的各明细科目开设的明细账户就可以了解企业应交有关具体税种的金额。

总分类账户与明细分类账户应平行登记。平行登记是指对所发生的每项经济业务事项，都要以会计凭证为依据，一方面记入有关总分类账户，另一方面记入有关总分类账户所属明细分类账户的方法。

总分类账户与明细分类账户平行登记要求做到：所依据会计凭证相同、借贷方向相同、所属会计期间相同、计入总分类账户的金额与计入其所属明细分类账户的合计金额相等。如表3-2中"原材料"总分类账户余额19 400就是下辖的甲、乙材料的明细分类账余额1 000和18 400之和。

(三) 账户按用途和结构分类

账户的用途是指账户的作用，即设置、运用账户的目的和账户记录所能提供的经济信息。账户的结构是指账户能够登记增加、减少和结余的3个部分及各自所能反映的经济内容。账户按用途和结构分类，把所有在用途和结构上相互联系，并具有某些共同特点的账户加以归类，从个别到一般，从特性到共性，总结了同类账户在结构上和用途上的共同特点。这种分类，对于正确认识和掌握账户的使用规律，科学地管理、运用账户具有十分重要的意义。账户按用途和结构可分为以下几种。

1. 盘存账户

盘存账户是用来核算和监督企业各种物资和货币资金增减变动及其结存情况的账户。属于这类账户的有"固定资产""原材料""库存商品""库存现金""银行存款"等账户。

2. 结算账户

结算账户是用来核算和监督企业同其他单位或个人之间债权债务结算情况的账户。属于这类账户的有"应收账款""预付账款""其他应收款""应付账款""预收账款""其他应付款"等账户。

3. 调整账户

调整账户是为了调整主体账户(即被调整账户)的余额,以求得主体账户(即被调整账户)的实际余额而设置的专门账户。调整账户按其对被调整账户调整的方式不同,可以分为备抵调整账户、附加调整账户、备抵附加调整账户三类。典型的备抵调整账户有"累计折旧""累计摊销""坏账准备"等账户。

4. 集合分配账户

集合分配账户是用来归集和分配在生产或提供劳务过程中某一阶段发生的某种费用,并按一定标准分配记入有关成本计算对象的账户。属于这类账户的有"制造费用"账户。

5. 成本计算账户

成本计算账户是用来归集经营过程中某一阶段所发生的费用,并据以确定该阶段特定对象的实际成本的账户。属于这类账户的有"在途物资""生产成本""在建工程"等账户。"生产成本"账户是成本计算账户的典型代表。

6. 跨期摊提账户

跨期摊提账户是用来核算和监督应由若干个相连接的会计期间共同分摊的收益或费用,从而正确计算成本和盈亏的账户。设置该类账户主要是为了贯彻权责发生制,严格划分费用的受益期限,准确计算各会计期间的损益。属于跨期摊提账户的有"长期待摊费用"等账户。

7. 计价对比账户

计价对比账户,又称为业务成果账户,是用来对某项经济业务在账户左右两方,按照两种不同的计价进行对比核算,以此确定其业务成果的账户。属于计价对比账户的有"本年利润"账户。

8. 损益账户

损益账户是用来核算和监督各项收益或损失并据此确定一定期间经营成果的账户。属于损益账户的有"主营业务收入""其他业务收入""营业外收入""投资收益""主营业务成本""其他业务成本""税金及附加""销售费用""管理费用""财务费用""营业外支出""所得税费用"等账户。

二、账户的功能与结构

(一) 账户的功能

账户的功能在于连续、系统、完整地提供企业经济活动中各会计要素增减变动及其结果的具体信息。

(二) 账户的结构

账户的结构是指账户的组成部分及其相互关系。账户通常由以下内容组成。

(1) 账户名称,即会计科目。

(2) 日期,即所依据记账凭证中注明的日期。

(3) 凭证字号,即所依据记账凭证的编号。

(4) 摘要,即经济业务的简要说明。

(5) 金额,即增加额、减少额和余额。

以实务中的总分类账使用的账页为例,均包括了上述 5 项内容,具体如表 3-5 所示。

××总分类账

表3-5 账户的基本结构

年		凭证		摘要	借方	贷方	借或贷	余额
月	日	种类	编号					

从账户名称、记录增加额和减少额的左右两方来看,账户结构在整体上类似于汉字"丁"和大写的英文字母 T,如图 3-1 所示,因此,账户的基本结构在实务中被形象地称为"丁"字账户或 T 型账户。

左方   账户名称(会计科目)   右方

图3-1 简化的T型账户

简化账户有左右两个记账部位,其命名取决于所使用的记账方法,后续章节将学习借贷记账法,在借贷记账法下,账户的左右两方将分别被"借方"和"贷方"代替。

T 型账户左右两方都是按相反方向来记录增加额和减少额,即如果规定在左方记录增加额,就应该在右方记录减少额。反之,规定在右方记录增加额,则左方记录减少额。究竟每个账户哪方记增加,哪方记减少并不确定,要联系账户性质和所用记账方法。账户左右两方增减相抵后的差额,称为账户的余额,账户余额一般与记录增加的方向在同侧。目前我国的会计实务中,根据所采用的记账方法,资产类、负债类及所有者权益类账户的结构如图 3-2 所示。

图3-2 常见账户结构

会计要素在特定会计期间增加和减少的金额，分别称为账户的"本期增加发生额"和"本期减少发生额"，两者统称为账户的"本期发生额"；会计要素在会计期末的增减变动结果，称为账户的"余额"，具体表现为期初余额和期末余额，账户上期的期末余额转入本期，即为本期的期初余额；账户本期的期末余额转入下期，即为下期的期初余额。

账户的期初余额、期末余额、本期增加发生额和本期减少发生额统称为账户的4个金额要素。对于同一账户而言，它们之间的基本关系如下。

$$期末余额＝期初余额＋本期增加发生额－本期减少发生额$$

三、账户与会计科目的关系

从理论上讲，会计科目与账户是两个不同的概念，两者既有联系，又有区别。会计科目与账户都是对会计对象具体内容的分类，两者核算内容一致，性质相同；会计科目是账户的名称，也是设置账户的依据；账户是会计科目的具体运用，具有一定的结构和格式，并通过其结构反映某项经济内容的增减变动及其余额。

【练一练】

一、单项选择题

1. 会计要素在特定会计期间增加和减少的金额，分别称为账户的"本期增加发生额"和"本期减少发生额"，两者统称为账户的(　　)。

　　A. 本期变动额　　　　　　　　　　B. 本期发生额

　　C. 本期余额　　　　　　　　　　　D. 本期计算额

2. (　　)是用来抵减被调整账户余额，以确定被调整账户实有数额而设置的独立账户。

　　A. 备抵账户　　　　　　　　　　　B. 所有者权益账户

　　C. 资产账户　　　　　　　　　　　D. 负债账户

3. 下列各项中，不属于总分类科目的是(　　)。

　　A. 销售费用　　　　　　　　　　　B. 应收账款

　　C. 辅助材料　　　　　　　　　　　D. 工程物资

4. 根据会计科目所属会计要素分类，下列各项中，(　　)至少有两个科目归属于资产要素。

　　A. 应交税费，资本公积，劳务成本，投资收益

　　B. 预付账款，预收账款，应收股利，银行存款

　　C. 本年利润，应付职工薪酬，制造费用，营业外收入

　　D. 盈余公积，其他应付款，待处理财产损溢，主营业务成本

5. 关于会计科目的设置，下列说法正确的是(　　)。

　　A. 企业必须遵守相关法规的规定设置科目，不得增减、合并或分拆

　　B. 企业可以完全自行设置总分类科目及明细分类科目

　　C. 企业会计科目的设置只要满足对外报告的要求即可

　　D. 明细分类科目的设置应符合单位自身特点，满足单位实际需要

6. 下列关于会计科目分类的表述中,不正确的是( )。

　　A. 二级明细科目是对明细科目进一步分类的科目

　　B. 明细分类科目是对其所归属的总分类科目的补充和说明

　　C. 明细分类科目反映各种经济业务的详细情况

　　D. 明细分类科目又称明细科目,是对总分类科目做进一步分类的科目

7. 下列项目中,与"制造费用"属于同一类科目的是( )。

　　A. 固定资产　　　　　　　　　　B. 其他业务成本

　　C. 生产成本　　　　　　　　　　D. 主营业务成本

8. 下列各项中,不属于损益类科目的是( )。

　　A. "制造费用"科目　　　　　　B. "资产减值损失"科目

　　C. "投资收益"科目　　　　　　D. "其他业务成本"科目

9. 总分类会计科目一般按( )进行设置。

　　A. 企业管理的需要　　　　　　　B. 统一会计制度的规定

　　C. 会计核算的需要　　　　　　　D. 经济业务的种类不同

10. ( )具有一定的格式和结构,用于分类反映会计要素增减变动情况及其结果的载体。

　　A. 账户　　　　　　　　　　　　B. 会计科目

　　C. 账簿　　　　　　　　　　　　D. 财务报表

二、多项选择题

1. 以下属于备抵账户的是( )。

　　A. 坏账准备　　　　　　　　　　B. 累计摊销

　　C. 累计折旧　　　　　　　　　　D. 资产减值损失

2. 下列关于账户与会计科目的联系与区别的表述中正确的有( )。

　　A. 会计科目是账户的名称,也是设置账户的依据;账户是根据会计科目设置的,账户是会计科目的具体运用

　　B. 会计账户的性质决定了会计科目的性质,两者的分类一样

　　C. 会计科目和账户对会计对象经济内容分类的方法、分类的用途和分类的结果是完全相同的

　　D. 没有会计科目,账户便失去了设置的依据;没有账户,就无法发挥会计科目的作用

3. 下列各项中,( )属于会计科目分类方法。

　　A. 按反映的经济内容分类

　　B. 按其核算的具体内容分类

　　C. 按其企业内部管理与外部信息需要分类

　　D. 按其提供信息的详细程度及统驭关系分类

4. 按照实用性原则,制造业企业需要设置的科目有( )。

　　A. 生产成本　　　　　　　　　　B. 制造费用

　　C. 库存商品　　　　　　　　　　D. 销售费用

5. 下列属于负债类科目的有(　　)。
  A. 短期借款   B. 预计负债
  C. 应付职工薪酬   D. 应交税费
6. 根据提供信息的详细程度及其统驭关系，账户分为(　　)。
  A. 总分类账户   B. 明细分类账户
  C. 资产类账户   D. 负债类账户
7. 下列属于资产类会计科目的有(　　)。
  A. 应收账款   B. 在途物资
  C. 预收账款   D. 预付账款
8. 账户可以根据(　　)进行分类。
  A. 其核算的经济内容   B. 提供信息的详细程度及其统驭关系
  C. 会计科目流动性   D. 生产周期
9. 账户通常包括的内容有(　　)。
  A. 账户名称   B. 日期
  C. 凭证字号   D. 金额
10. 下列属于负债类会计科目的有(　　)。
  A. 应收账款   B. 预收账款
  C. 预付账款   D. 应付账款

三、判断题

1. "固定资产"科目和"固定资产"账户核算的内容、范围完全相同。　　　　　　(　　)

2. 账户上期的期末余额转入本期，即为本期的期初余额；账户本期的期末余额转入下期，即为下期的期初余额。　　　　　　(　　)

3. 对明细账核算，除用货币计量反映经济业务外，必要时还需要用实物计量或劳动计量单位从数量和时间上进行反映，以满足经营管理的需要。　　　　　　(　　)

4. 账户是根据会计科目设置的，具有一定的格式和结构，用于分类反映会计要素增减变动情况和结构的载体。　　　　　　(　　)

5. 实际工作中，具体会计科目设置一般是从会计要素出发，将会计科目分为资产、负债、所有者权益、收入、费用、利润六大类。　　　　　　(　　)

6. 资金运动的第三层次是会计科目。　　　　　　(　　)

7. 总分类科目与其所属的明细分类科目的核算内容相同，所不同的是前者提供的信息比后者更加详细。　　　　　　(　　)

8. "坏账准备""长期股权投资减值准备""累计折旧""无形资产减值准备"科目均属于资产类科目。　　　　　　(　　)

9. 为了保证会计信息的可比性，总分类科目一般由各省财政厅统一设置。　　　　　　(　　)

10. 账户借方登记增加额，贷方登记减少额。　　　　　　(　　)

【做一做】

一、请试做出本章知识结构图

二、填表

要求：请通过查阅资料，将各会计账户借、贷方记录的内容填入表3-6。

表3-6　填写会计账户借、贷方记录的内容

科目编码	科目名称	记录内容
	一、资产类	
1001	库存现金	
1002	银行存款	
1012	其他货币资金	
1101	交易性金融资产	
1121	应收票据	
1122	应收账款	
1123	预付账款	
1131	应收股利	
1132	应收利息	
1221	其他应收款	
1231	坏账准备	
1401	材料采购	
1402	在途物资	
1403	原材料	
1404	材料成本差异	

(续表)

科目编码	科目名称	记录内容
1405	库存商品	
1406	发出商品	
1407	商品进销差价	
1408	委托加工物资	
1471	存货跌价准备	
1501	持有至到期投资	
1502	持有至到期投资减值准备	
1503	可供出售金融资产	
1511	长期股权投资	
1512	长期股权投资减值准备	
1521	投资性房地产	
1531	长期应收款	
1601	固定资产	
1602	累计折旧	
1603	固定资产减值准备	
1604	在建工程	
1605	工程物资	
1606	固定资产清理	
1701	无形资产	
1702	累计摊销	
1703	无形资产减值准备	
1711	商誉	
1801	长期待摊费用	
1811	递延所得税资产	
1901	待处理财产损溢	
	二、负债类	
2001	短期借款	
2201	应付票据	
2202	应付账款	
2203	预收账款	
2211	应付职工薪酬	
2221	应交税费	
2231	应付利息	
2232	应付股利	
2241	其他应付款	

(续表)

科目编码	科目名称	记录内容
2501	长期借款	
2502	应付债券	
2701	长期应付款	
2711	专项应付款	
2801	预计负债	
2901	递延所得税负债	
	三、共同类(略)	
	四、所有者权益类	
4001	实收资本	
4002	资本公积	
4101	盈余公积	
4102	其他综合收益	
4103	本年利润	
4104	利润分配	
	五、成本类	
5001	生产成本	
5101	制造费用	
5201	劳务成本	
5301	研发支出	
	六、损益类	
6001	主营业务收入	
6051	其他业务收入	
6101	公允价值变动损益	
6111	投资收益	
6301	营业外收入	
6401	主营业务成本	
6402	其他业务成本	
6403	税金及附加	
6601	销售费用	
6602	管理费用	
6603	财务费用	
6701	资产减值损失	
6711	营业外支出	
6801	所得税费用	
6901	以前年度损益调整	

第四章

会计记账方法

◆ 基本要求
1. 了解复式记账法的概念与种类
2. 熟悉借贷记账法的原理
3. 掌握借贷记账法下的账户结构
4. 了解会计分录的分类
5. 掌握借贷记账法下的试算平衡

第一节　会计记账方法的种类

为了核算和监督会计对象，设置了必要的会计科目，并据此开设了会计账户，而后若要将发生的各项经济业务记录其中，还必须采用一定的记账方法。记账方法，是指根据特定会计主体所发生的经济业务(或会计事项)，采用特定的记账符号并运用一定的记账原理(程序和方法)，在账簿中进行登记的方法。记账方法按记录经济业务方式的不同可分为两种：一种是单式记账法；另一种是复式记账法。目前，在我国乃至世界各国的营利组织和非营利组织都普遍采用复式记账法来记录经济业务。

一、单式记账法

单式记账法是指对发生的每一项经济业务只在一个账户中加以登记的记账方法。单式记账法下，所有的经济业务事项只做单方面的登记，通常只将现金、银行存款的收付款业务和债权、债务等往来结算业务在账户中进行登记，而对实物的收付业务一般不做登记。例如，以银行存款购买机器设备，账簿记录中一般只反映银行存款的减少，而不反映机器设备的增加。因此，单式记账法不可避免地存在着单方面记录的弊端，难以从会计记录中考察经济业务事项的全貌，无法形成连续、系统且又严密的会计信息记录，所以企业一般很少使用单式记账法。

二、复式记账法

(一) 复式记账法的概念

复式记账法是指对于每一笔经济业务都必须用相等的金额在两个或两个以上相互联系的账户中进行登记，全面系统地反映会计要素增减变化的一种记账方法。现代会计运用复式记账法。

(二) 复式记账法的优点

与单式记账法相比，复式记账法的优点如下。

(1) 能够全面反映经济业务内容和资金运动的来龙去脉。运用复式记账法，不仅可以全面反映每一项经济业务，而且可以把全部经济业务进行系统地描述和综合。

(2) 能够进行试算平衡，便于查账和对账。运用复式记账法，对每项经济业务都在两个或两个以上相互联系的账户中以相等的金额做出双重记录，因此对记录的结果可以进行试算平衡，便于检查账户记录的正确性。

(三) 复式记账法的种类

复式记账法可分为借贷记账法、增减记账法和收付记账法等。其中，借贷记账法是目前国际上通用的记账方法，我国《企业会计准则——基本准则》规定企业应采用借贷记账法记账。

第二节　借贷记账法

一、借贷记账法的概念

借贷记账法是以"借"和"贷"作为记账符号的一种复式记账法。具体来说，它是以"资产＝负债＋所有者权益"为理论依据，以"借"和"贷"为记账符号，以"有借必有贷，借贷必相等"为记账规则，对每项经济业务都以借、贷相等的金额在两个或两个以上有关账户进行记录的一种复式记账法。

二、借贷记账法下账户的结构

(一) 借贷记账法下账户的基本结构

借贷记账法下，账户的左方称为借方，右方称为贷方，如图 4-1 所示。

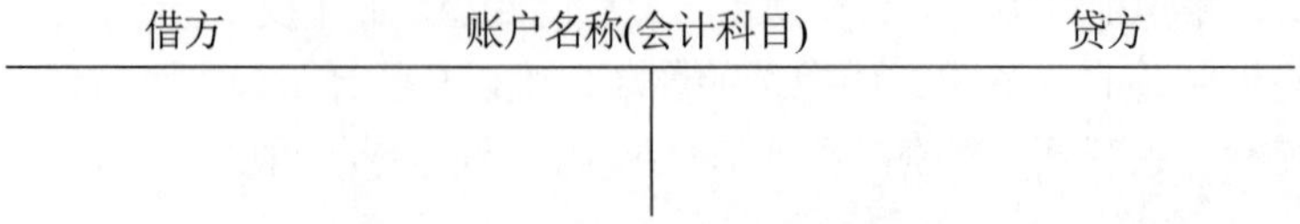

借方	账户名称(会计科目)	贷方

图4-1　借贷记账法下T型账户的基本结构

所有账户的借方和贷方按相反方向记录增加数和减少数，即一方登记增加额，另一方登记减少额。至于"借"表示增加，还是"贷"表示增加，则取决于账户的性质与所记录经济内容的性质。

通常而言，资产、成本和费用类账户的增加用"借"表示，减少用"贷"表示；负债、所有者权益和收入类账户的增加用"贷"表示，减少用"借"表示。备抵账户的结构与所调整账户的结构正好相反。

(二) 资产和成本类账户的结构

在借贷记账法下，资产类、成本类账户的借方登记增加额，贷方登记减少额，期末余额一般在借方，有些账户可能无余额。其余额计算公式如下。

$$期末借方余额＝期初借方余额＋本期借方发生额－本期贷方发生额$$

1. 资产类账户的结构

资产类账户的借方登记资产的增加，贷方登记资产的减少，账户的期末余额一般在借方，表示期末资产的余额。以 T 形账户格式表示如下。

$$资产类账户期末余额＝期初借方余额＋本期借方发生额－本期贷方发生额$$

2. 成本类账户的结构

制造业的成本类账户记录的内容可以看作是某些资产类账户之间的转移。例如，生产领用原材料可以看成是原材料的价值转移到生产成本中等。因此，成本类账户的结构与资产类账户是一致的。以 T 形账户格式表示如下。

$$成本类账户期末余额＝期初借方余额＋本期借方发生额－本期贷方发生额$$

(三) 负债和所有者权益类账户的结构

在借贷记账法下，负债类、所有者权益类账户的借方登记减少额，贷方登记增加额，期末余额一般在贷方，有些账户可能无余额。其余额计算公式如下。

$$期末贷方余额＝期初贷方余额＋本期贷方发生额－本期借方发生额$$

1. 负债类账户的结构

负债类账户的结构与资产类账户完全相反。负债类账户的借方登记负债的减少，贷方登记负债的增加，期末余额一般在贷方，表示期末的负债余额。以 T 形账户格式表示如下。

$$负债类账户期末余额＝期初贷方余额＋本期贷方发生额－本期借方发生额$$

2. 所有者权益类账户的结构

所有者权益类账户的结构与负债类账户相同。借方登记减少额，贷方登记增加额，期末余额一般在贷方，表示期末所有者权益的余额。以 T 形账户格式表示如下。

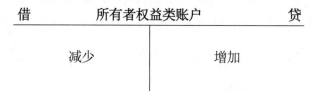

$$所有者权益类账户期末余额＝期初贷方余额＋本期贷方发生额－本期借方发生额$$

(四) 损益类账户的结构

损益类账户主要包括收入类账户和费用类账户。

1. 收入类账户的结构

在借贷记账法下，收入类账户的借方登记减少额，贷方登记增加额。本期收入净额在期末转入"本年利润"账户，用以计算当期损益，结转后无余额。以 T 形账户格式表示如下。

2. 费用类账户的结构

在借贷记账法下，费用类账户的借方登记增加额，贷方登记减少额。本期费用净额在期末转入"本年利润"账户，用以计算当期损益，结转后无余额。以 T 形账户格式表示如下。

借	费用类账户	贷
增加		减少

三、借贷记账法的记账规则

记账规则是指采用某种记账方法登记具体经济业务时应遵循的规律。借贷记账法的记账规则是"有借必有贷，借贷必相等"。通俗地说，记录一个账户的借方，同时必须记录另一个账户或几个账户的贷方；记录一个账户的贷方，同时必须记录另一个账户或几个账户的借方，且计入借方的金额与计入贷方的金额必须相等。

四、借贷记账法下的账户对应关系与会计分录

(一) 账户的对应关系

账户的对应关系是指采用借贷记账法对每笔交易或事项进行记录时，相关账户之间形成的应借、应贷的相互关系。存在对应关系的账户称为对应账户。

账户的对应关系是相对于某项具体的经济业务而言的。例如，企业从银行存款中提取现金2 000元，对于这项经济业务来说，应记入"库存现金"账户借方2 000元和"银行存款"账户贷方2 000元。这样，"库存现金"和"银行存款"两个账户发生了应借、应贷的对应关系，这两个账户就叫作对应账户。再如，企业以银行存款5 000元偿还前欠的外单位货款。对于这项经济业务来说，应记入"应付账款"账户借方5 000元和"银行存款"账户贷方5 000元。这样，"应付账款"和"银行存款"账户发生了应借、应贷的对应关系，这两个账户即成了对应账户。

账户的对应关系有两方面作用：一是通过账户的对应关系，可以了解经济业务的内容；二是通过账户的对应关系，可以对经济业务的处理是否符合有关经济法规和财务会计制度的规定进行监督。

(二) 会计分录

1. 会计分录的含义

会计分录，简称分录，是对每项经济业务列示出应借、应贷的账户名称及其金额的一种记录。会计分录由应借应贷方向、相互对应的科目及其金额3个要素构成。在我国，会计分录记载于记账凭证中。会计分录示例如下。

借：主营业务成本　　　　　　　　　　　21 100
　　贷：库存商品——A产品　　　　　　20 000
　　　　　　　——B产品　　　　　　　1 100

以上所示便是会计分录。会计分录的书写格式如下。

(1) 上借下贷。即借方在上，先写，贷方在下，后写，且每个会计科目占一行。

(2) 左右错开。即贷方的文字和数字都要比借方后退两格书写。

(3) 在一借多贷或一贷多借或多借多贷的情况下，借方或贷方的文字要对齐，金额也应对齐。

2. 会计分录的分类

按照所涉及账户的多少,会计分录可分为简单会计分录和复合会计分录。简单会计分录是指只涉及一个账户借方和另一个账户贷方的会计分录,即一借一贷的会计分录。复合会计分录是指由两个以上(不含两个)对应账户组成的会计分录,即一借多贷、多借一贷或多借多贷的会计分录。

3. 会计分录的编制步骤

会计分录是账户记录的依据。会计分录是否正确无误,直接关系账户记录及其他会计资料的准确性和真实性。因此,编制会计分录是会计核算的基础。编制时应遵守以下步骤。

(1) 分析经济业务事项所影响的是哪两个(或两个以上)账户。

(2) 确定所涉及的账户是增加还是减少。

(3) 确定记入哪个账户的借方、哪个账户的贷方。

(4) 确定应借、应贷的金额。

【例4-1】企业以银行存款 70 000 元购入设备一台。

该笔经济业务的类型属于资产内部项目的此增彼减,其中资产中的固定资产增加,银行存款减少。根据资产增加记借方,资产减少记贷方,这笔业务应借记"固定资产"70 000 元,贷记"银行存款"70 000 元。编制会计分录如下。

借:固定资产   70 000

  贷:银行存款   70 000

账户登记如下。

【例4-2】企业收到投资者投入资金 8 000 000 元。

该笔经济业务的类型属于资产与所有者权益同增,其中资产中的银行存款增加,所有者权益中的实收资本增加。根据资产增加记借方,所有者权益增加记贷方,这笔业务应借记"银行存款"8 000 000 元,贷记"实收资本"8 000 000 元。编制会计分录如下。

借:银行存款   8 000 000

  贷:实收资本   8 000 000

账户登记如下。

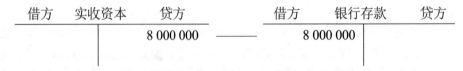

【例4-3】企业与某债权人达成协议,将其 300 000 元应付账款转为对本企业的投资。

该笔经济业务属于负债减少,所有者权益增加,其中负债中的应付账款减少,同时所有者权益中的实收资本增加。根据负债减少记借方,所有者权益增加记贷方,这笔业务应借记"应付账款"300 000 元,贷记"实收资本"300 000 元。编制会计分录如下。

借：应付账款　　　　　　　　300 000
　　贷：实收资本　　　　　　　　300 000
账户登记如下。

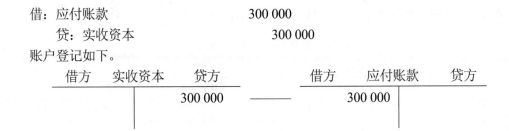

借方	实收资本	贷方		借方	应付账款	贷方
		300 000			300 000	

五、借贷记账法下的试算平衡

(一) 试算平衡的含义

试算平衡是指根据借贷记账法的记账规则和资产与权益的恒等关系，通过对所有账户的发生额和余额的汇总计算和比较来检查记录是否正确的一种方法。

(二) 试算平衡的分类

1. 发生额试算平衡

发生额试算平衡是指全部账户本期借方发生额合计与全部账户本期贷方发生额合计保持平衡，即

全部账户本期借方发生额合计＝全部账户本期贷方发生额合计

发生额试算平衡是检验本期发生额记录是否正确的方法，其直接依据是借贷记账法的记账规则"有借必有贷，借贷必相等"。

2. 余额试算平衡

余额试算平衡是指全部账户借方期末(初)余额合计与全部账户贷方期末(初)余额合计保持平衡，即

全部账户借方期末(初)余额合计＝全部账户贷方期末(初)余额合计

余额试算平衡是检验本期账户记录是否正确的方法，其直接依据是财务状况等式"资产＝负债＋所有者权益"。

(三) 试算平衡表的编制

试算平衡是通过编制试算平衡表进行的。试算平衡表通常是在期末结出各账户的本期发生额合计和期末余额后编制的，试算平衡表中一般应设置"期初余额""本期发生额"和"期末余额"三大栏目，其下分设"借方"和"贷方"两个小栏。各大栏中的借方合计与贷方合计应该平衡相等，否则存在记账错误。为了简化表格，试算平衡表也可只根据各个账户的本期发生额编制，不填列各账户的期初余额和期末余额。

【例4-4】某企业7月初各账户余额如表4-1所示。

表4-1 某企业7月初各账户余额

单位：元

会计科目	期初余额	
	借方	贷方
库存现金	1 000	
银行存款	49 000	
应收账款	80 000	
原材料	220 000	
固定资产	230 000	
短期借款		150 000
应付票据		
应付账款		100 000
应付职工薪酬		30 000
应付利润		40 000
实收资本		180 000
资本公积		80 000
合计	580 000	580 000

该企业7月发生的全部经济业务分录如下。

(1) 借：银行存款   200 000
     贷：实收资本   200 000

(2) 借：原材料   70 000
     贷：应付账款   70 000

(3) 借：短期借款   80 000
     贷：银行存款   80 000

(4) 借：实收资本   100 000
     贷：固定资产   100 000

(5) 借：固定资产   40 000
     贷：银行存款   40 000

(6) 借：应付账款   50 000
     贷：应付票据   50 000

(7) 借：资本公积   60 000
     贷：实收资本   60 000

(8) 借：应付利润   20 000
     贷：实收资本   20 000

(9) 借：实收资本   90 000
     贷：应付账款   90 000

要求：编制 7 月 31 日的试算平衡表，如表 4-2 所示。

表4-2 试算平衡表

会计科目	期初余额		本期发生额		期末余额	
	借方	贷方	借方	贷方	借方	贷方
库存现金	1 000				1 000	
银行存款	49 000		200 000	120 000	129 000	
应收账款	80 000				80 000	
原材料	220 000		70 000		290 000	
固定资产	230 000		40 000	100 000	170 000	
短期借款		150 000	80 000			70 000
应付票据				50 000		50 000
应付账款		100 000	50 000	160 000		210 000
应付职工薪酬		30 000				30 000
应付利润		40 000	20 000			20 000
实收资本		180 000	190 000	280 000		270 000
资本公积		80 000	60 000			20 000
合计	580 000	580 000	710 000	710 000	670 000	670 000

值得注意的是，如果借贷试算不平衡，说明账户记录必定存在错误。但如果借贷试算平衡，也不能完全肯定账户记录没有错误，因为有些错误并不影响借贷双方的平衡，如漏记某一项会计事项、重记某一项会计事项、记错账户、借贷方向同时记反、一项错误与另一项错误正好抵销等。因此，试算平衡的结果只能作为账户记录基本没有错误的结论，而不能作为账户记录绝对没有错误的判断依据。此外，试算表的编制还有助于会计报表的编制。

【练一练】

一、单项选择题

1. 下列错误不能通过试算平衡发现的是(　　)。
    A. 漏记某个会计科目　　　　　　　B. 重记某个会计科目
    C. 错用某个会计科目　　　　　　　D. 某个会计科目少记金额
2. 下列账户中，期末结转后无余额的账户有(　　)。
    A 实收资本　　　　　　　　　　　B. 应付账款
    C. 固定资产　　　　　　　　　　　D. 管理费用
3. 某企业月初的短期借款账户为贷方余额 60 万元，本月向银行借入期限为 6 个月的借款 20 万元，归还以前的短期借款 30 万元，则本月末短期借款账户的余额为(　　)。
    A. 贷方80万元　　　　　　　　　　B. 贷方50万元
    C. 借方50万元　　　　　　　　　　D. 贷方30万元

4. 甲企业"应收账款"科目期初借方余额 40 000 元，本期收回应收的货款 15 000 元，该科目期末为借方余额 60 000 元，则企业本期必定还发生了(　　)。

    A. 应收账款增加20 000元   B. 应收账款减少20 000元

    C. 应收账款增加35 000元   D. 应收账款减少35 000元

5. 下列关于借贷记账法下账户的结构说法错误的是(　　)。

    A. 损益类账户与负债类账户结构类似

    B. 资产类账户和成本类账户结构相同

    C. 所有者权益类账户与损益类账户中的收入类账户结构相似

    D. 损益类账户期末结转后一般无余额

6. 下列账户中，能与"应交税费"账户贷方发生对应关系的是(　　)。

    A. 原材料   B. 在途物资

    C. 税金及附加   D. 固定资产

7. 下列关于复式记账法的表述中，正确的是(　　)。

    A. 每一项经济交易或事项的发生，都会引起资产、负债、所有者权益有关项目的增减变动

    B. 资产发生变动的，负债也必然发生变动

    C. 资产发生变动的，所有者权益也必然发生变动

    D. 负债发生变动的，所有者权益也必然发生变动

8. 下列错误中能通过试算平衡发现的是(　　)。

    A. 某项经济业务未入账   B. 某项经济业务重复记账

    C. 借贷方向颠倒   D. 借贷金额不等

9. 发生额试算平衡法下的平衡关系有(　　)。

    A. 全部账户的本期借方发生额＝全部账户的本期贷方发生额

    B. 全部账户的本期借方发生额合计＝全部账户的本期贷方发生额合计

    C. 全部账户的期末借方余额＝全部账户的期末贷方余额

    D. 全部账户的期末借方余额合计＝全部账户的期末贷方余额合计

10. 根据资产与权益的恒等关系及借贷记账法的记账规则，检查所有会计科目记录是否正确的方法为(　　)。

    A. 借贷记账   B. 平行登记

    C. 试算平衡   D. 对账

二、多项选择题

1. 在发生某些账务处理错误的情况下，试算平衡表依然是平衡的。下列选项中，属于这种情况的有(　　)。

    A. 少记某科目发生额   B. 整笔经济业务漏记

    C. 整笔经济业务重记   D. 某一科目的金额记错

2. 企业用银行存款偿还应付账款 99 000 元，另用现金偿还应付账款 1 000 元，下列说法正确的有( )。

    A. 资产类账户"应付账款"减少99 000元，记入该账户的贷方

    B. 负债类账户"应付账款"减少100 000元，记入该账户的借方

    C. 资产类账户"库存现金"减少1 000元，记入该账户的借方

    D. 资产类账户"银行存款"减少99 000元，记入该账户的贷方

3. 下列账户贷方核算增加额的是( )。

    A. 主营业务收入   B. 应付账款

    C. 生产成本   D. 管理费用

4. 下列账户中期末余额在贷方的有( )。

    A. 预收账款   B. 应收账款

    C. 应付账款   D. 累计摊销

5. 下列选项中，记账符号"贷"表示增加的有( )。

    A. 资产   B. 负债

    C. 所有者权益   D. 收入

6. 借贷记账法下分别以"借""贷"两个记账符号表示各会计要素的增加或减少，至于"借"表示增加还是"贷"表示增加，则取决于( )。

    A. 账户的格式   B. 账户的名称

    C. 账户的性质   D. 所记录经济内容的性质

7. 以下关于借贷记账法表述正确的有( )。

    A. "借""贷"只作为记账符号使用，用以表明记账方向

    B. 借贷记账法源于美国

    C. 借贷记账法是以"借""贷"为记账符号，分别作为账户的左方和右方

    D. 将发生的经济交易与事项所引起会计要素的增减变动以相等的金额，同时在相互关联的两个或两个以上的会计科目中进行相互联系、相互制约地记录

8. 下列可能与预付账款对应的科目有( )。

    A. 原材料   B. 应收账款

    C. 银行存款   D. 库存商品

9. 与单式记账法相比，复式记账法的优点是( )。

    A. 对发生的每一项经济业务，只在一个账户中加以登记

    B. 可以清楚地反映资金运动的来龙去脉

    C. 可以对记录的结果进行试算平衡，以便检查账户记录的正确性

    D. 不便于检查账户记录的正确性和完整性

10. 下列错误不会影响借贷双方平衡关系的是( )。

    A. 漏记某项经济业务   B. 重记某项经济业务

    C. 记错方向，把借方记入贷方   D. 借贷错误巧合，正好抵销

三、判断题

1. 试算平衡了，说明账户记录是绝对正确的。   ( )

2. 在把经济业务记入账户之前,应先确定经济业务所涉及的会计科目及其应记的借贷方金额,然后再根据经济业务发生时所取得的原始凭证在记账凭证中编制会计分录。

（　　）

3. 企业按当年实现净利润计提法定盈余公积,金额为 50 000 元。此项经济业务一方面使"盈余公积"账户增加 50 000 元,记入该账户的借方,另一方面使"利润分配"账户减少 50 000 元,记入该账户的贷方,借贷金额相等,权益总额不变。（　　）

4. "税金及附加"账户属于成本类账户,借方记增加额,贷方记减少额。（　　）

5. "预付账款"账户和"应付账款"账户在结构上是相同的。（　　）

6. "累计折旧"账户的期末余额通常在贷方,它不属于资产类账户。（　　）

7. 借贷记账法是以"借""贷"作为记账符号,对每一笔经济业务在两个或两个以上相互联系的账户中以相同的方向、金额全面地进行记录的一种复式记账法。

（　　）

8. 通常会计科目的借方表示增加还是减少,取决于账户的性质和所记录的经济内容的性质。（　　）

9. 在借贷记账法下,一般"借"表示资产、费用、成本的增加和权益、收入的减少,"贷"表示资产、费用、成本的减少和权益、收入的增加。（　　）

10. 收入类账户的结构与所有者权益类账户的结构相反。（　　）

【做一做】

一、请试做出本章知识结构图

二、填表

胜利公司 2022 年 1 月各账户期初余额如表 4-3 所示。

表4-3　胜利公司2022年1月各账户期初余额

账户	借方余额	贷方余额
库存现金	500	
银行存款	40 000	
应收账款	12 500	
原材料	6 000	
固定资产	30 000	
短期借款		20 000
应付账款		9 000
实收资本		60 000
合计	89 000	89 000

2022 年 1 月份发生如下业务(以下业务均不考虑增值税)。

(1) 以银行存款 15 000 元购买设备一台。

(2) 从银行借入期限 9 个月的贷款 20 000 元，存入银行。

(3) 从银行提取现金 1 500 元备用。

(4) 购买原料，价款 25 000 元，材料入库，款未付。

(5) 收回大华公司前欠货款 4 000 元，存入银行。

(6) 收到投资人追加投资 10 000 元，存入银行。

(7) 以银行存款 20 000 元偿还(4)中的购料款。

要求：

(1) 根据各账户期初余额建立 T 型账。

(2) 根据本月发生的各项经济业务编制会计分录，如表 4-4 所示。

(3) 登账。

(4) 结账。

(5) 编制 2022 年 1 月 31 日试算平衡表，如表 4-5 所示。

账户登记：

借方	( )	贷方

借方 （ ） 贷方

借方 （ ） 贷方

借方 （ ） 贷方

借方 （ ） 贷方

借方 （ ） 贷方

借方　　　　　（　　　）　　　　　贷方

借方　　　　　（　　　）　　　　　贷方

表4-4　编制会计分录

序号	经济业务的分录
1	
2	
3	
4	
5	
6	
7	

表4-5 试算平衡表

会计科目	期初余额		本期发生额		期末余额	
	借方	贷方	借方	贷方	借方	贷方
合计						

第五章

借贷记账法下主要经济业务的账务处理

◆ **基本要求**

1. 掌握企业资金的循环与周转过程
2. 掌握核算企业主要经济业务的会计科目
3. 掌握企业主要经济业务的账务处理
4. 掌握企业净利润的计算
5. 掌握企业净利润的分配

第一节 企业的主要经济业务

不同企业的经济业务各有特点，其生产经营业务流程也不尽相同，本章主要介绍企业的资金筹集、设备购置、材料采购、产品生产、商品销售和利润分配等经济业务。

针对企业生产经营过程中发生的上述经济业务，财务处理的主要内容有：①资金筹集业务的账务处理；②固定资产业务的账务处理；③材料采购业务的账务处理；④生产业务的账务处理；⑤销售业务的账务处理；⑥期间费用的账务处理；⑦利润形成与分配业务的账务处理。

第二节 资金筹集业务的账务处理

资金筹集业务按其资金来源通常可分为所有者权益筹资和负债筹资。所有者权益筹资形成所有者的权益(通常称为权益资本)，包括投资者的投资及其增值，这部分资本的所有者既享有企业的经营收益，也承担企业的经营风险；负债筹资形成债权人的权益(通常称为债务资本)，主要包括企业向债权人借入的资金和结算形成的负债资金等，这部分资本的所有者享有按约收回本金和利息的权利。

一、所有者权益筹资业务

(一) 所有者投入资本的构成

所有者投入资本按照投资主体的不同可以分为国家资本金、法人资本金、个人资本金和外商资本金等。

所有者投入的资本主要包括实收资本(或股本)和资本公积。

(1) 实收资本(或股本)是指企业的投资者按照企业章程、合同或协议的约定，实际投入企业的资本金，以及按照有关规定由资本公积、盈余公积等转增资本的资金。

(2) 资本公积是企业收到投资者投入的超出其在企业注册资本(或股本)中所占份额的投资，以及直接计入所有者权益的利得和损失等。资本公积作为企业所有者权益的重要组成部分，主要用于转增资本。

(二) 账户设置

企业通常设置以下账户对所有者权益筹资业务进行核算。

1. "实收资本(或股本)" 账户

"实收资本" 账户(股份有限公司一般设置 "股本" 账户)属于所有者权益类账户，用以核算企业接受投资者投入的实收资本。

该账户贷方登记所有者投入企业资本金的增加额，借方登记所有者投入企业资本金的减少额。期末余额在贷方，反映企业期末实收资本(或股本)总额。

该账户可按投资者的不同设置明细账户，进行明细核算。

2. "资本公积" 账户

"资本公积" 账户属于所有者权益类账户，用以核算企业收到投资者出资额超出其在注册资本或股本中所占份额的部分，以及直接计入所有者权益的利得和损失等。

该账户借方登记资本公积的减少额，贷方登记资本公积的增加额。期末余额在贷方，反映企业期末资本公积的结余数额。

该账户可按资本公积的来源不同，分别对 "资本溢价(或股本溢价)" "其他资本公积" 进行明细核算。

3. "银行存款" 账户

"银行存款" 账户属于资产类账户，用以核算企业存入银行或其他金融机构的各种款项，但是银行汇票存款、银行本票存款、信用卡存款、信用证保证金存款、存出投资款、外埠存款等，则要通过 "其他货币资金" 账户进行核算。

该账户借方登记存入的款项，贷方登记提取或支出的存款。期末余额在借方，反映企业存在银行或其他金融机构的各种款项。

该账户应按照开户银行、存款种类等分别进行明细核算。

(三) 账务处理

企业接受投资者投入的资本，借记"银行存款""固定资产""无形资产""长期股权投资"等科目，按其在注册资本或股本中所占份额，贷记"实收资本(或股本)"科目，按其差额，贷记"资本公积——资本溢价(或股本溢价)"科目。

1. 接受现金资产投资

【例5-1】甲、乙、丙共同投资设立 A 有限责任公司，注册资本为 2 000 000 元，甲、乙、丙持股比例分别为 60%、25% 和 15%。按照章程规定，甲、乙、丙投入资本分别为 1 200 000 元、500 000 元和 300 000 元。A 公司已如期收到各投资者一次缴足的款项。A 有限责任公司在进行会计处理时，应编制会计分录如下。

借：银行存款　　　　　　　　　　2 000 000
　　贷：实收资本——甲　　　　　　1 200 000
　　　　　　　　　——乙　　　　　　500 000
　　　　　　　　　——丙　　　　　　300 000

实收资本的构成比例即投资者的出资比例或股东的股份比例，是确定所有者在企业所有者权益中所占的份额和参与企业财务经营决策的基础，也是企业进行利润分配或股利分配的依据，同时还是企业清算时确定所有者对净资产的要求权的依据。

【例5-2】A 有限责任公司由两位投资者投资 200 000 元设立，每人各出资 100 000 元。一年后，为扩大经营规模，经批准，A 有限责任公司注册资本增加到 300 000 元，并引入第三位投资者加入。按照投资协议，新投资者需缴入现金 110 000 元，同时享有该公司三分之一的股份。A 有限责任公司已收到该投资，款项通过银行收妥。假定不考虑其他因素，应编制会计分录如下。

借：银行存款　　　　　　　　　　110 000
　　贷：实收资本　　　　　　　　　100 000
　　　　资本公积——资本溢价　　　 10 000

本例中，A 有限责任公司收到第三位投资者的现金投资 110 000 元中，100 000 元属于第三位投资者在注册资本中所享有的份额，应记入"实收资本"科目，10 000 元属于资本溢价，应记入"资本公积——资本溢价"科目。

2. 接受非现金资产投资

(1) 接受投入固定资产。企业接受投资者作价投入的房屋、建筑物、机器设备等固定资产，应按投资合同或协议约定价值确定固定资产价值(但投资合同或协议约定价值不公允的除外)和在注册资本中应享有的份额。

【例5-3】甲有限责任公司于设立时收到乙公司作为资本投入的不需要安装的机器设备一台，合同约定该机器设备的价值为 2 000 000 元，增值税进项税额为 260 000 元(由投资方支付税款，并提供或开具增值税专用发票)。经约定，甲有限责任公司接受乙公司的投入资本为 2 260 000 元。合同约定的固定资产价值与公允价值相符，不考虑其他因素，甲有限责任公司进行会计处理时，应编制会计分录如下。

```
借：固定资产                              2 000 000
    应交税费——应交增值税(进项税额)        260 000
    贷：实收资本——乙公司                              2 260 000
```

本例中，该项固定资产合同约定的价值与公允价值相符，甲公司接受乙公司投入的固定资产按合同约定金额与增值税进项税额之和作为实收资本，因此，可按 2 260 000 元的金额贷记"实收资本"科目。

(2) 接受投入材料物资。企业接受投资者作价投入的材料物资，应按投资合同或协议约定价值确定材料物资价值(但投资合同或协议约定价值不公允的除外)和在注册资本中应享有的份额。

【例 5-4】乙有限公司于设立时收到 B 公司作为资本投入的原材料一批，该批原材料投资合同或协议约定价值(不含可抵扣的增值税进项税额部分)为 100 000 元，增值税进项税额为 13 000元(由投资方支付税款，并提供或开具增值税专用发票)。假设合同约定的价值与公允价值相符，不考虑其他因素，原材料按实际成本进行日常核算。乙有限公司在进行会计处理时，应编制会计分录如下。

```
借：原材料                                100 000
    应交税费——应交增值税(进项税额)         13 000
    贷：实收资本——B 公司                              113 000
```

本例中，原材料的合同约定价值与公允价值相符，因此，可按照 100 000 元的金额借记"原材料"科目；同时，该进项税额允许抵扣，因此，增值税专用发票上注明的增值税税额 13 000元应借记"应交税费——应交增值税(进项税额)"科目。乙公司接受 B 公司投入的原材料按合同约定金额与增值税进项税额之和作为实收资本，因此，可按 113 000 元的金额贷记"实收资本"科目。

(3) 接受投入无形资产。企业收到以无形资产方式投入的资本，应按投资合同或协议约定价值确定无形资产价值(但投资合同或协议约定价值不公允的除外)和在注册资本中应享有的份额。

【例 5-5】丙有限责任公司于设立时收到 A 公司作为资本投入的非专利技术一项，该非专利技术投资合同约定价值为 60 000 元，同时收到 B 公司作为资本投入的土地使用权一项，投资合同约定价值为 80 000 元。假设丙公司接受该非专利技术和土地使用权符合国家注册资本管理的有关规定，可按合同约定作实收资本入账，合同约定的价值与公允价值相符，不考虑其他因素。丙有限责任公司在进行会计处理时，应编制会计分录如下。

```
借：无形资产——非专利技术                  60 000
          ——土地使用权                    80 000
    贷：实收资本——A 公司                              60 000
              ——B 公司                              80 000
```

本例中，非专利技术与土地使用权的合同约定价值与公允价值相符，因此，可分别按照 60 000 元和 80 000 元的金额借记"无形资产"科目。A、B 公司投入的非专利技术和土地使用权按合同约定全额作为实收资本，因此，可分别按 60 000 元和 80 000 元的金额贷记"实收资本"科目。

二、负债筹资业务

(一) 负债筹资的构成

负债筹资主要包括短期借款、长期借款及结算形成的负债等。

短期借款是指企业为了满足其生产经营对资金的临时性需要而向银行或其他金融机构等借入的偿还期限在 1 年以内(含 1 年)的各种借款。

长期借款是指企业向银行或其他金融机构等借入的偿还期限在 1 年以上(不含 1 年)的各种借款。

结算形成的负债主要有应付账款、应付职工薪酬、应交税费等。

(二) 账户设置

企业通常设置以下账户对负债筹资业务进行会计核算。

1. "短期借款"账户

"短期借款"账户属于负债类账户，用以核算企业的短期借款。

该账户贷方登记短期借款本金的增加额，借方登记短期借款本金的减少额。期末余额在贷方，反映企业期末尚未归还的短期借款。

该账户可按借款种类、贷款人和币种进行明细核算。

2. "长期借款"账户

"长期借款"账户属于负债类账户，用以核算企业的长期借款。

该账户贷方登记企业借入的长期借款本金，借方登记归还的本金等。期末余额在贷方，反映企业期末尚未偿还的长期借款。

该账户可按贷款单位和贷款种类等进行明细核算。

3. "应付利息"账户

"应付利息"账户属于负债类账户，用以核算企业按照合同约定应支付的利息，包括按月计提的短期借款利息、吸收存款、分期付息到期还本的长期借款、企业债券等应支付的利息。

该账户贷方登记企业按合同利率计算确定的应付未付利息，借方登记归还的利息。期末余额在贷方，反映企业应付未付的利息。

该账户可按存款人或债权人进行明细核算。

4. "财务费用"账户

"财务费用"账户属于损益类账户，用以核算企业为筹集生产经营所需资金等而发生的筹资费用，包括利息支出(减利息收入)、汇兑损益，以及相关的手续费、企业发生的现金折扣或收到的现金折扣等。为购建或生产满足资本化条件的资产发生的应予资本化的借款费用，通过"在建工程""制造费用"等账户核算。

该账户借方登记手续费、利息费用等的增加额，贷方登记应冲减财务费用的利息收入、期末转入"本年利润"账户的财务费用净额等。期末结转后，该账户无余额。

该账户可按费用项目进行明细核算。

(三) 账务处理

1. 短期借款的账务处理

企业借入的各种短期借款，借记"银行存款"科目，贷记"短期借款"科目；归还借款时做相反的会计分录。

资产负债表日，应按计算确定的短期借款利息费用，借记"财务费用"科目，贷记"银行存款""应付利息"等科目。

【例 5-6】A 股份有限公司于 2022 年 1 月 1 日向银行借入一笔生产经营用短期借款，共计 120 000 元，期限为 9 个月，年利率为 8%。根据与银行签署的借款协议，该项借款的本金到期后一次归还；利息分月预提，按季支付。A 股份有限公司的有关会计处理如下。

(1) 1 月 1 日借入短期借款，编制会计分录如下。

借：银行存款   120 000
    贷：短期借款   120 000

(2) 1 月末，计提 1 月份应计利息，编制会计分录如下。

借：财务费用   800
    贷：应付利息   800

本月应计提的利息金额＝120 000×8%÷12＝800(元)。本例中，短期借款利息 800 元属于企业的筹资费用，应记入"财务费用"科目。

2 月末计提 2 月份利息费用的处理与 1 月份相同。

(3) 3 月末支付第一季度银行借款利息，编制会计分录如下。

借：财务费用   800
    应付利息   1 600
    贷：银行存款   2 400

本例中，1 月至 2 月已经计提的利息为 1 600 元，借记"应付利息"科目，3 月份应计提的利息为 800 元，借记"财务费用"科目；实际支付利息 2 400 元，贷记"银行存款"科目。

第二、三季度的会计处理同上。

(4) 10 月 1 日偿还银行借款本金，编制会计分录如下。

借：短期借款   120 000
    贷：银行存款   120 000

如果上述借款期限是 8 个月，则到期日为 9 月 1 日，8 月末之前的会计处理与上述相同。9 月 1 日偿还银行借款本金，同时支付 7 月和 8 月已提未付利息，编制会计分录如下。

借：短期借款   120 000
    应付利息   1 600
    贷：银行存款   121 600

注意：

如果利息金额较小，可根据重要性原则不预提，在实际支付利息时直接计入当期损益。

【例5-7】三民公司于 2022 年 1 月 1 日取得银行借款 20 000 元，期限为半年，年利率为 5%。利息直接支付，不预提。

要求：编制取得借款及归还借款的会计分录。

(1) 取得借款时，做如下账务处理。

借：银行存款　　　　　　　　20 000

　　贷：短期借款　　　　　　　　20 000

(2) 归还短期借款本金时，做如下账务处理。

借：短期借款　　　　　　　　20 000

　　财务费用　　　　　　　　500(20 000×5%÷12×6)

　　贷：银行存款　　　　　　　　20 500

2. 长期借款的账务处理

企业借入长期借款，应按实际收到的金额借记"银行存款"科目，按借款本金贷记"长期借款——本金"科目，如存在差额，还应借记"长期借款——利息调整"科目。

资产负债表日，应按确定的长期借款的利息费用，借记"在建工程""制造费用""财务费用""研发支出"等科目，按确定的应付未付利息，贷记"应付利息"或"长期借款——应计利息"科目，按其差额，贷记"长期借款——利息调整"等科目。

【例5-8】假设光明公司于 2019 年 1 月 1 日从银行借入资金 3 000 000 元，借款期限为 3 年，年利率为 8%(到期一次还本付息，不计复利)，所借款项已存入银行。光明公司于 2019 年 1 月开始，每月末计提长期借款利息。2022 年 1 月 1 日借款到期，光明公司偿还了该笔银行借款本息。光明公司有关业务进行账务处理如下。

(1) 2019 年 1 月 1 日借入时，做如下账务处理。

　　借：银行存款　　　　　　　　3 000 000

　　　　贷：长期借款——本金　　　　3 000 000

(2) 2019 年 1 月 31 日计提长期借款利息时，做如下账务处理。

　　借：财务费用　　　　　　　　20 000(3 000 000×8%÷12)

　　　　贷：长期借款——应计利息　　20 000

(3) 2019 年 2 月至 2021 年 12 月，每月月末计提长期借款利息的会计分录同上。

(4) 2022 年 1 月 1 日，偿还该笔长期借款本息时，做如下账务处理。

　　借：长期借款——本金　　　　3 000 000

　　　　　　——应计利息　　　　720 000(20 000×36 个月)

　　　　贷：银行存款　　　　　　　　3 720 000

【例5-9】假设在其他条件不变的情况下，将例5-8 中长期借款的付息方式改为利息按月预提，每年末付息。光明公司有关业务进行账务处理如下。

(1) 2019 年 1 月 1 日借入时，做如下账务处理。

　　借：银行存款　　　　　　　　3 000 000

　　　　贷：长期借款——本金　　　　3 000 000

(2) 2019 年 1 月 31 日计提长期借款利息时，做如下账务处理。

借：财务费用　　　　　　　20 000(3 000 000×8%÷12)
　　贷：应付利息　　　　　　　20 000

(3) 2019 年 2 月至 2019 年 11 月，每月月末计提长期借款利息的会计分录同上。

(4) 2019 年年末付息时，做如下账务处理。

借：应付利息　　　　　　　220 000(20 000×11 个月)
　　财务费用　　　　　　　 20 000
　　贷：银行存款　　　　　　 240 000

(5) 2020、2021 年，1 至 11 月每月末计提利息的会计处理同(2)，2020、2021 年的年末付息会计处理同(4)。

(6) 2022 年 1 月 1 日，偿还该笔长期借款本金时，做如下账务处理。

借：长期借款——本金　　　 3 000 000
　　贷：银行存款　　　　　　 3 000 000

第三节　固定资产业务的账务处理

一、固定资产的概念与特征

固定资产是指为生产商品、提供劳务、出租或经营管理而持有的使用寿命超过一个会计年度的有形资产。

固定资产同时具有以下特征：①属于一种有形资产；②为生产商品、提供劳务、出租或经营管理而持有；③使用寿命超过一个会计年度。

二、固定资产的成本

固定资产的成本是指企业购建某项固定资产达到预定可使用状态前所发生的一切合理、必要的支出。

企业可以通过外购、自行建造、投资者投入、非货币性资产交换、债务重组、企业合并和融资租赁等方式取得固定资产。取得的方式不同，固定资产成本的具体构成内容及其确定方法也不尽相同。

外购固定资产的成本，包括购买价款、相关税费(不包括准予抵扣的增值税)、使固定资产达到预定可使用状态前所发生的可归属于该项资产的运输费、装卸费、安装费和专业人员服务费等。

我国目前实行的是消费型增值税，企业购建(包括购进、接受捐赠、实物投资、自制、改扩建和安装)生产用固定资产发生的增值税进项税额不纳入固定资产成本核算，可以从销项税额中抵扣。

三、固定资产的折旧

(一) 固定资产折旧概述

固定资产折旧是指在固定资产使用寿命内，按照确定的方法对应计折旧额进行的系统分摊。其中，应计折旧额是指应计提折旧的固定资产的原价扣除其预计净残值后的金额。已计提减值准备的固定资产，还应扣除已计提的固定资产减值准备累计金额。

预计净残值是指假定固定资产的预计使用寿命已满并处于使用寿命终了时的预期状态，企业目前从该项资产的处置中获得的扣除预计处置费用后的金额。预计净残值率是指固定资产预计净残值额占其原价的比率。企业应根据固定资产的性质和使用情况，合理确定固定资产的预计净残值。预计净残值一经确定，不得随意变更。

企业应按月对所有的固定资产计提折旧，但已提足折旧仍继续使用的固定资产、单独计价入账的土地和持有待售的固定资产除外。提足折旧是指已经提足该项固定资产的应计折旧额。当月增加的固定资产，当月不计提折旧，从下月起计提折旧；当月减少的固定资产，当月仍计提折旧，从下月起不计提折旧。提前报废的固定资产，不再补提折旧。

(二) 固定资产的折旧方法

企业可选用的折旧方法有年限平均法、工作量法、双倍余额递减法和年数总和法等。

(1) 年限平均法，又称为直线法，是指将固定资产的应计折旧额均匀地分摊到固定资产预计使用寿命内的一种方法。各月应计提折旧额的计算公式如下。

$$月折旧额＝(固定资产原价－预计净残值)×月折旧率$$

其中

$$月折旧率＝年折旧率÷12$$
$$年折旧率＝1÷预计使用寿命(年)×100\%$$

或

$$月折旧额＝固定资产原价×(1－预计净残值率)÷预计使用寿命(月)$$

【例 5-10】甲公司有一幢厂房，原价为 5 000 000 元，预计可使用 20 年，预计报废时的净残值率为 2%。该厂房的折旧率和折旧额的计算如下。

年折旧率＝(1－2%)÷20＝4.9%

月折旧率＝4.9%÷12＝0.41%

月折旧额＝5 000 000×0.41%＝20 500(元)

本例采用的是年限平均法计提固定资产折旧，采用这种方法计算的每期折旧额是相等的。

(2) 工作量法是指根据实际工作量计算每期应提折旧额的一种方法。其计算公式如下。

$$某项固定资产月折旧额＝该项固定资产当月工作量×单位工作量折旧额$$

其中

$$单位工作量折旧额＝固定资产原价×(1－预计净残值率)÷预计总工作量$$

【例5-11】某企业的一辆运货卡车的原价为600 000元,预计总行驶里程为500 000千米,预计报废时的净残值率为5%,本月行驶4 000千米。该辆汽车的月折旧额计算如下。

单位里程折旧额＝600 000×(1－5%)÷500 000＝1.14(元/千米)

本月折旧额＝4 000×1.14＝4 560(元)

本例采用了工作量法计提固定资产折旧。

(3) 双倍余额递减法,是指在不考虑固定资产预计净残值的情况下,根据每期期初固定资产原价减去累计折旧后的金额和双倍的直线法折旧率计算固定资产折旧的一种方法。双倍余额递减法的计算公式如下。

$$年折旧率＝2÷预计使用寿命(年)×100\%$$
$$年折旧额＝每个折旧年度年初固定资产账面净额×年折旧率$$
$$月折旧额＝年折旧额÷12$$

采用双倍余额递减法计提固定资产折旧,一般应在固定资产使用寿命到期前两年内,将固定资产账面净值扣除预计净残值后的净值平均摊销。

【例5-12】某企业一项固定资产的原价为1 000 000元,预计使用年限为5年,预计净残值为4 000元。按双倍余额递减法计提折旧,每年的折旧额计算如下。

年折旧率＝2÷5×100%＝40%

第1年应提的折旧额＝1 000 000×40%＝400 000(元)

第2年应提的折旧额＝(1 000 000－400 000)×40%＝240 000(元)

第3年应提的折旧额＝(600 000－240 000)×40%＝144 000(元)

从第4年起改用年限平均法(直线法)计提折旧。

第4年、第5年的年折旧额＝[(360 000－144 000)－4 000]÷2＝106 000(元)

每年各月折旧额根据年折旧额除以12来计算。

本例采用了双倍余额递减法计提固定资产折旧。

(4) 年数总和法,又称为年限合计法,是指固定资产的原价减去预计净残值后的余额,乘以一个逐年递减的分数计算每年的折旧额,这个分数的分子代表固定资产尚可使用寿命,分母代表预计使用寿命逐年数字总和。年数总和法计算公式如下。

$$年折旧率＝(预计使用寿命－已使用年限)÷[预计使用寿命×(预计使用寿命＋1)÷2]×100\%$$

或

$$年折旧率＝尚可使用年限÷预计使用寿命的年数总和×100\%$$
$$年折旧额＝(固定资产原值－预计净残值)×年折旧率$$
$$月折旧额＝年折旧额÷12$$

【例5-13】承例5-12，采用年数总和法计算各年折旧额，如表5-1所示。

表5-1　采用年数总和法计算各年折旧额

金额单位：元

年份	尚可使用年限	原价－净残值	变动折旧率(%)	年折旧额	累计折旧
1	5	996 000	5/15	332 000	332 000
2	4	996 000	4/15	265 600	597 600
3	3	996 000	3/15	199 200	796 800
4	2	996 000	2/15	132 800	929 600
5	1	996 000	1/15	66 400	996 000

本例采用了年数总和法计提固定资产折旧。

不同的固定资产折旧方法，将影响固定资产使用寿命期间内不同时期的折旧费用。企业应根据与固定资产有关的经济利益的预期实现方式合理选择折旧方法，固定资产的折旧方法一经确定，不得随意变更。

由于固定资产在其使用过程中所处经济环境、技术环境及其他环境均有可能发生很大变化，所以企业至少应于每年年度终了，对固定资产的使用寿命、预计净残值和折旧方法进行复核。固定资产使用寿命、预计净残值和折旧方法的改变，应作为会计估计变更。

四、账户设置

企业通常设置以下账户对固定资产业务进行会计核算。

1."在建工程"账户

"在建工程"账户属于资产类账户，用以核算企业基建、更新改造等在建工程发生的支出。

该账户借方登记企业各项在建工程的实际支出，贷方登记工程达到预定可使用状态时转出的成本等。期末余额在借方，反映企业期末尚未达到预定可使用状态的在建工程的成本。

该账户可按"建筑工程""安装工程""在安装设备""待摊支出"及单项工程等进行明细核算。

2."工程物资"账户

"工程物资"账户属于资产类账户，用以核算企业为在建工程准备的各种物资的成本，包括工程用材料、尚未安装的设备及为生产准备的工器具等。

该账户借方登记企业购入工程物资的成本，贷方登记领用工程物资的成本。期末余额在借方，反映企业期末为在建工程准备的各种物资的成本。

该账户可按"专用材料""专用设备""工器具"等进行明细核算。

3."固定资产"账户

"固定资产"账户属于资产类账户，用以核算企业持有的固定资产原价。

该账户的借方登记固定资产原价的增加，贷方登记固定资产原价的减少。期末余额在借方，反映企业期末固定资产的原价。

该账户可按固定资产类别和项目进行明细核算。

4."累计折旧"账户

"累计折旧"账户属于资产类备抵账户，用以核算企业固定资产计提的累计折旧。

该账户贷方登记按月提取的折旧额，即累计折旧的增加额，借方登记因减少固定资产而转出的累计折旧。期末余额在贷方，反映期末固定资产的累计折旧额。

该账户可按固定资产的类别或项目进行明细核算。

五、账务处理

(一) 固定资产的购入

企业购入不需要安装的固定资产，按应计入固定资产成本的金额，借记"固定资产""应交税费——应交增值税(进项税额)"科目，贷记"银行存款"等科目。

1. 购入不需安装的设备

【例 5-14】甲公司购入一台不需要安装即可投入使用的设备，取得的增值税专用发票上注明的设备价款为 30 000 元，增值税税额为 3 900 元，另支付包装费 700 元，款项以银行存款支付。假设甲公司属于增值税一般纳税人，增值税进项税额可以在销项税额中抵扣，不纳入固定资产成本核算。甲公司应编制如下会计分录。

(1) 计算固定资产的成本如下。

固定资产买价	30 000
加：包装费	700
	30 700

(2) 编制购入固定资产的会计分录如下。

借：固定资产	30 700
应交税费——应交增值税(进项税额)	3 900
贷：银行存款	34 600

2. 购入需要安装的设备

【例 5-15】甲公司用银行存款购入一台需要安装的设备，增值税专用发票上注明的设备买价为 200 000 元，增值税税额为 26 000 元，支付安装费 40 000 元。甲公司为增值税一般纳税人，增值税进项税额可以在销项税额中抵扣，不纳入固定资产成本核算。甲公司应编制如下会计分录。

(1) 购入进行安装时，做账务处理如下。

借：在建工程	200 000
应交税费——应交增值税(进项税额)	26 000
贷：银行存款	226 000

(2) 支付安装费时，做账务处理如下。

借：在建工程	40 000
贷：银行存款	40 000

(3) 设备安装完毕交付使用时，确定的固定资产成本＝200 000＋40 000＝240 000(元)，做账务处理如下。

借：固定资产　　　　　　240 000
　　贷：在建工程　　　　　　240 000

(二) 固定资产的折旧

企业按月计提的固定资产折旧，根据固定资产的用途计入相关资产的成本或当期损益，借记"制造费用""销售费用""管理费用""研发支出""其他业务成本"等科目，贷记"累计折旧"科目。

【例5-16】7月末，大成公司提取固定资产折旧30 000元，其中车间使用固定资产折旧15 000元，行政部门使用固定资产折旧10 000元，出租设备折旧3 000元，销售部门设备折旧2 000元。大成公司应编制如下会计分录。

借：制造费用　　　　　　15 000
　　管理费用　　　　　　10 000
　　其他业务成本　　　　 3 000
　　销售费用　　　　　　 2 000
　　贷：累计折旧　　　　　　30 000

第四节　材料采购业务的账务处理

原材料是指企业在生产过程中经过加工改变其形态或性质并构成产品主要实体的各种原料、主要材料和外购半成品，以及不构成产品实体但有助于产品形成的辅助材料。原材料具体包括原料及主要材料、辅助材料、外购半成品(外购件)、修理用备件(备品备件)、包装材料、燃料等。

一、材料的采购成本

材料的采购成本是指企业物资从采购到入库前所发生的全部支出，包括购买价款、相关税费(不包括准予抵扣的增值税)、运输费、装卸费、保险费及其他可归属于采购成本的费用。

在实务中，企业也可以将发生的运输费、装卸费、保险费及其他可归属于采购成本的费用等先进行归集，然后在期末按照所购材料的存销情况进行分摊。

二、账户设置

企业通常设置以下账户对材料采购业务进行会计核算。

1."原材料"账户

"原材料"账户属于资产类账户，用以核算企业库存的各种材料，包括原料及主要材料、辅助材料、外购半成品(外购件)、修理用备件(备品备件)、包装材料、燃料等的计划成本或实际成本。企业收到来料加工装配业务的原料、零件等,应设置备查簿进行登记。

该账户借方登记已验收入库材料的成本,贷方登记发出材料的成本。期末余额在借方,反映企业库存材料的计划成本或实际成本。

该账户可按材料的保管地点(仓库)、材料的类别、品种和规格等进行明细核算。

2."材料采购"账户

"材料采购"账户属于资产类账户,用以核算企业采用计划成本进行材料日常核算而购入材料的采购成本。

该账户借方登记企业采用计划成本进行核算时采购材料的实际成本及材料入库时结转的节约差异,贷方登记入库材料的计划成本及材料入库时结转的超支差异。期末余额在借方,反映企业在途材料的采购成本。

该账户可按供应单位和材料品种进行明细核算。

3."材料成本差异"账户

"材料成本差异"账户属于资产类账户,用以核算企业材料按计划成本核算时实际成本与计划成本的差额。

该账户借方登记入库材料形成的超支差异及转出的发出材料应负担的节约差异,贷方登记入库材料形成的节约差异及转出的发出材料应负担的超支差异。期末余额在借方,反映企业库存材料等的实际成本大于计划成本的差异;期末余额在贷方,反映企业库存材料等的实际成本小于计划成本的差异。

该账户可以分为"原材料""周转材料"等,按照类别或品种进行明细核算。

4."在途物资"账户

"在途物资"账户属于资产类账户,用以核算企业采用实际成本(或进价)进行材料、商品等物资的日常核算、货款已付尚未验收入库的在途物资的采购成本。

该账户借方登记购入材料、商品等物资的买价和采购费用(采购实际成本),贷方登记已验收入库材料、商品等物资应结转的实际采购成本。期末余额在借方,反映企业期末在途材料、商品等物资的采购成本。

该账户可按供应单位和物资品种进行明细核算。

5."应付账款"账户

"应付账款"账户属于负债类账户,用以核算企业因购买材料、商品和接受劳务等经营活动应支付的款项。

该账户贷方登记企业购入材料、商品和接受劳务等尚未支付的款项,借方登记偿还的应付账款。期末余额一般在贷方,反映企业期末尚未支付的应付账款余额;期末余额在借方,反映企业期末预付账款余额。

该账户可按债权人进行明细核算。

6."应付票据"账户

"应付票据"账户属于负债类账户,用以核算企业购买材料、商品和接受劳务等开出、承兑的商业汇票，包括银行承兑汇票和商业承兑汇票。

该账户贷方登记企业开出、承兑商业汇票的票面金额，借方登记企业已经支付或到期无力支付商业汇票的票面金额。期末余额在贷方，反映企业尚未到期的商业汇票的票面金额。

该账户可按债权人进行明细核算。

7."预付账款"账户

"预付账款"账户属于资产类账户，用以核算企业按照合同规定预付的款项。预付账款情况不多的，也可以不设置该账户，将预付的款项直接记入"应付账款"账户。

该账户的借方登记企业购货等业务预付的款项，贷方登记企业收到货物后应支付的款项等。期末余额在借方，反映企业预付的款项；期末余额在贷方，反映企业尚需补付的款项。

该账户可按供货单位进行明细核算。

8."应交税费"账户

"应交税费"账户属于负债类账户，用以核算企业按照税法等规定计算应缴纳的各种税费，包括增值税、消费税、所得税、资源税、土地增值税、城市维护建设税、房产税、土地使用税、车船使用税、教育费附加、矿产资源补偿费等。企业代扣代缴的个人所得税等，也通过本账户核算。

该账户贷方登记各种应缴未缴税费的增加额，借方登记实际缴纳的各种税费。期末余额在贷方，反映企业尚未缴纳的税费；期末余额在借方，反映企业多交或尚未抵扣的税费。

该账户可按应交的税费项目进行明细核算。

三、账务处理

材料的日常收发结存可以采用实际成本核算，也可以采用计划成本核算。

(一) 实际成本法核算的账务处理

实际成本法下，一般通过"原材料"和"在途物资"等科目进行核算。企业外购材料时，按材料是否验收入库分为以下两种情况。

1. 材料已验收入库

如果货款已经支付，发票账单已到，材料已验收入库，则按支付的实际金额，借记"原材料""应交税费——应交增值税(进项税额)"等科目，贷记"银行存款""预付账款"等科目。

【例 5-17】甲公司购入 C 材料一批，增值税专用发票上注明的价款为 500 000 元，增值税税额为 65 000 元，对方代垫包装费 1 000 元，全部款项已用转账支票付讫，材料已验收入库。甲公司应编制如下会计分录。

借：原材料——C 材料　　　　　　　　　　501 000
　　应交税费——应交增值税(进项税额)　　65 000
　　贷：银行存款　　　　　　　　　　　　　566 000

本例属于发票账单与材料同时到达的采购业务，企业材料已验收入库，因此应通过"原材料"科目核算，对于增值税专用发票上注明的可抵扣的进项税额，应借记"应交税费——应交增值税(进项税额)"科目。

【例5-18】甲公司持银行汇票1 810 000元购入D材料一批,增值税专用发票上注明的价款为1 600 000元,增值税税额为208 000元,对方代垫包装费2 000元,材料已验收入库。甲公司应编制如下会计分录。

借：原材料——D材料　　　　　　　　　　1 602 000
　　应交税费——应交增值税(进项税额)　　　208 000
　　贷：其他货币资金——银行汇票　　　　　　　　1 810 000

【例5-19】甲公司采用托收承付结算方式购入E材料一批,价款40 000元,增值税税额为5 200元,对方代垫包装费5 000元,款项在承付期内以银行存款支付,材料已验收入库。甲公司应编制如下会计分录。

借：原材料——E材料　　　　　　　　　　45 000
　　应交税费——应交增值税(进项税额)　　　5 200
　　贷：银行存款　　　　　　　　　　　　　　　　50 200

如果货款尚未支付,材料已经验收入库,则按相关发票凭证上应付的金额,借记"原材料""应交税费——应交增值税(进项税额)"等科目,贷记"应付账款""应付票据"等科目。

【例5-20】甲公司采用托收承付结算方式购入G材料一批,增值税专用发票上注明的价款为50 000元,增值税税额为6 500元,对方代垫包装费1 000元,银行转来的结算凭证已到,款项尚未支付,材料已验收入库。甲公司应编制如下会计分录。

借：原材料——G材料　　　　　　　　　　51 000
　　应交税费——应交增值税(进项税额)　　　6 500
　　贷：应付账款　　　　　　　　　　　　　　　　57 500

如果货款尚未支付,材料已经验收入库,但月末仍未收到相关发票凭证,则按照暂估价入账,借记"原材料"科目,贷记"应付账款"等科目。下月初用红字冲销原暂估入账金额,收到相关发票账单后再编制会计分录。

【例5-21】甲公司购入H材料一批,材料已验收入库,月末发票账单尚未收到也无法确定其实际成本,暂估价值为30 000元。甲公司采用实际成本进行材料日常核算,应编制如下会计分录。

借：原材料——H材料　　　　　　　　　　30 000
　　贷：应付账款——暂估应付账款　　　　　　　30 000

下月初,用红字冲销原暂估入账金额,应编制如下会计分录。

借：原材料——H材料　　　　　　　　　　30 000
　　贷：应付账款——暂估应付账款　　　　　　　30 000

在这种情况下,发票账单未到也无法确定实际成本,期末应按照暂估价值先入账,但在下月初,用红字冲销原暂估入账金额,收到发票账单后再按照实际金额记账,即对于材料已到达并已验收入库,但发票账单等结算凭证未到,货款尚未支付的采购业务,应于期末,按材料的暂估价值,借记"原材料"科目,贷记"应付账款——暂估应付账款"科目。下月初,用红字冲销原暂估入账金额,以便下月付款或开出、承兑商业汇票后,按正常程序,借记"原材料""应交税费——应交增值税(进项税额)"科目,贷记"银行存款"或"应付票据"等科目。

【例5-22】承例5-21,上述购入的H材料于次月收到发票账单,增值税专用发票上注明的价款为 31 000 元，增值税税额为 4 030 元，对方代垫保险费 2 000 元，已用银行存款付讫。甲公司应编制如下会计分录。

借：原材料——H 材料　　　　　　　　　　33 000
　　应交税费——应交增值税(进项税额)　　4 030
　　贷：银行存款　　　　　　　　　　　　　　37 030

2. 材料尚未验收入库

如果货款已经支付，发票账单已到，但材料尚未验收入库，则按支付的金额，借记"在途物资""应交税费——应交增值税(进项税额)"等科目，贷记"银行存款"等科目，待验收入库时再做后续分录。

对于可以抵扣的增值税进项税额，一般纳税人企业应根据收到的增值税专用发票上注明的增值税税额，借记"应交税费——应交增值税(进项税额)"科目。

【例 5-23】甲公司采用汇兑结算方式购入 F 材料一批，发票及账单已收到，增值税专用发票上注明的价款为 20 000 元，增值税税额为 2 600 元。支付保险费 1 000 元，材料尚未到达。甲公司应编制如下会计分录。

借：在途物资　　　　　　　　　　　　　　21 000
　　应交税费——应交增值税(进项税额)　　2 600
　　贷：银行存款　　　　　　　　　　　　　　23 600

本例属于已经付款或已开出、承兑商业汇票，但材料尚未到达或尚未验收入库的采购业务，应通过"在途物资"科目核算；待材料到达并入库后，再根据收料单，由"在途物资"科目转入"原材料"科目核算。

【例 5-24】承例 5-23，上述购入的 F 材料已收到，并验收入库。甲公司应编制如下会计分录。

借：原材料——F 材料　　　　　　　　　　21 000
　　贷：在途物资　　　　　　　　　　　　　　21 000

【例 5-25】根据与某钢厂的购销合同规定，甲公司为购买 J 材料向该钢厂预付 100 000 元货款的 80%，计 80 000 元，已通过汇兑方式汇出。甲公司应编制如下会计分录。

借：预付账款——某钢厂　　　　　　　　　80 000
　　贷：银行存款　　　　　　　　　　　　　　80 000

【例 5-26】承例 5-25，甲公司收到该钢厂发运来的 J 材料，已验收入库。增值税专用发票上注明该批货物的价款为 100 000 元，增值税税额为 13 000 元，对方代垫包装费 7 000 元，所欠款项以银行存款付讫。甲公司应编制如下会计分录。

(1) 材料入库时，做如下账务处理。

借：原材料——J 材料　　　　　　　　　　107 000
　　应交税费——应交增值税(进项税额)　　13 000
　　贷：预付账款——某钢厂　　　　　　　　　120 000

(2) 补付货款时，做如下账务处理。

借：预付账款——某钢厂　　　　　　　　　40 000
　　贷：银行存款　　　　　　　　　　　　　　40 000

(二) 计划成本法核算的账务处理

计划成本法下，一般通过"材料采购""原材料""材料成本差异"等科目进行核算。企业外购材料时，按材料是否验收入库分为以下两种情况。

1. 材料已验收入库

如果货款已经支付，发票账单已到，材料已验收入库，则按支付的实际金额，借记"材料采购"科目，贷记"银行存款"科目；按计划成本金额，借记"原材料"科目，贷记"材料采购"科目；按计划成本与实际成本之间的差额，借记(或贷记)"材料采购"科目，贷记(或借记)"材料成本差异"科目。

【例 5-27】甲公司购入 L 材料一批，增值税专用发票上注明的价款为 3 000 000 元，增值税税额为 390 000 元，发票账单已收到，计划成本为 3 200 000 元，已验收入库，全部款项以银行存款支付。甲公司应编制如下会计分录。

借：材料采购——L 材料   3 000 000
    应交税费——应交增值税(进项税额)   390 000
    贷：银行存款   3 390 000

在计划成本法下，购入的材料无论是否验收入库，都要先通过"材料采购"科目进行核算，以反映企业所购材料的实际成本，从而与"原材料"科目相比较，计算确定材料成本差异。

如果货款尚未支付，材料已经验收入库，则按相关发票凭证上应付的金额，借记"材料采购"科目，贷记"应付账款""应付票据"等科目；按计划成本金额，借记"原材料"科目，贷记"材料采购"科目；按计划成本与实际成本之间的差额，借记(或贷记)"材料采购"科目，贷记(或借记)"材料成本差异"科目。

【例 5-28】甲公司采用商业承兑汇票支付方式购入 M1 材料一批，增值税专用发票上注明的价款为 500 000 元，增值税税额为 65 000 元，发票账单已收到，计划成本为 520 000 元，材料已验收入库。甲公司应编制如下会计分录。

借：材料采购——M1 材料   500 000
    应交税费——应交增值税(进项税额)   65 000
    贷：应付票据   565 000

如果材料已经验收入库，货款尚未支付，月末仍未收到相关发票凭证，则按照计划成本暂估入账，借记"原材料"科目，贷记"应付账款"等科目。下月初用红字冲销原暂估入账金额，收到账单后再编制会计分录。

【例 5-29】甲公司购入 M2 材料一批，材料已验收入库，发票账单未到，月末按照计划成本 600 000 元估价入账。甲公司应编制如下会计分录。

借：原材料——M2 材料   600 000
    贷：应付账款——暂估应付账款   600 000

下月初，用红字冲销原暂估入账金额。

借：原材料——M2 材料   600 000
    贷：应付账款——暂估应付账款   600 000

在这种情况下，对于尚未收到发票账单的收料凭证，月末应按计划成本暂估入账，借记"原材料"科目，贷记"应付账款——暂估应付账款"科目，下月初，用红字予以冲回，借记"原材料"科目(红字)，贷记"应付账款——暂估应付账款"科目(红字)。

企业购入验收入库的材料，按计划成本，借记"原材料"科目，贷记"材料采购"科目，按实际成本大于计划成本的差异，借记"材料成本差异"科目，贷记"材料采购"科目；实际成本小于计划成本的差异，借记"材料采购"科目，贷记"材料成本差异"科目。

【例5-30】承例5-27和例5-28，月末，甲公司汇总本月已付款或已开出并承兑商业汇票的入库材料的计划成本3 720 000元(即3 200 000＋520 000)。甲公司应编制如下会计分录。

借：原材料——L材料   3 200 000
    ——M1材料   520 000
 贷：材料采购——L材料   3 200 000
     ——M1材料   520 000

上述入库材料的实际成本为3 500 000元(即3 000 000＋500 000)，入库材料的成本差异为节约220 000元(即3 500 000－3 720 000)。

借：材料采购——L材料   200 000
    ——M1材料   20 000
 贷：材料成本差异——L材料   200 000
      ——M1材料   20 000

或

借：原材料——L材料   3 200 000
    ——M1材料   520 000
 贷：材料采购——L材料   3 000 000
     ——M1材料   500 000
  材料成本差异——L材料   200 000
      ——M1材料   20 000

2. 材料尚未验收入库

如果相关发票凭证已到，但材料尚未验收入库，则按支付或应付的实际金额，借记"材料采购"科目，贷记"银行存款""应付账款"等科目，待验收入库时再做后续分录。

对于可以抵扣的增值税进项税额，一般纳税人企业应根据收到的增值税专用发票上注明的增值税税额，借记"应交税费——应交增值税(进项税额)"科目。

【例5-31】甲公司采用汇兑结算方式购入M3材料一批，增值税专用发票上注明的价款为200 000元，增值税税额为26 000元，发票账单已收到，计划成本为180 000元，材料尚未入库，款项已用银行存款支付。甲公司应编制如下会计分录。

借：材料采购——M3材料   200 000
 应交税费——应交增值税(进项税额) 26 000
 贷：银行存款   226 000

第五节　生产业务的账务处理

企业产品的生产过程同时也是生产资料的耗费过程。企业在生产过程中发生的各项生产费用，是企业为获得收入而预先垫支并需要得到补偿的资金耗费。这些费用最终都要归集、分配给特定的产品，形成产品的成本。

产品成本的核算是指把一定时期内企业生产过程中所发生的费用，按其性质和发生地点分类归集、汇总、核算，计算出该时期内生产费用发生总额，并按适当方法分别计算出各种产品的实际成本和单位成本等。

一、生产费用的构成

生产费用是指与企业日常生产经营活动有关的费用，按其经济用途可分为直接材料、直接人工和制造费用。

(一) 直接材料

直接材料是指构成产品实体的原材料及有助于产品形成的主要材料和辅助材料。

(二) 直接人工

直接人工是指直接从事产品生产人员的薪酬。

(三) 制造费用

制造费用是指企业为生产产品和提供劳务而发生的各项间接费用。

二、材料费用的核算

实务中，企业发出的材料可以按实际成本核算，也可以按计划成本核算，例如，采用计划成本核算，会计期末应调整为实际成本。企业应根据各类材料的实物流转方式、企业管理的要求、材料的性质等实际情况，合理地确定发出材料成本的计算方法，以及当期发出材料的实际成本。对于性质和用途相同的材料，应采用相同的成本计算方法确定发出材料的成本。

(一) 实际成本法下材料发出的核算

在实际成本核算方式下，企业可以采用的发出存货成本的计价方法包括个别计价法、先进先出法、月末一次加权平均法和移动加权平均法等。

(1) 个别计价法，也称为个别认定法、具体辨认法、分批实际法，采用这一方法是假设存货具体项目的实物流转与成本流转相一致，按照各种存货逐一辨认各批发出存货和期末存货所属的购进批别或生产批别，分别按其购入或生产时所确定的单位成本计算各批发出存货和期末存货成本的方法。在这种方法下，是把每一种存货的实际成本作为计算发出存货成本和期末存货成本的基础。

个别计价法的成本计算准确，符合实际情况，但在存货收发频繁的情况下，其发出成本分辨的工作量较大。因此，这种方法适用于一般不能替代使用的存货、为特定项目专门购入或制造的存货及提供的劳务，如珠宝、名画等贵重物品。

(2) 先进先出法，是指以先购入的存货应先发出(销售或耗用)这样一种存货实物流动假设为前提，对发出存货进行计价的一种方法。采用这种方法，先购入的存货成本在后购入存货成本之前转出，据此确定发出存货和期末存货的成本。具体方法是：收入存货时，逐笔登记收入存货的数量、单价和金额；发出存货时，按照先进先出的原则逐笔登记存货的发出成本和结存金额。

先进先出法可以随时结转存货发出成本，但较烦琐，并且当存货收发业务较多且存货单价不稳定时，其工作量较大。在物价持续上升时，期末存货成本接近于市价，而发出成本偏低，会高估企业当期利润和库存存货价值；反之，会低估企业存货价值和当期利润。

(3) 月末一次加权平均法，是指以本月全部进货数量加上月初存货数量作为权数，去除本月全部进货成本加上月初存货成本，计算出存货的加权平均单位成本，以此为基础计算本月发出存货的成本和期末存货成本的一种方法。计算公式如下。

$$存货单位成本＝[月初库存存货的实际成本＋\Sigma(本月各批进货的实际单位成本\times 本月各批进货的数量)]÷(月初库存存货数量＋本月各批进货数量之和)$$

$$本月发出存货成本＝本月发出存货的数量\times 存货单位成本$$

$$本月月末库存存货成本＝月末库存存货的数量\times 存货单位成本$$

或

$$本月月末库存存货成本＝月初库存存货的实际成本＋本月收入存货的实际成本－本月发出存货的实际成本$$

采用月末一次加权平均法只在月末一次计算加权平均单价，比较简单，有利于简化成本计算工作，但由于平时无法从账上提供发出和结存存货的单价及金额，因此不利于存货成本的日常管理与控制。

(4) 移动加权平均法，是指以每次进货的成本加上原有库存存货的成本，除以每次进货数量加上原有库存存货的数量，据以计算加权平均单位成本，作为在下次进货前计算各次发出存货成本依据的一种方法。计算公式如下。

$$存货单位成本＝(原有库存存货的实际成本＋本次进货的实际成本)÷(原有库存存货数量＋本次进货数量)$$

$$本次发出存货的成本＝本次发出存货数量\times 本次发货前存货的单位成本$$

$$本月月末库存存货成本＝月末库存存货的数量\times 本月月末存货单位成本$$

采用移动平均法能够使企业管理者及时了解存货的结存情况，计算出的平均单位成本及发出和结存的存货成本比较客观。但由于每次收货都要计算一次平均单价，计算工作量较大，所以收发货较频繁的企业不适用。

(二) 计划成本法下材料发出的核算

根据《企业会计准则第1号——存货》的规定，企业日常采用计划成本核算的，发出的材料成本应由计划成本调整为实际成本，通过"材料成本差异"科目进行结转，按照所发出材料的用途，分别记入"生产成本""制造费用""销售费用""管理费用"等科目。发出材料应负担的成本差异应按期(月)分摊，不得在季末或年末一次计算。

本期材料成本差异率＝(期初结存材料的成本差异＋本期验收入库材料的成本差异)
÷(期初结存材料的计划成本＋本期验收入库材料的计划成本)
×100%

发出材料应负担的成本差异(负数为节约，正数为超支)＝发出材料的计划成本
×本期材料成本差异率

如果企业的材料成本差异率各期之间比较均衡，也可以采用期初材料成本差异率分摊本期的材料成本差异。年终，应对材料成本差异率进行核实调整。

期初材料成本差异率＝期初结存材料的成本差异÷期初结存材料的计划成本×100%
发出材料应负担的成本差异＝发出材料的计划成本×期初材料成本差异率

【例5-32】甲公司根据"发料凭证汇总表"的记录，该月L材料的消耗(计划成本)为：基本生产车间领用2 000 000元，辅助生产车间领用600 000元，车间管理部门领用250 000元，企业行政管理部门领用50 000元。甲公司应编制如下会计分录。

　　借：生产成本——基本生产成本　　　　2 000 000
　　　　　　　　——辅助生产成本　　　　　 600 000
　　　　制造费用　　　　　　　　　　　　 250 000
　　　　管理费用　　　　　　　　　　　　　 50 000
　　　　贷：原材料——L材料　　　　　　　　　2 900 000

【例5-33】承例5-27和例5-32，甲公司某月月初结存L材料的计划成本为1 000 000元，成本差异为超支30 740元；当月入库L材料的计划成本为3 200 000元，成本差异为节约200 000元，则

材料成本差异率＝(30 740－200 000)÷(1 000 000＋3 200 000)×100%＝－4.03%

结转发出材料的成本差异的分录如下。

　　借：材料成本差异——L材料　　　　　116 870
　　　　贷：生产成本——基本生产成本　　　　 80 600
　　　　　　　　　——辅助生产成本　　　　　 24 180
　　　　　　制造费用　　　　　　　　　　　 10 075
　　　　　　管理费用　　　　　　　　　　　　2 015

三、账户设置

企业通常设置以下账户对生产费用业务进行会计核算。

1."生产成本"账户

"生产成本"账户属于成本类账户，用以核算企业生产各种产品(如产成品、自制半成品等)、自制材料、自制工具、自制设备等发生的各项生产成本。

该账户借方登记应计入产品生产成本的各项费用，包括直接计入产品生产成本的直接材料费、直接人工费和其他直接支出，以及期末按照一定的方法分配计入产品生产成本的制造费用；贷方登记完工入库产成品应结转的生产成本。期末余额在借方，反映企业期末尚未加工完成的在产品成本。

该账户可按基本生产成本和辅助生产成本进行明细分类核算。基本生产成本应分别按照基本生产车间和成本核算对象(如产品的品种、类别、订单、批别、生产阶段等)设置明细账(或成本计算单)，并按照规定的成本项目设置专栏。

2."制造费用"账户

"制造费用"账户属于成本类账户，用以核算企业生产车间(部门)为生产产品和提供劳务而发生的各项间接费用。

该账户借方登记实际发生的各项制造费用，贷方登记期末按照一定标准分配转入"生产成本"账户借方的应计入产品成本的制造费用。期末结转后，该账户一般无余额。

该账户可按不同的生产车间、部门和费用项目进行明细核算。

3."库存商品"账户

"库存商品"账户属于资产类账户，用以核算企业库存的各种商品的实际成本(或进价)或计划成本(或售价)，包括库存产成品、外购商品、存放在门市部准备出售的商品、发出展览的商品及寄存在外的商品等。

该账户借方登记验收入库的库存商品成本，贷方登记发出的库存商品成本。期末余额在借方，反映企业期末库存商品的实际成本(或进价)或计划成本(或售价)。

该账户可按库存商品的种类、品种和规格等进行明细核算。

4."应付职工薪酬"账户

"应付职工薪酬"账户属于负债类账户，用以核算企业根据有关规定应付给职工的各种薪酬。

该账户借方登记本月实际支付的职工薪酬，贷方登记本月计算的应付职工薪酬，包括短期薪酬、离职后福利、辞退福利、其他长期职工薪酬。期末余额在贷方，反映企业应付未付的职工薪酬。

该账户可按"短期薪酬""离职后福利""辞退福利""其他长期职工薪酬"等进行明细核算。

四、账务处理

(一) 材料费用的归集与分配

在确定材料费用时，应根据领料凭证区分车间、部门和不同用途后，按照发出材料的成本借记"生产成本""制造费用""管理费用"等科目，贷记"原材料"等科目。

对于直接用于某种产品生产的材料费用，应直接计入该产品生产成本明细账中的直接材料费用项目；对于由多种产品共同耗用、应由这些产品共同负担的材料费用，应选择适当的标准在这些产品之间进行分配，按分担的金额计入相应的成本计算对象(如生产产品的品种、类别等)；对于为提供生产条件等间接消耗的各种材料费用，应先通过"制造费用"科目进行归集，期末再与其他间接费用一起按照一定的标准分配计入有关产品成本；对于行政管理部门领用的材料费用，应记入"管理费用"科目。

【例5-34】2022年5月，H公司本月耗用材料汇总如下：生产A产品耗用66 000元，生产B产品耗用34 000元，车间一般耗用4 000元，行政管理部门耗用6 000元，共计110 000元。H公司应编制如下会计分录。

```
借：生产成本——A产品        66 000
        ——B产品        34 000
    制造费用            4 000
    管理费用            6 000
    贷：原材料              110 000
```

(二) 职工薪酬的归集与分配

职工薪酬是指企业为获得职工提供的服务或解除劳动关系而给予各种形式的报酬或补偿，具体包括短期薪酬、离职后福利、辞退福利和其他长期职工薪酬。企业提供给职工配偶、子女、受赡养人、已故员工遗属及其他受益人等的福利，也属于职工薪酬。

对于短期职工薪酬，企业应在职工为其提供服务的会计期间，按实际发生额确认为负债，并计入当期损益或相关资产成本。企业应根据职工提供服务的受益对象，分别按下列情况处理。

(1) 由生产产品、提供劳务负担的短期职工薪酬计入产品成本或劳务成本。其中，生产工人的短期职工薪酬属于生产成本，应借记"生产成本"科目，贷记"应付职工薪酬"科目；生产车间管理人员的短期职工薪酬属于间接费用，应借记"制造费用"科目，贷记"应付职工薪酬"科目。

当企业采用计件工资制时，生产工人的短期职工薪酬属于直接费用，应直接计入有关产品的成本。当企业采用计时工资制时，对于只生产一种产品的生产工人的短期职工薪酬也属于直接费用，应直接计入产品成本；对于同时生产多种产品的生产工人的短期职工薪酬，则需采用一定的分配标准(如实际生产工时或定额生产工时)分配计入产品成本。

(2) 由在建工程、无形资产负担的短期职工薪酬计入建造固定资产或无形资产成本。

(3) 除上述两种情况外的其他短期职工薪酬应计入当期损益。例如，企业行政管理部门人员和专设销售机构销售人员的短期职工薪酬均属于期间费用，确认时应分别借记"管理费用"

"销售费用"等科目，贷记"应付职工薪酬"科目。

【例5-35】 承例5-34，2022年5月，H公司本月工资分配情况如下：A产品生产工人工资15 000元，B产品生产工人工资12 000元，车间管理人员工资2 000元，共计29 000元。H公司应编制如下会计分录。

```
借：生产成本——A产品          15 000
          ——B产品          12 000
    制造费用                   2 000
    贷：应付职工薪酬——工资            29 000
```

(三) 制造费用的归集与分配

企业发生的制造费用，应按照合理的分配标准按月分配计入各成本核算对象的生产成本。企业可以采取的分配标准包括机器工时、人工工时、计划分配率和工人工资等。

企业发生制造费用时，借记"制造费用"科目，贷记"累计折旧""银行存款""应付职工薪酬"等科目；结转或分摊时，借记"生产成本"等科目，贷记"制造费用"科目。

【例5-36】 承例5-35，2022年5月，H公司又发生了下列业务。

(1) 以银行存款支付本月电费10 000元，其中生产A产品负担4 000元，生产B产品负担3 000元，车间照明用电1 000元，行政管理部门用电2 000元。

(2) 以银行存款支付本月水费1 500元，其中生产车间负担950元，行政管理部门负担550元。

(3) 本月应计提固定资产折旧费2 000元，其中生产车间固定资产折旧1 500元，行政管理部门固定资产折旧500元。H公司应编制如下会计分录。

```
(1) 借：生产成本——A产品          4 000
              ——B产品          3 000
        制造费用                   1 000
        管理费用                   2 000
        贷：银行存款                    10 000
(2) 借：制造费用                   950
        管理费用                   550
        贷：银行存款                     1 500
(3) 借：制造费用                   1 500
        管理费用                   500
        贷：累计折旧                     2 000
```

【例5-37】 承例5-36，2022年5月，H公司月末将本月发生的制造费用按生产工人工资比例分配计入A、B产品成本。H公司应编制如下会计分录。

```
借：生产成本——A产品          5 250
          ——B产品          4 200
    贷：制造费用                     9 450
```

处理此业务时，首先要归集H公司本月发生的全部制造费用，如下面T型账所示。

制造费用

【例 5-34】	4 000	
【例 5-35】	2 000	
【例 5-36】(1)	1 000	
【例 5-36】(2)	950	
【例 5-36】(3)	1 500	
	9 450	

归集后按生产工人工资分配的制造费用如下。

制造费用分配率＝9 450÷(15 000＋12 000)＝0.35

A 产品分配转入的制造费用＝0.35×15 000＝5 250(元)

B 产品分配转入的制造费用＝0.35×12 000＝4 200(元)

(四) 完工产品生产成本的计算与结转

产品生产成本计算是指将企业生产过程中为制造产品所发生的各种费用按照成本计算对象进行归集和分配，以便计算各种产品的总成本和单位成本。有关产品成本信息是企业进行库存商品计价和确定销售成本的依据。

企业应设置产品生产成本明细账，用来归集应计入各种产品成本的生产费用。通过对材料费用、职工薪酬和制造费用的归集和分配，企业各月生产产品所发生的生产费用已记入"生产成本"科目中。

如果月末某产品全部完工，该产品生产成本明细账所归集的费用总额就是该完工产品的总成本，则用完工产品总成本除以该产品的完工总产量即可计算出该产品的单位成本。

如果月末某产品全部未完工，则该产品生产成本明细账所归集的费用总额就是该产品在产品的总成本。

如果月末某产品一部分完工，一部分尚未完工，则此时归集在产品成本明细账中的费用总额需采取适当的分配方法在完工产品和在产品之间进行分配，在此基础上计算出完工产品的总成本和单位成本。完工产品生产成本的基本计算公式如下。

完工产品生产成本＝期初在产品成本＋本期发生的生产费用－期末在产品成本

产品完工并验收入库时，借记"库存商品"科目，贷记"生产成本"科目。

【例 5-38】承例 5-37，2022 年 5 月，月末假定 H 公司本月投产的 A、B 产品全部完工，结转完工产品的实际成本。H 公司应编制如下会计分录。

借：库存商品——A 产品　　　　　　90 250

　　　　　　——B 产品　　　　　　53 200

　　贷：生产成本——A 产品　　　　　　90 250

　　　　　　——B 产品　　　　　　53 200

处理此业务时，首先要归集 A、B 产品的完工产品总成本，而后分别将其转入"库存商品"账户中，如下面 T 型账所示。

生产成本——A产品

【例5-34】	66 000		
【例5-35】	15 000		
【例5-36】(1)	4 000		
【例5-37】	5 250		
	90 250		

生产成本——B产品

【例5-34】	34 000		
【例5-35】	12 000		
【例5-36】(1)	3 000		
【例5-37】	4 200		
	53 200		

第六节　销售业务的账务处理

销售业务的账务处理涉及商品销售、其他销售等业务收入，以及成本、费用和相关税费的确认与计量等内容。

一、商品销售收入的确认与计量

企业销售商品收入的确认，必须同时符合以下条件。

(1) 企业已将商品所有权上的主要风险和报酬转移给购货方。

企业已将商品所有权上的主要风险和报酬转移给购货方，是指与商品所有权有关的主要风险和报酬同时转移。与商品所有权有关的风险，是指商品可能发生减值或毁损等形成的损失；与商品所有权有关的报酬，是指商品价值增值或通过使用商品等形成的经济利益。企业已将商品所有权上的主要风险和报酬转移给购货方，构成确认销售商品收入的重要条件。

判断企业是否已将商品所有权上的主要风险和报酬转移给购货方，应关注交易的实质，并结合所有权凭证的转移进行判断。如果与商品所有权有关的任何损失均不需要销货方承担，与商品所有权有关的任何经济利益也不归销货方所有，则意味着商品所有权上的主要风险和报酬转移给了购货方。

通常情况下，转移商品所有权凭证并交付实物后，商品所有权上的所有风险和报酬随之转移，如大多数商品零售、预收款销售商品等。对于商品零售交易，销货方在售出商品时将商品交付给购货方，同时收到购货方支付的货款，这一交付行为发生后，购货方一般不能退货，售出商品发生的任何损失均不再需要销货方承担，售出商品带来的经济利益也不再归销货方所有，因此可以认为该售出商品所有权上的风险和报酬已转移给了购货方。

　　某些情况下，转移商品所有权凭证但未交付实物，商品所有权上的主要风险和报酬随之转移，企业只保留商品所有权上的次要风险和报酬，如交款提货方式销售商品。有时，已交付实物但未转移商品所有权凭证，商品所有权上的主要风险和报酬未随之转移，如采用支付手续费方式委托代销商品。

　　(2) 企业既没有保留通常与商品所有权相联系的继续管理权，也没有对已售出的商品实施控制。

　　通常情况下，企业售出商品后不再保留与商品所有权相联系的继续管理权，也不再对售出商品实施有效控制，商品所有权上的主要风险和报酬已经转移给购货方，通常应在发出商品时确认收入。如果企业在商品销售后保留了与商品所有权相联系的继续管理权，或者能够继续对其实施有效控制，说明商品所有权上的主要风险和报酬没有转移，销售交易不能成立，不应确认收入，如售后租回。

　　(3) 相关的经济利益很可能流入企业。

　　在销售商品的交易中，与交易相关的经济利益主要表现为销售商品的价款。相关的经济利益很可能流入企业，是指销售商品价款收回的可能性大于不能收回的可能性，即销售商品价款收回的可能性超过50%。企业在销售商品时，若估计销售价款可能收不回，即使收入确认的其他条件均已满足，也不应确认收入。

　　企业在确定销售商品价款收回的可能性时，应结合以前和买方交往的直接经验、政府有关政策、其他方面取得信息等因素进行分析。企业销售的商品符合合同或协议要求，已将发票账单交付买方，并且买方承诺付款，通常表明相关的经济利益很可能流入企业。如果企业判断销售商品收入满足确认条件而予以确认，同时确认了一笔应收债权以后，由于购货方资金周转困难无法收回该债权时，不应调整原会计处理，而应对该债权计提坏账准备，确认坏账损失。如果企业根据以前与买方交往的直接经验判断买方信誉较差，或者销售时得知买方在另一项交易中发生了巨额亏损，资金周转十分困难，或者在出口商品时不能肯定进口企业所在国政府是否允许将款项汇出等，就可能会出现与销售商品相关的经济利益不能流入企业的情况，不应确认收入。

　　(4) 收入的金额能够可靠地计量。

　　收入的金额能够可靠地计量，是指收入的金额能够合理地估计。收入金额能否合理地估计是确认收入的基本前提。企业在销售商品时，商品销售价格通常已经确定，但是由于销售商品过程中某些不确定因素的影响，也有可能存在商品销售价格发生变动的情况。在这种情况下，新的商品销售价格未确定前通常不应确认销售商品收入。

　　(5) 相关的已发生或将发生的成本能够可靠地计量。

　　相关的已发生或将发生的成本能够可靠地计量，是指与销售商品有关的已发生或将发生的成本能够合理地估计。通常情况下，销售商品相关的已发生或将发生的成本能够合理地估计，如库存商品的成本、商品运输费用等。如果库存商品是本企业生产的，其生产成本能够可靠计量；如果是外购的，购买成本能够可靠计量。有时，销售商品相关的已发生或将发生的成本不能够合理地估计，此时企业不能确认，若已收到价款，应将已收到的价款确认为负债。

　　根据收入和费用配比原则，与同一项销售有关的收入和费用应在同一会计期间予以确认，即企业应在确认收入的同时或同一会计期间结转相关的成本。

二、账户设置

企业通常设置以下账户对销售业务进行会计核算。

1."主营业务收入"账户

"主营业务收入"账户属于损益类账户，用以核算企业确认的销售商品、提供劳务等主营业务的收入。

该账户贷方登记企业实现的主营业务收入，即主营业务收入的增加额；借方登记期末转入"本年利润"账户的主营业务收入(按净额结转)，以及发生销售退回和销售折让时应冲减本期的主营业务收入。期末结转后，该账户无余额。

该账户应按照主营业务的种类设置明细账户，进行明细分类核算。

2."其他业务收入"账户

"其他业务收入"账户属于损益类账户，用以核算企业确认的除主营业务活动外的其他经营活动实现的收入，包括出租固定资产、出租无形资产、出租包装物和商品、销售材料等活动。

该账户贷方登记企业实现的其他业务收入，即其他业务收入的增加额；借方登记期末转入"本年利润"账户的其他业务收入。期末结转后，该账户无余额。

该账户可按其他业务的种类设置明细账户，进行明细分类核算。

3."应收账款"账户

"应收账款"账户属于资产类账户，用以核算企业因销售商品、提供劳务等经营活动应收取的款项。

该账户借方登记由于销售商品及提供劳务等发生的应收账款，包括应收取的价款、税款和代垫款等；贷方登记已经收回的应收账款。期末余额通常在借方，反映企业尚未收回的应收账款；期末余额如果在贷方，则反映企业预收的账款。

该账户应按不同的债务人进行明细分类核算。

4."应收票据"账户

"应收票据"账户属于资产类账户，用以核算企业因销售商品、提供劳务等而收到的商业汇票。

该账户借方登记企业收到应收票据的票面金额，贷方登记票据到期收回应收票据的票面金额；期末余额在借方，反映企业持有的商业汇票的票面金额。

该账户可按开出、承兑商业汇票的单位进行明细核算。

5."预收账款"账户

"预收账款"账户属于负债类账户，用以核算企业按照合同规定预收的款项。预收账款情况不多的，也可以不设置本账户，将预收的款项直接记入"应收账款"账户。

该账户贷方登记企业向购货单位预收的款项等，借方登记销售实现时按实现的收入转销的预收款项等。期末余额在贷方，反映企业预收的款项；期末余额在借方，反映企业已转销但尚未收取的款项。

该账户可按购货单位进行明细核算。

6. "主营业务成本" 账户

"主营业务成本" 账户属于损益类账户,用以核算企业确认销售商品、提供劳务等主营业务收入时应结转的相关成本。

该账户借方登记主营业务发生的实际成本,贷方登记期末转入 "本年利润" 账户的主营业务成本。期末结转后,该账户无余额。

该账户可按主营业务的种类设置明细账户,进行明细分类核算。

7. "其他业务成本" 账户

"其他业务成本" 账户属于损益类账户,用以核算企业确认的除主营业务活动外的其他经营活动所发生的成本,包括销售材料的成本、出租固定资产的折旧额、出租无形资产的摊销额、出租包装物的成本或摊销额等。

该账户借方登记其他业务的支出额,贷方登记期末转入 "本年利润" 账户的其他业务支出额。期末结转后,该账户无余额。

该账户可按其他业务的种类设置明细账户,进行明细分类核算。

8. "税金及附加" 账户

"税金及附加" 账户属于损益类账户,用以核算企业经营活动发生的消费税、城市维护建设税、资源税、教育费附加、房产税、车船税、城镇土地使用税、印花税等相关税费。

该账户借方登记企业应按规定计算确定的与经营活动相关的税费,贷方登记期末转入 "本年利润" 账户的与经营活动相关的税费。期末结转后,该账户无余额。

三、账务处理

(一) 主营业务收入的账务处理

企业销售商品或提供劳务实现的收入,应按实际收到、应收或预收的金额,借记 "银行存款" "应收账款" "应收票据" "预收账款" 等科目,按确认的营业收入,贷记 "主营业务收入" 科目。

对于增值税销项税额,一般纳税人应贷记 "应交税费——应交增值税(销项税额)" 科目;小规模纳税人应贷记 "应交税费——应交增值税" 科目。

【例 5-39】甲公司向乙公司销售一批商品,开出的增值税专用发票上注明售价为 300 000 元,增值税税额为 39 000 元;甲公司已收到乙公司支付的货款 339 000 元,并将提货单送交乙公司。甲公司应编制如下会计分录。

借:银行存款 339 000
  贷:主营业务收入 300 000
    应交税费——应交增值税(销项税额) 39 000

(二) 主营业务成本的账务处理

期(月)末,企业应根据本期(月)销售各种商品、提供各种劳务等实际成本,计算应结转的主营业务成本，借记"主营业务成本"科目，贷记"库存商品""劳务成本"等科目。

采用计划成本或售价核算库存商品的，平时的营业成本按计划成本或售价结转，月末，还应结转本月销售商品应分摊的产品成本差异或商品进销差价。

【例5-40】在例5-39中，甲公司向乙公司销售一批商品，该批商品成本为240 000元。甲公司应编制如下会计分录。

借：主营业务成本   240 000

    贷：库存商品   240 000

(三) 销售过程中相关税费的账务处理

期(月)末，企业按规定计算确定的与经济活动相关的税费，借记"税金及附加"科目，贷记"应交税费"科目。

【例5-41】甲公司计算本月城市维护建设税和教育费附加的计税基础为20 000元，城市维护建设税税率为7%，教育费附加的征收率为3%。甲公司应编制如下会计分录。

借：税金及附加   2 000

    贷：应交税费——应交城市维护建设税   1 400

               ——应交教育费附加   600

(四) 相关销售费用核算的账务处理

相关销售费用核算的账务处理，详见"第七节 期间费用的账务处理"。

(五) 其他业务收入与成本的账务处理

当企业发生其他业务收入时，按已收取或应收的款项借记"银行存款""应收账款""应收票据"等科目，按确定的收入金额，贷记"其他业务收入"科目，同时确认相关税金；在结转其他业务收入的同一会计期间，企业应根据本期应结转的其他业务成本金额，借记"其他业务成本"科目，贷记"原材料""累计折旧""应付职工薪酬"等科目。

【例5-42】甲公司销售一批原材料，开出的增值税专用发票上注明的售价为10 000元，增值税税额为1 300元，款项已由银行收妥。该批原材料的实际成本为9 000元。甲公司会计处理如下。

(1) 取得原材料销售收入。

借：银行存款   11 300

    贷：其他业务收入   10 000

        应交税费——应交增值税(销项税额)   1 300

(2) 结转已销原材料的实际成本。

借：其他业务成本   9 000

    贷：原材料   9 000

第七节 期间费用的账务处理

一、期间费用的构成

期间费用是指企业日常活动中不能直接归属于某个特定成本核算对象的,在发生时应直接计入当期损益的各种费用。期间费用包括管理费用、销售费用和财务费用。

管理费用是指企业为组织和管理企业生产经营活动所发生的各种费用,包括企业在筹建期间发生的开办费、董事会和行政管理部门在企业的经营管理中发生的或应由企业统一负担的公司经费(包括行政管理部门职工工资及福利费、物料消耗、低值易耗品摊销、办公费和差旅费等)、行政管理部门负担的工会经费、董事会费(包括董事会成员津贴、会议费和差旅费等)、聘请中介机构费、咨询费(含顾问费)、诉讼费、业务招待费、房产税、车船税、城镇土地使用税、印花税、技术转让费、矿产资源补偿费、研究费用、排污费等。企业生产车间(部门)和行政管理部门发生的固定资产修理费用等后续支出也作为管理费用核算。

销售费用是指企业销售商品和材料、提供劳务的过程中发生的各种费用,包括保险费、包装费、展览费和广告费、商品维修费、预计产品质量保证损失、运输费、装卸费等,以及为销售本企业商品而专设的销售机构(含销售网点、售后服务网点等)的职工薪酬、业务费、折旧费等经营费用。企业发生的与专设销售机构相关的固定资产修理费用等后续支出也属于销售费用。

财务费用是指企业为筹集生产经营所需资金等而发生的筹资费用,包括利息支出(减利息收入)、汇兑损益,以及相关的手续费、企业发生的现金折扣等。

二、账户设置

企业通常设置以下账户对期间费用业务进行会计核算。

1."管理费用"账户

"管理费用"账户属于损益类账户,用以核算企业为组织和管理企业生产经营所发生的管理费用。

该账户借方登记发生的各项管理费用,贷方登记期末转入"本年利润"账户的管理费用额。期末结转后,该账户无余额。

该账户可按费用项目设置明细账户,进行明细分类核算。

2."销售费用"账户

"销售费用"账户属于损益类账户,用以核算企业发生的各项销售费用。

该账户借方登记发生的各项销售费用,贷方登记期末转入"本年利润"账户的销售费用额。期末结转后,该账户无余额。

该账户可按费用项目设置明细账户,进行明细分类核算。

3."财务费用"账户

"财务费用"账户属于损益类账户,用以核算企业为筹集生产经营所需资金等而发生的筹资费用，包括利息支出(减利息收入)、汇兑损益，以及相关的手续费、企业发生的现金折扣或收到的现金折扣等。为购建或生产满足资本化条件的资产发生的应予资本化的借款费用，通过"在建工程""制造费用"等账户核算。

该账户借方登记手续费、利息费用等财务费用的增加额，贷方登记应冲减财务费用的利息收入、期末转入"本年利润"账户的财务费用净额等。期末结转后，该账户无余额。

该账户可按费用项目进行明细核算。

三、账务处理

(一) 管理费用的账务处理

企业在筹建期间内发生的开办费，包括人员工资、办公费、培训费、差旅费、印刷费、注册登记费，以及不计入固定资产成本的借款费用等在实际发生时，借记"管理费用"科目，贷记"应付利息""银行存款"等科目。

确认行政管理部门人员的职工薪酬，借记"管理费用"科目，贷记"应付职工薪酬"科目。

计提行政管理部门的固定资产折旧，借记"管理费用"科目，贷记"累计折旧"科目。

行政管理部门发生的办公费、水电费、业务招待费、聘请中介机构费、咨询费、诉讼费、技术转让费、企业研究费用，借记"管理费用"科目，贷记"银行存款"等科目。

【例5-43】某企业为拓展产品销售市场发生业务招待费 50 000 元，均用银行存款支付。会计分录如下。

借：管理费用——业务招待费　　　　　50 000
　　贷：银行存款　　　　　　　　　　　　50 000

【例5-44】某企业就一项产品的设计方案向有关专家进行咨询，以现金支付咨询费 30 000 元。会计分录如下。

借：管理费用——咨询费　　　　　　　30 000
　　贷：库存现金　　　　　　　　　　　　30 000

【例5-45】某企业行政部本月共发生费用 224 000 元，其中：行政人员薪酬 150 000 元，行政部专用办公设备折旧费 45 000 元，报销行政人员差旅费 21 000 元(假定报销人均未预借差旅费)，其他办公、水电费 8 000 元(均用银行存款支付)。会计分录如下。

借：管理费用　　　　　　　　　　　　224 000
　　贷：应付职工薪酬　　　　　　　　　150 000
　　　　累计折旧　　　　　　　　　　　45 000
　　　　库存现金　　　　　　　　　　　21 000
　　　　银行存款　　　　　　　　　　　8 000

【例5-46】某企业计提管理部门固定资产折旧 50 000 元，摊销管理部门使用的无形资产成本 80 000 元。会计分录如下。

借：管理费用　　　　　　　　　　　　130 000
　　贷：累计折旧　　　　　　　　　　　50 000
　　　　累计摊销　　　　　　　　　　　80 000

(二) 销售费用的账务处理

企业在销售商品过程中发生的包装费、保险费、展览费和广告费、运输费、装卸费等费用，借记"销售费用"科目，贷记"库存现金""银行存款"等科目。

企业发生的为销售本企业商品而专设的销售机构的职工薪酬、业务费等费用，借记"销售费用"科目，贷记"应付职工薪酬""银行存款""累计折旧"等科目。

【例 5-47】某公司为宣传新产品发生广告费 80 000 元，均用银行存款支付。会计分录如下。

借：销售费用——广告费　　　　　　　80 000
　　贷：银行存款　　　　　　　　　　　　80 000

【例 5-48】某公司销售部 8 月份共发生费用 220 000 元，其中：销售人员薪酬 100 000 元，销售部专用办公设备折旧费 50 000 元，业务费 70 000 元(均用银行存款支付)。会计分录如下。

借：销售费用　　　　　　　　　　　220 000
　　贷：应付职工薪酬　　　　　　　　　100 000
　　　　累计折旧　　　　　　　　　　　50 000
　　　　银行存款　　　　　　　　　　　70 000

【例 5-49】某公司销售一批产品，销售过程中发生保险费 5 000 元、装卸费 2 000 元，均用银行存款支付。会计分录如下。

借：销售费用——保险费　　　　　　　5 000
　　　　　　——装卸费　　　　　　　　2 000
　　贷：银行存款　　　　　　　　　　　7 000

(三) 财务费用的账务处理

企业发生的财务费用，借记"财务费用"科目，贷记"银行存款""应付利息"等科目。发生的应冲减财务费用的利息收入、汇兑损益、现金折扣，借记"银行存款""应付账款"等科目，贷记"财务费用"科目。

【例 5-50】某公司用银行存款支付本月应负担的短期借款利息 24 000 元。会计分录如下。

借：财务费用——利息支出　　　　　　24 000
　　贷：银行存款　　　　　　　　　　　24 000

【例 5-51】某公司用银行存款支付银行手续费 400 元。会计分录如下。

借：财务费用——手续费　　　　　　　400
　　贷：银行存款　　　　　　　　　　　400

【例 5-52】某公司在购买材料业务中，获得对方给予的现金折扣 4 000 元。会计分录如下。

借：应付账款　　　　　　　　　　　4 000
　　贷：财务费用　　　　　　　　　　　4 000

【例 5-53】某企业于 1 月 1 日向银行借入生产经营用短期借款 360 000 元，期限为 6 个月，年利率为 5%，该借款本金到期后一次归还，利息分月预提，按季支付。1 月份相关利息的会计处理如下。

1 月末，预提当月应计利息：360 000×5%÷12＝1 500(元)

借：财务费用——利息支出　　　　　　1 500
　　贷：应付利息　　　　　　　　　　　1 500

第八节 利润形成与分配业务的账务处理

一、利润形成的账务处理

(一) 利润的形成

利润是指企业在一定会计期间的经营成果,包括收入减去费用后的净额、直接计入当期损益的利得和损失等。利得是指由企业非日常活动所形成的、会导致所有者权益增加的、与所有者投入资本无关的经济利益的流入。损失是指由企业非日常活动所发生的、会导致所有者权益减少的、与所有者分配利润无关的经济利益的流出。利润由营业利润、利润总额和净利润 3 个层次构成。

1. 营业利润

营业利润是反映企业管理者经营业绩的指标,其计算公式如下。

$$营业利润=营业收入-营业成本-税金及附加-销售费用-管理费用-财务费用$$
$$-资产减值损失+公允价值变动收益(-公允价值变动损失)$$
$$+投资收益(-投资损失)$$

其中

$$营业收入=主营业务收入+其他业务收入$$
$$营业成本=主营业务成本+其他业务成本$$

2. 利润总额

利润总额,又称税前利润,是营业利润加上营业外收入减去营业外支出后的金额,其计算公式如下。

$$利润总额=营业利润+营业外收入-营业外支出$$

(1) 营业外收入。营业外收入是指企业发生的与其日常活动无直接关系的各项利得。营业外收入并不是企业经营资金耗费所产生的,实际上是经济利益的净流入,不需要与有关的费用进行配比。营业外收入主要包括非流动资产处置利得、政府补助、盘盈利得、罚没利得、捐赠利得、非货币性资产交换利得、债务重组利得等。

(2) 营业外支出。营业外支出是指企业发生的与其日常活动无直接关系的各项损失,主要包括非流动资产处置损失、盘亏损失、非常损失、罚款支出、公益性捐赠支出、非货币性资产交易损失、债务重组损失等。

3. 净利润

净利润,又称为税后利润,是指利润总额扣除所得税费用后的净额,其计算公式如下。

$$净利润=利润总额-所得税费用$$

其中，所得税费用即应纳税所得额，是在企业税前会计利润(即利润总额)的基础上调整确定的，计算公式如下。

$$应纳税所得额＝税前会计利润＋纳税调整增加额－纳税调整减少额$$

纳税调整增加额主要包括税法规定允许扣除项目中，企业已计入当期费用但超过税法规定扣除标准的金额(如超过税法规定标准的职工福利费、工会经费、职工教育经费、业务招待费、公益性捐赠支出、广告费和业务宣传费等)，以及企业已计入当期损失但税法规定不允许扣除项目的金额(如税收滞纳金、罚款、罚金)。

纳税调整减少额主要包括按税法规定允许弥补的亏损和准予免税的项目，如前五年内的未弥补亏损和国债利息收入等。

企业当期所得税的计算公式如下。

$$应交所得税＝应纳税所得额×所得税税率$$

(二) 账户设置

企业通常设置以下账户对利润形成业务进行会计核算。

1. "本年利润"账户

"本年利润"账户属于所有者权益类账户，用以核算企业当期实现的净利润(或发生的净亏损)。企业期(月)末结转利润时，应将各损益类账户的金额转入本账户，结平各损益类账户。

该账户贷方登记企业期(月)末转入的主营业务收入、其他业务收入、营业外收入和投资收益等；借方登记企业期(月)末转入的主营业务成本、税金及附加、其他业务成本、管理费用、财务费用、销售费用、营业外支出、投资损失和所得税费用等。上述结转完成后，该账户余额如在贷方，即为当期实现的净利润；余额如在借方，即为当期发生的净亏损。年度终了，应将本年实现的净利润(或发生的净亏损)转入"利润分配——未分配利润"账户贷方(或借方)，结转后本账户无余额。

2. "投资收益"账户

"投资收益"账户属于损益类账户，用以核算企业确认的投资收益或投资损失。

该账户贷方登记实现的投资收益和期末转入"本年利润"账户的投资净损失；借方登记发生的投资损失和期末转入"本年利润"账户的投资净收益。期末结转后，该账户无余额。

该账户可按投资项目设置明细账户，进行明细分类核算。

3. "营业外收入"账户

"营业外收入"账户属于损益类账户，用以核算企业发生的各项营业外收入，主要包括非流动资产处置利得、非货币性资产交换利得、债务重组利得、政府补助、盘盈利得、捐赠利得等。

该账户贷方登记营业外收入的实现，即营业外收入的增加额；借方登记会计期末转入"本年利润"账户的营业外收入额。期末结转后，该账户无余额。

该账户可按营业外收入项目设置明细账户，进行明细分类核算。

4. "营业外支出"账户

"营业外支出"账户属于损益类账户，用以核算企业发生的各项营业外支出，包括非流动资产处置损失、非货币性资产交换损失、债务重组损失、公益性捐赠支出、非常损失、盘亏损失等。

该账户借方登记营业外支出的发生，即营业外支出的增加额；贷方登记期末转入"本年利润"账户的营业外支出额。期末结转后，该账户无余额。

该账户可按支出项目设置明细账户，进行明细分类核算。

5. "所得税费用"账户

"所得税费用"账户属于损益类账户，用以核算企业确认的应从当期利润总额中扣除的所得税费用。

该账户借方登记企业应计入当期损益的所得税，贷方登记企业期末转入"本年利润"账户的所得税。期末结转后，该账户无余额。

6. "资产减值损失"账户

资产减值损失是指企业根据《企业会计准则第 8 号——资产减值》等计提各项资产减值准备时，所形成的或有损失，如计提坏账准备、存货跌价准备和固定资产减值准备等形成的损失。新的会计准则规定资产减值范围主要是固定资产、无形资产及除特别规定外的其他资产减值的处理。

企业发生的资产减值损失应设置"资产减值损失"账户核算，并在"资产减值损失"账户中按资产减值损失的具体项目进行明细核算。企业计提各种减值准备时，应借记"资产减值损失"科目，贷记"坏账准备""存货跌价准备""长期股权投资减值准备""持有至到期投资减值准备""固定资产减值准备""无形资产减值准备"等科目。企业计提坏账准备、存货跌价准备、持有至到期投资减值准备、贷款损失准备等，相关资产的价值又得以恢复的，应在原已计提的减值准备金额内，按恢复增加的金额，借记"坏账准备""存货跌价准备""长期股权投资减值准备""贷款损失准备"等科目，贷记"资产减值损失"科目；期末应将"资产减值损失"账户余额转入"本年利润"账户，结转后应无余额。

(三) 账务处理

会计期末(月末或年末)结转各项收入时，借记"主营业务收入""其他业务收入""营业外收入"等科目，贷记"本年利润"科目；结转各项支出时，借记"本年利润"科目，贷记"主营业务成本""税金及附加""其他业务成本""管理费用""财务费用""销售费用""资产减值损失""营业外支出""所得税费用"等科目。

1. 营业外收入和营业外支出的账务处理

【例 5-54】某企业接受中华公司捐赠 200 000 元，款项已由银行收妥，应编制如下会计分录。

借：银行存款　　　　　　　　200 000
　　贷：营业外收入　　　　　　　　200 000

【例5-55】某企业用银行存款支付税款滞纳金30 000元，应编制如下会计分录。

借：营业外支出   30 000

    贷：银行存款   30 000

2. 期末结转各项收入和支出

【例5-56】某公司期末各收入、利得类科目结转前科目余额如表5-2所示。

表5-2　某公司期末各收入、利得类科目结转前科目余额

科目名称	结账前余额方向	结账前余额
主营业务收入	贷	2 600 000
其他业务收入	贷	100 000
投资收益	贷	30 000
营业外收入	贷	70 000

应编制如下会计分录。

借：主营业务收入   2 600 000

    其他业务收入   100 000

    投资收益   30 000

    营业外收入   70 000

    贷：本年利润   2 800 000

【例5-57】某公司期末各费用、损失类科目结转前科目余额如表5-3所示。

表5-3　某公司期末各费用、损失类科目结转前科目余额

科目名称	结账前余额方向	结账前余额
主营业务成本	借	1 980 000
其他业务成本	借	90 000
税金及附加	借	38 000
销售费用	借	10 000
管理费用	借	68 000
财务费用	借	4 000
营业外支出	借	10 000

应编制如下会计分录。

借：本年利润   2 200 000

    贷：主营业务成本   1 980 000

        其他业务成本   90 000

        税金及附加   38 000

        销售费用   10 000

        管理费用   68 000

        财务费用   4 000

        营业外支出   10 000

例 5-56 和例 5-57 登账过程如下。

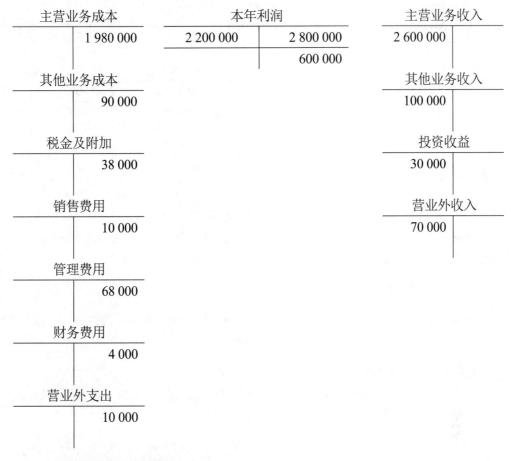

主营业务成本		本年利润		主营业务收入
1 980 000	2 200 000	2 800 000	2 600 000	
		600 000		

3. 企业所得税的账务处理

【**例 5-58**】根据例 5-56 和例 5-57 计提并结转该公司所得税费用，不考虑纳税调整，企业所得税税率为 25%。应编制如下会计分录。

利润总额＝2 800 000－2 200 000＝600 000(元)
应交所得税税额＝600 000×25%＝150 000(元)

(1) 计提所得税费用。
借：所得税费用 150 000
　　贷：应交税费——应交所得税 150 000
登账过程如下。

应交税费——应交所得税		所得税费用	
	(1)150 000	(1)150 000	

(2) 结转所得税费用。

借：本年利润　　　　　　　　　150 000

　　贷：所得税费用　　　　　　　　150 000

登账过程如下。

所得税费用				本年利润	
(1)150 000	(2)150 000			2 200 000	2 800 000
				(2)150 000	600 000
					450 000

二、利润分配的账务处理

利润分配是指企业根据国家有关规定和企业章程、投资者协议等，对企业当年可供分配利润指定其特定用途和分配给投资者的行为。利润分配的过程和结果不仅关系每个股东的合法权益是否得到保障，而且还关系企业未来的发展。

(一) 利润分配的顺序

企业向投资者分配利润，应按一定的顺序进行。按照《中华人民共和国公司法》(以下简称《公司法》)的有关规定，利润分配应按下列顺序进行。

1. 计算可供分配的利润

企业在利润分配前，应根据本年净利润(或亏损)、年初未分配利润(或亏损)及其他转入的金额(如盈余公积弥补的亏损)等项目，计算可供分配的利润，即

可供分配的利润＝净利润(或亏损)＋年初未分配利润(－弥补以前年度的亏损)

　　　　　　　　＋其他转入的金额

如果可供分配的利润为负数(即累计亏损)，则不能进行后续分配；如果可供分配的利润为正数(即累计盈利)，则可进行后续分配。

2. 提取法定盈余公积

按照《公司法》的有关规定，公司应按照当年净利润(抵减年初累计亏损后)的10%提取法定盈余公积，提取的法定盈余公积累计额超过注册资本50%的，可以不再提取。

3. 提取任意盈余公积

公司提取法定盈余公积后，经股东会或股东大会决议，还可以从净利润中提取任意盈余公积。

4. 向投资者分配利润(或股利)

企业可供分配的利润扣除提取的盈余公积后，形成可供投资者分配的利润，即

可供投资者分配的利润＝可供分配的利润－提取的盈余公积

企业可采用现金股利、股票股利和财产股利等形式向投资者分配利润(或股利)。

(二) 账户设置

企业通常设置以下账户对利润分配业务进行会计核算。

1. "利润分配" 账户

"利润分配"账户属于所有者权益类账户，用以核算企业利润的分配(或亏损的弥补)和历年分配(或弥补)后的余额。

该账户借方登记实际分配的利润额，包括提取的盈余公积和分配给投资者的利润，以及年末从"本年利润"账户转入的全年发生的净亏损；贷方登记用盈余公积弥补的亏损额等其他转入数，以及年末从"本年利润"账户转入的全年实现的净利润。年末，应将"利润分配"账户下的其他明细账户的余额转入"未分配利润"明细账户，结转后，除"未分配利润"明细账户可能有余额外，其他各个明细账户均无余额。"未分配利润"明细账户的贷方余额为历年累积的未分配利润(即可供以后年度分配的利润)，借方余额为历年累积的未弥补亏损(即留待以后年度弥补的亏损)。

该账户应分别按"提取法定盈余公积""提取任意盈余公积""应付现金股利或利润""转作股本的股利""盈余公积补亏"和"未分配利润"等进行明细核算。

2. "盈余公积" 账户

"盈余公积"账户属于所有者权益类账户，用以核算企业从净利润中提取的盈余公积。

该账户贷方登记提取的盈余公积，即盈余公积的增加额，借方登记实际使用的盈余公积，即盈余公积的减少额。期末余额在贷方，反映企业结余的盈余公积。

该账户应分别按"法定盈余公积""任意盈余公积"进行明细核算。

3. "应付股利" 账户

"应付股利"账户属于负债类账户，用以核算企业分配的现金股利或利润。

该账户贷方登记应付给投资者股利或利润，即应付股利的增加额；借方登记实际支付给投资者的股利或利润，即应付股利的减少额。期末余额在贷方，反映企业应付未付的现金股利或利润。

该账户可按投资者进行明细核算。

(三) 账务处理

1. 净利润转入利润分配

会计期末，企业应将当年实现的净利润转入"利润分配——未分配利润"科目，即借记"本年利润"科目，贷记"利润分配——未分配利润"科目，如为净亏损，则做相反会计分录。

结转前，如果"利润分配——未分配利润"明细科目的余额在借方，则上述结转当年所实现净利润的分录同时反映了当年实现的净利润自动弥补以前年度亏损的情况。因此，在用当年实现的净利润弥补以前年度亏损时，不需另行编制会计分录。

【例5-59】根据例5-56至例5-58计算并结转该公司的净利润，应编制如下会计分录。

该公司净利润＝600 000－150 000＝450 000(元)

借：本年利润　　　　　　　　　　　450 000

　　贷：利润分配——未分配利润　　　　450 000

登账过程如下。

利润分配——未分配利润		本年利润	
	450 000	2 200 000	2 800 000
		150 000	600 000
		450 000	450 000

通过上述结转后,"本年利润"账户已无余额。

2. 提取盈余公积

企业提取的法定盈余公积,借记"利润分配——提取法定盈余公积"科目,贷记"盈余公积——法定盈余公积"科目;提取的任意盈余公积,借记"利润分配——提取任意盈余公积"科目,贷记"盈余公积——任意盈余公积"科目。

【例 5-60】承例 5-59,该公司按净利润的 10% 计提法定盈余公积,应编制如下会计分录。

该公司应计提的法定盈余公积=450 000×10%=45 000(元)

借:利润分配——提取法定盈余公积　　45 000
　　贷:盈余公积——法定盈余公积　　　　45 000

登账过程如下。

盈余公积——法定盈余公积		利润分配——提取法定盈余公积	
	45 000	45 000	

【例 5-61】承例 5-59,该公司按净利润的 5% 计提任意盈余公积,应编制如下会计分录。

该公司应计提的任意盈余公积=450 000×5%=22 500(元)

借:利润分配——提取任意盈余公积　　22 500
　　贷:盈余公积——任意盈余公积　　　　22 500

登账过程如下。

盈余公积——任意盈余公积		利润分配——提取任意盈余公积	
	22 500	22 500	

3. 向投资者分配利润或股利

企业根据股东大会或类似机构审议批准的利润分配方案,按应支付的现金股利或利润,借记"利润分配——应付现金股利"科目,贷记"应付股利"等科目;对于股票股利,应在办妥增资手续后,按转作资本的金额,借记"利润分配——转作股本股利"科目,贷记"股本"等科目。

董事会或类似机构通过的利润分配方案中拟分配的现金股利或利润不做账务处理,但应在附注中披露。

【例 5-62】承例 5-59，该公司董事会决议，经股东大会批准，从当年实现的净利润中拿出 30 000 元向投资者分配现金股利，应编制如下会计分录。

借：利润分配——应付现金股利　　　30 000
　　贷：应付股利　　　　　　　　　　　　30 000

登账过程如下。

【例 5-63】承例 5-62，该公司以银行存款向投资者发放现金股利，应编制如下会计分录。

借：应付股利　　　　　　　　　　30 000
　　贷：银行存款　　　　　　　　　　　30 000

登账过程如下。

【例 5-64】承例 5-59，该公司董事会决议，经股东大会批准，从当年实现的净利润中拿出 90 000 元作为股票股利，应编制如下会计分录。

借：利润分配——转作股本股利　　　90 000
　　贷：股本　　　　　　　　　　　　　90 000

登账过程如下。

股本		利润分配——转作股本股利	
	90 000	90 000	

4. 盈余公积补亏

企业发生的亏损，除用当年实现的净利润弥补外，还可使用累积的盈余公积弥补。以盈余公积弥补亏损时，借记"盈余公积"科目，贷记"利润分配——盈余公积补亏"科目。

【例 5-65】经股东大会批准，F 股份有限公司用以前年度提取的盈余公积弥补当年亏损，当年弥补亏损的数额为 6 000 000 元。假定不考虑其他因素，F 股份有限公司应编制如下会计分录。

借：盈余公积　　　　　　　　　　6 000 000
　　贷：利润分配——盈余公积补亏　　　　6 000 000

5. 企业未分配利润的形成

年终，企业应将"利润分配"科目所属其他明细科目的余额转入该科目"未分配利润"明细科目。结转盈余公积补亏，借记"利润分配——盈余公积补亏"科目，贷记"利润分配——未分配利润"科目；结转已分配的利润，借记"利润分配——未分配利润"科目，贷记"利润分配——提取法定盈余公积""利润分配——提取任意盈余公积""利润分配——应付现金股利""利润分配——转作股本股利"等科目。

结转后，"利润分配"科目中除"未分配利润"明细科目外，所属其他明细科目无余额。"未分配利润"明细科目的贷方余额表示累积未分配的利润，该科目如果出现借方余额，则表示累积未弥补的亏损。

【例 5-66】根据例 5-59 至例 5-64，该公司结转利润分配应编制如下会计分录。

```
借：利润分配——未分配利润                187 500
    贷：利润分配——提取法定盈余公积          45 000
              ——提取任意盈余公积          22 500
              ——应付现金股利             30 000
              ——转作股本股利             90 000
```

登账过程如下。

利润分配——提取法定盈余公积	
【例 5-60】45 000	45 000

利润分配——未分配利润	
187 500	450 000
	262 500

利润分配——提取任意盈余公积	
【例 5-61】22 500	22 500

利润分配——应付现金股利	
【例 5-62】30 000	30 000

利润分配——转作股本股利	
【例 5-64】90 000	90 000

此业务处理完毕后，该公司"利润分配"账户下设的各明细账户中除"未分配利润"这一明细外，其余各明细均无余额。此时该企业的留存收益为 330 000(262 500＋45 000＋22 500)元(未分配利润和盈余公积合称为留存收益)。

【练一练】

一、单项选择题

1. 下列项目中，不通过"应收账款"账户核算的是(　　)。
   - A. 员工预借差旅费
   - B. 销售库存商品应收的款项
   - C. 提供劳务应收的款项
   - D. 销售原材料应收的款项

2. 仓库库存甲材料单位成本 10 元/千克，乙材料单位成本 20 元/千克。生产车间从仓库领用如下材料：领用甲材料 150 千克、乙材料 100 千克用于生产 A 产品；领用甲材料 120 千克、乙材料 80 千克用于生产 B 产品；用于车间共同耗用的甲材料 270 千克；销售部门耗用甲材料 50 千克。下列说法正确的是(　　)。
   - A. 所有经济业务共耗用乙材料3 500元
   - B. 生产B产品耗用直接材料成本3 500元
   - C. 生产A产品耗用直接材料成本2 800元
   - D. 销售部门耗用甲材料500元

3. 关于制造费用科目，下列说法不正确的是(　　)。
   - A. 该科目的借方归集生产过程中发生的间接费用
   - B. 分配给某个产品的制造费用从贷方转出
   - C. 本科目期末一定无余额
   - D. 本科目可以按不同的车间、部门设置明细账

4. 下列不能作为生产费用核算的是(　　)。
   - A. 已销产品的成本
   - B. 直接从事产品生产的工人的职工薪酬
   - C. 构成产品实体的原材料及有助于产品形成的主要材料和辅助材料
   - D. 企业为生产产品和提供劳务而发生的各项间接费用

5. 下列账户中，(　　)期末一般无余额。
   - A. 管理费用
   - B. 生产成本
   - C. 利润分配
   - D. 应付账款

6. "利润分配"账户的年末余额如果在借方，其借方余额表示(　　)。
   - A. 历年积存未分配利润
   - B. 本年未分配利润
   - C. 历年积存未弥补亏损
   - D. 本年未弥补亏损

7. 企业期末计算确定当期应交所得税。下列会计分录中正确的是(　　)。
   - A. 借记"本年利润"科目，贷记"所得税费用"科目
   - B. 借记"所得税费用"科目，贷记"应交税费"科目
   - C. 借记"所得税费用"科目，贷记"本年利润"科目
   - D. 借记"应交税费"科目，贷记"银行存款"科目

8. 下列各项中，(　　)不应计入营业外支出。

A. 应收账款坏账损失
B. 出售固定资产净损失

C. 非常损失
D. 公益性捐赠支出

9. 2022年1月，甲公司将自行研发完成的非专利技术出租给另外一家公司，该非专利技术成本为120 000元，双方约定的租赁期限为10年。下列说法错误的是(　　)。

A. 甲公司每月应摊销的金额是1 000元

B. 每月摊销额应记入"主营业务成本"的借方

C. 每月摊销额应记入"其他业务成本"的借方

D. 每月摊销额应记入"累计摊销"的贷方

10. 某企业2022年10月1日销售商品，并于当日收到面值100 000元、期限3个月的不带息银行承兑汇票一张。11月10日，将该票据背书转让给A公司以购买材料，所购材料的价格为90 000元，增值税税率为13%，运杂费为4 300元，则企业应补付的银行存款为(　　)元。

A. 10 000
B. 9 000

C. 6 000
D. 5 300

二、多项选择题

1. 按照资本公积的来源不同，设置的明细科目有(　　)。

A. 资本溢价
B. 其他资本公积

C. 法定盈余公积
D. 任意盈余公积

2. 企业根据职工提供服务的受益对象进行职工薪酬分配时，可能涉及的会计科目有(　　)。

A. 生产成本
B. 制造费用

C. 销售费用
D. 管理费用

3. 生产成本账户属于成本类账户，用以核算企业生产各种(　　)等发生的各项生产成本。

A. 产成品
B. 自制材料

C. 自制工具
D. 自制设备

4. 下列各项中，应直接或间接计入产品生产成本的有(　　)。

A. 管理费用
B. 直接材料

C. 制造费用
D. 直接人工

5. 关于"利润分配——未分配利润"账户，下列说法正确的有(　　)。

A. 未分配利润的期末贷方余额表示本年净利润减去分配的利润

B. 未分配利润的期末贷方余额表示累计未分配的利润

C. 未分配利润的期末借方余额表示本年超额分配的利润

D. 未分配利润的期末借方余额表示累计未弥补亏损

6. 实收资本的来源有(　　)。

A. 投资者按照企业章程、合同或协议的约定，实际投入企业的资本金

B. 资本公积转增资本

C. 盈余公积转增资本

D. 投资者投入的超出其在企业注册资本中所占的份额

7. 属于企业非日常活动形成的经济利益的流入确认为( )。

    A. 利得　　　　　　　　　　　　B. 提供劳务收入

    C. 销售商品收入　　　　　　　　D. 营业外收入

8. 为购建或生产满足资本化条件的资产发生的应予以资本化的费用，应通过( )等账户核算。

    A. 财务费用　　　　　　　　　　B. 管理费用

    C. 在建工程　　　　　　　　　　D. 制造费用

9. 以下属于结算形成负债的有( )。

    A. 应付账款　　　　　　　　　　B. 应付职工薪酬

    C. 应交税费　　　　　　　　　　D. 短期借款

10. 下列说法正确的有( )。

    A. 企业向购货单位预收的款项，记入"预收账款"的贷方

    B. 企业实现的其他业务收入，记入"其他业务收入"的贷方

    C. 企业收到的应收票据的面值，记入"应收票据"的贷方

    D. 期末转入"本年利润"账户的主营业务成本，记入"主营业务成本"的贷方

三、判断题

1. 企业发生的职工培训费应计入产品的制造成本。　　　　　　　　　　( )

2. "库存商品"科目本期借方发生额，反映企业本期发出库存商品的进价或售价。

    ( )

3. 企业本期发生的各项制造费用都应分配转入"生产成本"科目，"制造费用"科目期末应无余额。　　　　　　　　　　　　　　　　　　　　　　　　　　　( )

4. 企业变卖闲置设备的净损益应计入生产费用。　　　　　　　　　　( )

5. 投资收益属于损益类账户，借方登记实现的投资收益和期末转入"本年利润"账户的投资净损失，贷方登记发生的投资损失和期末转入"本年利润"账户的投资净损失。期末结转后，该账户无余额。　　　　　　　　　　　　　　　　　　　　　　　　( )

6. 管理费用的发生额会直接影响当期产品成本和当期利润总额。　　　( )

7. 在同一个企业，不同期间的主营业务和其他业务的内容一定是固定不变的。

    ( )

8. 以提供劳务为主营业务的企业，在提供劳务结转成本时，应借记"其他业务成本"科目，贷记"劳务成本"科目。　　　　　　　　　　　　　　　　　　( )

9. 预收账款情况不多的，也可以不设置"预收账款"账户，将预收的款项直接记入"应付账款"账户。　　　　　　　　　　　　　　　　　　　　　　　( )

10. 在计划成本法下，企业已支付货款，但尚在运输中或尚未验收入库的材料，应通过"在途物资"科目核算。　　　　　　　　　　　　　　　　　　　( )

四、计算分析题

甲公司 2022 年 9 月发生以下经济业务。

(1) 2 日，向 A 公司购入材料一批，价款为 100 000 元，增值税为 13 000 元。材料已验收入库，款项尚未支付。

(2) 3 日，以银行存款支付上述款项。

(3) 接到供电部门通知，本月应付电费 58 000 元，其中生产车间电费 42 000 元，行政管理部门电费 16 000 元。

(4) 5 日，与 B 公司签订商品销售合同，销售价款为 200 000 元，增值税为 26 000 元。按照合同约定，B 公司先通过银行转账预付 100 000 元，余款在货物验收后付清。

(5) 22 日，发出商品，同日收到 B 公司补付的欠款。

要求：根据上述经济业务逐笔编制相关会计分录。

【做一做】

一、请试做出本章知识结构图

二、填表

请归纳工业企业各阶段主要经济业务核算的典型会计分录并填入表 5-4 中。

表5-4 工业企业各阶段主要经济业务核算的典型会计分录

主要阶段	典型分录
筹资业务	
固定资产业务	
材料采购业务	
生产业务	
销售业务	
期间费用业务	
利润形成与分配业务	

第六章

会 计 凭 证

◆ **基本要求**

1. 了解会计凭证的概念与作用
2. 了解会计凭证的传递
3. 熟悉原始凭证与记账凭证的种类
4. 熟悉会计凭证的保管
5. 掌握原始凭证的填制
6. 掌握记账凭证的填制
7. 掌握原始凭证与记账凭证的审核

第一节　会计凭证概述

一、会计凭证的概念与作用

(一) 会计凭证的概念

会计凭证是指记录经济业务发生或完成情况的书面证明，也是登记账簿的依据。

各单位每天都要发生大量的经济业务，为了正确、真实地记录和反映经济业务的发生和完成情况，保证会计核算资料的客观性、合法性，任何单位在处理任何经济业务时，都必须由执行和完成该项经济业务的有关人员从单位外部取得或自行填制有关凭证，以书面形式记录和证明所发生经济业务的性质、内容、数量、金额等，并在凭证上签名或盖章，以对经济业务的合法性和凭证的真实性、完整性负责。任何会计凭证都必须经过有关人员的严格审核并确认无误后，才能作为记账的依据。

(二) 会计凭证的作用

合法地取得、正确地填制和审核会计凭证，是会计核算的基本方法之一，也是会计核算工作的起点，会计凭证的作用主要有以下几项。

1. 记录经济业务，提供记账依据

各单位日常发生的经济业务，如资本的筹集和运用、生产经营过程中发生的成本和费用、利润的形成和分配等，既有货币资金的收付，又有财产物资的进出及耗费。通过取得、填制会计凭证可以将日常发生的各项经济业务真实地记录下来，通过分类和汇总，作为登记账簿的依据。从会计工作的程序来看，取得、填制和审核会计凭证是会计工作的开始环节。会计凭证所记录的有关信息是否真实、可靠、及时，对于能否保证会计信息质量，具有至关重要的影响。

2. 明确经济责任，强化内部控制

会计凭证明确记录了经济业务的内容、发生时间和地点，并由经办部门和人员在凭证上签章，以便部门和人员对经济业务的合法性、真实性负责，如果出现问题，可据以查明责任。这样就加强了经办部门和人员的责任感，促使经办部门和人员严格执行财经纪律，按有关法律、法规和制度的规定办事。各经办部门和人员通过会计凭证的传递，还可以相互牵制和制约，以防止舞弊行为，强化内部控制。

3. 监督经济活动，控制经济运行

各单位任何一项经济业务的发生，都要由执行和完成该项经济业务的部门或人员取得或填制相应的会计凭证，会计凭证记录和反映了各项经济业务的具体内容。因此，通过对会计凭证的审核，既可以检查会计人员、财产保管人员和业务经办人员的工作情况，也可以查明每一项经济业务是否符合国家法律、法规的规定，是否有铺张浪费、贪污等侵害国家财产的行为。对查出的问题应及时采取措施予以纠正，实现对经济活动的事中控制，保证经济活动的健康运行。

取得、填制和审核会计凭证对会计核算工作和会计信息质量具有至关重要的影响。要做好这一基础工作，单位领导必须给予足够的重视，有关经办人员要认真对待，会计人员则要有高度的职业责任心、严谨细致的工作作风和扎实的基本功。

二、会计凭证的种类

会计凭证按照填制程序和用途可分为原始凭证和记账凭证。

(一) 原始凭证

原始凭证，又称为单据，是指在经济业务发生或完成时取得或填制的，用以记录或证明经济业务发生或完成情况的原始凭据。原始凭证是会计核算的原始资料和重要依据。

(二) 记账凭证

记账凭证，又称为记账凭单，是指会计人员根据审核无误的原始凭证，按照经济业务的内容加以归类，并据以确定会计分录后所填制的会计凭证。记账凭证是登记账簿的直接依据。

原始凭证和记账凭证都称为会计凭证，但就其性质来讲却截然不同。原始凭证记录的是经济信息，它是编制记账凭证的依据，是会计核算的基础；而记账凭证记录的是会计信息，它是会计核算的起点。

第二节 原始凭证

原始凭证，又称为单据，是在经济业务发生或完成时取得或填制的，用以记录或证明经济业务的发生或完成情况的原始凭证，是会计核算的重要原始资料和依据。各单位对经济业务办理会计手续，进行会计核算时，必须取得、填制原始凭证，并及时送交会计部门或专职会计人员，以保证会计核算工作的顺利进行。原始凭证必须能够表明经济业务已经发生或其完成情况，凡是不能证明经济业务发生或完成情况的各种单据，如购货申请单、购销合同、计划、银行对账单等，不能作为原始凭证。

一、原始凭证的种类

原始凭证可以按照取得来源、格式、填制的手续和内容进行分类。

(一) 按照取得来源分类

原始凭证按照取得来源可分为自制原始凭证和外来原始凭证。

1. 自制原始凭证

自制原始凭证是指由本单位有关部门和人员，在执行或完成某项经济业务时填制的，仅供本单位内部使用的原始凭证，如材料验收入库时填制的入库单、人事部门填制的工资、业务人员填制的差旅费报销单、固定资产折旧计算表及职工出差填制的借款单等。自制原始凭证有原材料入库单、工资结算汇总表、差旅费报销单等，如表6-1～表6-3所示。

表6-1 原材料入库单

发票号码：

供货单位：　　　　　　　　　　　　　　　年　月　日　　　　　　　　凭证编号：

材料类别	材料名称及规格	计量单位	数量		单价	买价	运杂费	实际成本	
			发票	实收					二联交会计
合计									

记账：　　　　　　　　　　主管：　　　　　　　　　　收料：

表6-2 工资结算汇总表

年 月 日

| 部门 | 人数 | 月基本工资 | 经常性奖金 | 津贴和补贴 | | 加班工资 | 应扣工资 | | 应付工资 | 代扣款项 | | | 实发工资 |
				物价补贴	夜班津贴		病假	事假		电费	水费	小计	

表6-3 差旅费报销单

年 月 日

出差人			出差事由		
区间					金额
车船费	由 到 飞机票 张				
	由 到 火车票 张				
	由 到 轮船票 张				
补助费	月 日 时出发 月 日 时返回计 天每人每天 元				
	特区 月 日 时出发 月 日 时返回计 天每人每天 元				
	市内交通补助共 天每人每天 元				
其他					
合计					
原借款		核销		退回余款	部门负责人

2. 外来原始凭证

外来原始凭证是指在经济业务发生或完成时，从其他单位或个人直接取得的原始凭证，如企业采购时取得的普通发票或增值税专用发票、运输单位开具的货运发票等。外来原始凭证都是一次性凭证，如增值税专用发票等，如表 6-4 所示。

表6-4 增值税专用发票

发票联

No：03287287   开票日期： 年 月 日

购货单位	名称		纳税人登记号			
	地址电话		开户银行及账号			
商品或劳务名称	计量单位	数量	单价	金额	税率/%	税额
合计						
价税合计(大写)	人民币：¥					
销货单位	名称		纳税人登记号			
	地址		开户银行及账号			
备注						

收款人：(签章)   开票单位：(签章)

(二) 按照格式分类

原始凭证按照格式的不同可分为通用凭证和专用凭证。

1. 通用凭证

通用凭证是指由有关部门统一印制、在一定范围内使用的具有统一格式和使用方法的原始凭证。常见的通用凭证有全国通用的增值税专用发票、银行转账结算凭证等。通用凭证的适用范围可以是某一地区、某一行业，也可以是全国通用，如全国统一的异地结算银行凭证、部门统一规定的发票、地区统一的汽车票等。由于通用凭证格式标准，内容规范，便于比较，所以通过相应的主管部门统一管理并负责印制，有利于防止凭证的随意使用。

2. 专用凭证

专用凭证是指由单位自行印制、仅在本单位内部使用的原始凭证。常见的专用凭证有收料单、领料单、工资费用分配表、折旧计算表等。

(三) 按照填制手续和内容分类

原始凭证按照填制手续和内容可分为一次凭证、累计凭证和汇总凭证。

1. 一次凭证

一次凭证是指一次填制完成，只记录一笔经济业务且仅一次有效的原始凭证。我们平时所涉及的大部分原始凭证都是一次凭证，如发票、收据、支票存根、入库单等。一次凭证有收据、材料入库单等，如表6-5和表6-6所示。

表6-5 收据

年　月　日　　　　　　　　　　　　　　No:

付款单位:	_____	收款方式	_____
人民币:	(大写)		(¥　　　　　　　)
收款事由			

收款单位(盖章)　　　　　审核:　　　　　经手人:　　　　　出纳:

表6-6 材料入库单

供应单位:　　　　　　　　　年　月　日　　　　　　　　发票号:

材料类别	材料名称	规格材质	计量单位	数量	实收数量	单位成本	金额								
							百	十	万	千	百	十	元	角	分
检验结果				运杂费											
检验员签章:				合　计											
备注															

仓库:　　　　　　　材料会计:　　　　　　　收料员:

2. 累计凭证

累计凭证是指在一定时期内多次记录发生的同类型经济业务且多次有效的原始凭证。其特点是在一张凭证内可以连续登记相同性质的经济业务,随时结出累计数和结余数,并按照费用限额进行费用控制,期末按实际发生额记账。最具有代表性的累计凭证是"限额领料单",如表6-7所示。

表6-7 限额领料单

领料部门:　　　　　　　　　年　月　日　　　　　　　　编号:

材料类别	材料编号	材料名称	规格	计量单位	单价	领料限额	全月实领	
							数量	金额
日期	请领		实发		退回材料		限额结余	
	数量	领料人签章	数量	发料人签章	数量	退料人签章		

仓库负责人:　　　　　生产部门负责人:　　　　　仓库管理员:

3. 汇总凭证

汇总凭证是指对一定时期内反映经济业务内容相同的若干张原始凭证，按照一定标准综合填制的原始凭证。其最大优点是可以集中反映某项经济业务的总括情况，减少凭证数量，简化记账凭证的编制工作。常见的汇总凭证有发出材料汇总表、工资结算汇总表、差旅费报销单等，如表6-8～表6-10所示。

表6-8　发出材料汇总表

年　　月　　日

会计科目	领料部门	领用材料			
		原材料	燃料	低值易耗品	合计
生产成本	一车间				
	二车间				
	小计				
	供水车间				
	供电车间				
	小计				
制造费用	一车间				
	二车间				
	小计				
管理费用	行政部门				
合计					

制表：　　　　　　　　　　　　　　　　　复核：

表6-9　工资结算汇总表

年　　月　　日

部门和人员		人数	应付工资	代扣款项	实发工资
机加工1车间	生产工人				
	管理人员				
机加工2车间	生产工人				
	管理人员				
装配车间	生产工人				
	管理人员				
机修车间					
供电车间					
管理部门					
销售部门					
合计					

表6-10　差旅费报销单

年　　月　　日

出差人			出差事由			
区间						金额
车船费	由　　到　　往返火车/汽车票　　张					
	由　　到　　飞机票　　张					
	由　　到　　轮船票　　张					
补助费	月　日　时　出发　月　日　时返回计　天每人每天　元					
	特区　月　日　时出发　月　日　时返回计　天每人每天　元					
	市内交通补助共　天每人每天　元					
其他						
合计						
原借款		核销		退回余款	部门负责人	

二、原始凭证的基本内容

原始凭证的格式和内容也称为原始凭证要素，其因经济业务和经营管理的要求不同而有所差异，但应具备以下基本内容。

(1) 凭证的名称。

(2) 填制凭证的日期。

(3) 填制凭证单位名称或填制人姓名。

(4) 经办人员的签名或盖章。

(5) 接受凭证单位名称。

(6) 经济业务内容。

(7) 数量、单价和金额。

三、原始凭证的填制要求

(一) 原始凭证填制的基本要求

原始凭证的填制必须符合下列要求。

1. 记录真实

记录真实，就是要实事求是地填写经济业务、原始凭证填制日期、业务内容、数量、金额等，使其必须与实际情况一致，不得歪曲经济业务真相、弄虚作假。对于实物数量、质量和金额的计算，要准确无误，不得匡算或估计，确保凭证所记录的内容真实可靠。

2. 内容完整

原始凭证所要求填列的项目必须逐项填列齐全，不得遗漏和省略。需要注意的是，年、月、日要按照填制原始凭证的实际日期填写；名称要齐全，不能简化；品名或用途要填写明确，不能含糊不清；有关人员的签章必须齐全。

购买实物的原始凭证必须有验收证明；支付款项的原始凭证必须有收款单位和收款人的收款证明。一式几联的原始凭证应注明各联次的用途，只能以一联作为报销凭证；一式几联的发票和收据必须用双面复写纸(发票和收据本身具备复写纸功能的除外)套写，并连续编号。原始凭证作废时应加盖"作废"戳记，将所有联次一起保存，不得撕毁。发生销货退回的，除填制退货发票外，还必须有退货验收证明；退款时，必须取得对方的收款收据或汇款银行的凭证，不得以退货发票代替收据。职工因公出差借款凭据必须附在记账凭证之后；收回借款时，应另开收据或退还借据副本，不得退还原借款收据。经上级有关部门批准的经济业务，应将批准文件作为原始凭证附件；如果批准文件需要单独归档的，应在凭证上注明批准机关名称、日期和文件字号。

3. 手续完备

单位自制的原始凭证必须有经办单位领导人或其他指定的人员签名盖章；对外开出的原始凭证必须加盖本单位公章等；从外部取得的原始凭证必须盖有填制单位的公章；从个人取得的原始凭证必须有填制人员的签名盖章。总之，取得的原始凭证必须符合手续完备的要求，以明确经济责任，确保凭证的合法性、真实性。

公章是指具有法律效力和特定用途，能够证明单位身份和性质的印鉴，包括业务公章、财务专用章、发票专用章、结算专用章等。

4. 书写清楚、规范

填制原始凭证时，字迹必须清晰、工整，并符合下列要求。

(1) 阿拉伯数字应逐个填写，不得连笔写。阿拉伯金额数字前面应书写货币币种符号或货币名称简写和币种符号。币种符号与阿拉伯金额数字之间不得留有空白。凡阿拉伯数字前写有币种符号的，数字后面不再写货币单位。

(2) 所有以元为单位(其他货币种类为货币基本单位，下同)的阿拉伯数字，除表示单价等情况外，一律填写到角分；无角分的，角位和分位可写"00"，或者符号"-"；有角无分的，分位应写"0"，不得用符号"-"代替。

(3) 汉字大写数字金额如零、壹、贰、叁、肆、伍、陆、柒、捌、玖、拾、佰、仟、万、亿等，一律用正楷或行书体书写，不得用 0、一、二、三、四、五、六、七、八、九、十等简化字代替，不得任意自造简化字。大写金额数字到元或角为止的，在"元"或"角"字之后应写"整"字或"正"字，例如，小写金额为¥2 409.5，汉字大写金额应写成"人民币贰仟肆佰零玖元伍角整"；大写金额数字有分的，"分"字后面不写"整"或"正"字。

(4) 大写金额数字前未印有货币名称的，应加填货币名称，货币名称与大写金额数字之间不得留有空白。

(5) 阿拉伯金额数字中间有"0"时，汉字大写金额要写"零"字，例如，小写金额为¥5 609.08，大写金额应写成"人民币伍仟陆佰零玖元零捌分"；阿拉伯数字金额中间连续有几个"0"时，汉字大写金额中可只写一个"零"字，例如，小写金额为¥1 002.74，大写金额应写成"人民币壹仟零贰元柒角肆分"；阿拉伯金额数字元位是"0"，或者数字中间连续有几个"0"且元位也是"0"，但角位不是"0"时，汉字大写金额可以只写一个"零"字，也可以不写"零"字，例如，小写金额为¥96 000.96，大写金额可写成"人民币玖万陆仟元零玖角陆分"，或者写成"人民币玖万陆仟元玖角陆分"。

(6) 凡填写大写和小写金额的原始凭证，大写和小写的金额必须相符。

5. 连续编号

各种原始凭证要连续编号，以便查考。如果凭证已预先印定编号(如发票、收据、支票，都有连续编号)，应按编号连续使用，在写错作废时，应加盖"作废"戳记并与存根一起妥善保管，不得撕毁。

6. 不得涂改、刮擦、挖补

原始凭证有错的，应由出具单位重开或更正，更正处应加盖出具单位印章。原始凭证金额有错的，应由出具单位重开，不得在原始凭证上更正。

7. 填制及时

各种原始凭证一定要及时填写，并按规定的程序及时送交会计机构、会计人员进行审核，不得任意拖延。

(二) 自制原始凭证的填制要求

不同的自制原始凭证，填制要求也有所不同。

1. 一次凭证的填制

一次凭证应在经济业务发生或完成时，由相关业务人员一次填制完成。该凭证往往只能反映一项经济业务，或者同时反映若干项同一性质的经济业务。

2. 累计凭证的填制

累计凭证应在每次经济业务完成后，由相关人员在同一张凭证上重复填制完成。该凭证能在一定时期内不断重复地反映同类经济业务的完成情况。

3. 汇总凭证的填制

汇总凭证应由相关人员在汇总一定时期内反映同类经济业务的原始凭证后填制完成。该凭证只能将类型相同的经济业务进行汇总，不能汇总两类或两类以上的经济业务。

(三) 外来原始凭证的填制要求

外来原始凭证应在企业同外单位发生经济业务时，由外单位的相关人员填制完成。外来原始凭证一般由税务局等部门统一印制，或者经税务部门批准由经营单位印制，在填制时加盖出具凭证单位公章方为有效。对于一式多联的原始凭证必须用复写纸套写或打印机套打。

四、原始凭证的审核

为了如实反映经济业务的发生和完成情况，充分发挥会计的监督职能，保证会计信息的真实、合法、完整和准确，会计人员必须对原始凭证进行严格审核。审核的内容主要包括以下几个方面。

1. 审核原始凭证的真实性

原始凭证作为会计信息的基本信息源，其真实性对会计信息的质量具有至关重要的影响。原始凭证真实性的审核包括凭证日期是否真实、业务内容是否真实、数据是否真实等内容的审查。外来原始凭证必须有填制单位公章和填制人员签章；自制原始凭证必须有经办部门和经办人员的签名或盖章。此外，对通用原始凭证，还应审核凭证本身的真实性，以防假冒。

2. 审核原始凭证的合法性

审核原始凭证所记录经济业务是否有违反国家法律法规的情况、是否履行了规定的凭证传递和审核程序、是否有贪污腐化等行为。

3. 审核原始凭证的合理性

审核原始凭证所记录经济业务是否符合企业生产经营活动的需要、是否符合有关的计划和预算等。

4. 审核原始凭证的完整性

审核原始凭证各项基本要素是否齐全、是否有漏项情况、日期是否完整、数字是否清晰、文字是否工整、有关人员签章是否齐全、凭证联次是否正确等。

5. 审核原始凭证的正确性

审核原始凭证各项金额的计算及填写是否正确，包括：阿拉伯数字分位填写不得连写；小写金额前要标明"￥"字样，中间不能留有空位；大写金额前要加"人民币"字样，大写金额与小写金额要相符；凭证中有书写错误的，应采用正确的方法更正，不能采用涂改、刮擦、挖补等不正确方法。

6. 审核原始凭证的及时性

原始凭证的及时性是保证会计信息及时性的基础。为此，要求在经济业务发生或完成时及时填制有关原始凭证，及时进行凭证的传递。审核时应注意审查凭证的填制日期，尤其是支票、银行汇票、银行本票等时效性较强的原始凭证，更应仔细验证其签发日期。

第三节　记账凭证

记账凭证，又称为记账凭单，是指会计人员根据审核无误的原始凭证，对经济业务按其性质加以归类，并据以确定会计分录后所填制的会计凭证，是登记会计账簿的直接依据。由于原始凭证只表明了经济业务的具体内容，并不直接体现会计要素的变动情况，不能表明经济业务归类的会计科目和记账方向，因而难以直接据以登记账簿。因此，必须在对原始凭证审核无误的基础上，将原始凭证进行归类、整理，据以编制记账凭证。在记账凭证中，为有关原始凭证记载的经济业务确定会计分录，即确定记载该项经济业务的账户、方向和金额，并根据记账凭证登记会计账簿。这样，原始凭证就成为记账凭证的附件和原始依据，而记账凭证则成为登记账簿的直接依据。

一、记账凭证的种类

记账凭证可按不同的标准进行分类，按照用途可分为专用记账凭证和通用记账凭证；按照填列方式可分为单式记账凭证和复式记账凭证。

(一) 按凭证的用途分类

1. 专用记账凭证

专用记账凭证是指分类反映经济业务的记账凭证，按其反映的经济业务内容，可分为收款凭证、付款凭证和转账凭证。

1) 收款凭证

收款凭证是指用于记录现金和银行存款收款业务的记账凭证。收款凭证根据有关现金和银行存款收入业务的原始凭证填制，是登记现金日记账、银行存款日记账及有关明细账和总账等账簿的依据，也是出纳人员收讫款项的依据，如表 6-11 所示。

表6-11　收款凭证

借方科目：　　　　　　　　　　　年　　月　　日　　　　　　　　　　　收字第　　号

摘要	贷方科目		记账符号	金额
	一级科目	二级或明细科目		
合计				

会计主管　　　　　记账　　　　　出纳　　　　　审核　　　　　制单(签章)

附件　　张

收款凭证又分为现金收款凭证和银行存款收款凭证。现金收款凭证是根据证明现金收入业务发生的原始凭证编制的收款凭证；银行存款收款凭证是根据证明银行存款收入业务发生的原始凭证编制的收款凭证。

2) 付款凭证

付款凭证是指用于记录现金和银行存款付款业务的记账凭证。付款凭证根据有关现金和银行存款支付业务的原始凭证填制，是登记现金日记账、银行存款日记账及有关明细账和总账等账簿的依据，也是出纳人员支付款项的依据，如表 6-12 所示。

表6-12　付款凭证

贷方科目：　　　　　　　　　　　　　年　月　日　　　　　　　　　付字第　号

摘要	借方科目		记账符号	金额
	一级科目	二级或明细科目		
合计				

会计主管　　　　　记账　　　　　出纳　　　　　审核　　　　　制单(签章)

附件　张

付款凭证又分为现金付款凭证和银行存款付款凭证。现金付款凭证是根据证明现金支付业务发生的原始凭证编制的付款凭证；银行存款付款凭证是根据证明银行存款支付业务发生的原始凭证编制的付款凭证。

应注意的是，为了避免库存现金和银行存款之间相互划转的经济业务重复记账，只编制付款凭证，不编制收款凭证。即对于从银行提取现金的业务，编制银行存款付款凭证；对于将现金存入银行的业务，编制现金付款凭证。

3) 转账凭证

转账凭证是指用于记录不涉及现金和银行存款业务的记账凭证。转账凭证根据有关转账业务的原始凭证填制，是登记有关明细账和总账等账簿的依据，如表 6-13 所示。

表6-13　转账凭证

　　　　　　　　　　　　　年　月　日　　　　　　　　　转字第　号

摘要	一级科目	二级或明细科目	记账符号	借方金额	贷方金额
合计					

会计主管　　　　　记账　　　　　审核　　　　　制单(签章)

附件　张

2. 通用记账凭证

通用记账凭证是指用来反映所有经济业务的记账凭证，为各类经济业务所共同使用，其格式与转账凭证基本相同，如表 6-14 所示。

表6-14 记账凭证

年 月 日

字第 号

摘要	一级科目	二级或明细科目	记账符号	借方金额	贷方金额	
						附
						件
						张
合计						

会计主管　　　　记账　　　　出纳　　　　审核　　　　制单(签章)

(二) 按凭证的填列方式分类

1. 单式记账凭证

单式记账凭证是指只填列经济业务所涉及的一个会计科目及其金额的记账凭证。填列借方科目的称为借项凭证，填列贷方科目的称为贷项凭证。

单式凭证便于汇总计算每一会计科目的发生额，有利于会计的分工记账，但是单式凭证的制证工作量大，并且不能在一张凭证上反映经济业务的全貌，内容分散，也不便于查账，一般适用于业务量较大，会计部门内部分工较细的单位。单式记账凭证的编制原理仍然是借贷记账法，但属于复式记账法，而不是单式记账法。对于同一笔经济业务，需要同时使用借项记账凭证和贷项记账凭证。

2. 复式记账凭证

复式记账凭证是指将每一笔经济业务所涉及的全部科目及其发生额在同一张记账凭证中反映的凭证。

复式凭证在实务中被普遍采用。复式凭证可以集中反映一项经济业务的科目对应关系，便于了解有关经济业务的全貌，减少凭证数量，节约纸。但是，采用复式凭证不便于同时汇总计算每一个科目的发生额，也不利于会计的分工记账。

二、记账凭证的基本内容

记账凭证是登记账簿的依据，因为其所反映经济业务的内容不同、各单位规模大小及其对会计核算繁简程度的要求不同，所以内容有所差异，但应具备以下基本内容。

(1) 填制凭证的日期，记账凭证的填制日期与原始凭证的填制日期可能相同也可能不同。

(2) 凭证编号。

(3) 经济业务摘要。

(4) 会计科目，包括一级科目、二级或明细科目。

(5) 金额。

(6) 所附原始凭证张数。

(7) 填制凭证人员、稽核人员、记账人员、会计机构负责人、会计主管人员签名或盖章。

收款和付款记账凭证还应由出纳人员签名或盖章。

以自制的原始凭证或原始凭证汇总表代替记账凭证的，也必须具备记账凭证应有的项目。

三、记账凭证的填制要求

记账凭证根据审核无误的原始凭证或原始凭证汇总表填制。记账凭证填制正确与否，直接影响整个会计系统最终提供信息的质量。与原始凭证的填制相同，记账凭证也有记录真实、内容完整、手续齐全、填制及时等要求。

(一) 记账凭证填制的基本要求

(1) 记账凭证各项内容必须完整。记账凭证中的各项内容必须填写齐全，并按规定程序办理签章手续，不得简化。

(2) 记账凭证的书写应清楚、规范。

(3) 除结账和更正错账可以不附原始凭证外，其他记账凭证必须附原始凭证。如果一张原始凭证涉及几张记账凭证，可以把原始凭证附在一张主要的记账凭证后面，并在其他记账凭证上注明附有该原始凭证的记账凭证的编号或附原始凭证复印件。一张原始凭证所列支出需要几个单位共同负担的，应将其他单位负担的部分开给对方原始凭证分割单进行结算。原始凭证分割单必须具备原始凭证的基本内容，如：凭证名称，填制凭证日期，填制凭证单位名称或填制人姓名，经办人的签名或盖章，接受凭证单位名称，经济业务的内容、数量、单价、金额和费用分摊情况等。

(4) 记账凭证可以根据每一张原始凭证填制，或者根据若干张同类原始凭证汇总填制，也可以根据原始凭证汇总表填制，但不得将不同内容和类别的原始凭证汇总填制在一张记账凭证上。

(5) 记账凭证应连续编号。凭证应由主管该项业务的会计人员，按业务发生的顺序并按不同种类的记账凭证采用"字号编号法"连续编号。如果一笔经济业务需要填制两张以上(含两张)记账凭证的，可以采用"分数编号法"编号。例如，一笔经济业务需编制 3 张转账凭证，该转账凭证的顺序号为 4 号，则这笔经济业务可编制成 4 1/3、4 2/3、4 3/3，前面的数字表示凭证顺序，后面分数的分母表示该号凭证只有 3 张，分子表示 3 张凭证中的第 1 张、第 2 张、第 3 张。

(6) 填制记账凭证时若发生错误，应重新填制。已登记入账的记账凭证，在当年内发现填写错误的，可以用红字填写一张与原内容相同的记账凭证，在摘要栏注明"冲销某月某日第某号凭证"字样，同时再用蓝字重新填制一张正确的记账凭证，在摘要栏注明"订正某月某日第某号凭证"字样。如果会计科目没有错误，只是金额错误，也可将正确数字与错误数字之间的差额另编一张记账凭证，调增金额用蓝字，调减金额用红字。

(7) 记账凭证填制完成后，如有空行，应自金额栏最后一笔金额数字下的空行处至合计数上的空行处划线注销。

(二) 收款凭证的填制要求

收款凭证左上角的"借方科目"按收款的性质填写"库存现金"或"银行存款"；日期填写的是填制该凭证的日期；右上角填写填制收款凭证的顺序号；"摘要"填写对所记录的经济

业务的简要说明;"贷方科目"填写与收入"库存现金"或"银行存款"相对应的会计科目;"记账"是指该凭证已登记账簿的标记,防止经济业务重记或漏记;"金额"是指该项经济业务的发生额;该凭证右边"附件×张"是指该记账凭证所附原始凭证的张数;最下边分别由有关人员签章,以明确经济责任。

(三) 付款凭证的填制要求

付款凭证是根据审核无误的有关库存现金和银行存款的付款业务的原始凭证填制的。付款凭证的填制方法与收款凭证基本相同,不同的是在付款凭证的左上角应填列贷方科目,即"库存现金"或"银行存款"科目,"借方科目"栏应填写与"库存现金"或"银行存款"相应的一级科目和明细科目。

对于涉及"库存现金"和"银行存款"之间的相互划转业务,为了避免重复记账,一般只填制付款凭证,不再填制收款凭证。

出纳人员在办理收款或付款业务后,应在原始凭证上加盖"收讫"或"付讫"的戳记,以免重收或重付。

(四) 转账凭证的填制要求

转账凭证通常是根据有关转账业务的原始凭证填制的。转账凭证中"总账科目"和"明细科目"栏应填写应借、应贷的总账科目和明细科目,借方科目应记金额应在同一行的"借方金额"栏填列,贷方科目应记金额应在同一行的"贷方金额"栏填列,"借方金额"栏合计数与"贷方金额"栏合计数应相等。

此外,某些既涉及收、付款业务,又涉及转账业务的综合性业务,可分开填制不同类型的记账凭证。例如,公司购材料一批,材料已验收入库,但用银行存款结算了部分货款,剩余款项暂欠,就需要填制一张银行存款的付款凭证和一张转账凭证;再如,出差归来报销差旅费,原借款3 000元,实际花费2 800元,多余款项退回,需要填制一张库存现金的收款凭证和一张转账凭证。

四、记账凭证的审核

为了保证会计信息的质量,记账前应由有关稽核人员对记账凭证进行严格的审核,审核的内容主要包括如下几项。

(一) 内容是否真实

审核记账凭证是否有原始凭证为依据、所附原始凭证的内容与记账凭证的内容是否一致、记账凭证汇总表的内容与其所依据的记账凭证的内容是否一致等。

(二) 项目是否齐全

审核记账凭证各项目的填写是否齐全,如日期、凭证编号、摘要、会计科目、金额、所附原始凭证张数及有关人员签章等。

(三) 科目是否正确

审核记账凭证的应借、应贷科目是否正确，以及是否有明确的账户对应关系、所使用的会计科目是否符合国家统一的会计制度的规定等。

(四) 金额是否正确

审核记账凭证所记录的金额与原始凭证的有关金额是否一致、计算是否正确、记账凭证汇总表的金额与记账凭证的金额合计是否相符等。

(五) 书写是否规范

审核记账凭证中的记录是否文字工整、数字清晰，以及是否按规定进行更正等。

(六) 手续是否完备

记账凭证审核中如果发现错误，应及时查明原因，按规定加以更正，经过审核无误的记账凭证才能作为登记账簿的依据。

第四节 会计凭证的传递与保管

一、会计凭证的传递

会计凭证的传递是指从会计凭证的取得或填制时起至归档保管过程中，在单位内部有关部门和人员之间的传送程序。会计凭证的传递应满足内部控制制度的要求，使传递程序合理有效，同时尽量节约传递时间，减少传递的工作量。各单位应根据具体情况确定每一种会计凭证的传递程序和方法。

会计凭证的传递具体包括传递程序和传递时间。各单位应根据经济业务特点、内部机构设置、人员分工和管理要求，具体规定各种凭证的传递程序；根据有关部门和经办人员办理业务的情况，确定凭证的传递时间。

二、会计凭证的保管

会计凭证的保管是指会计凭证记账后的整理、装订、归档和存查工作。会计凭证作为记账的依据，是重要的会计档案和经济资料。任何单位在完成经济业务手续和记账后，必须将会计凭证按规定的立卷归档制度形成会计档案资料，妥善保管，以便日后随时查阅。

会计凭证的保管要求主要有以下几项。

(1) 会计凭证应定期装订成册，防止散失。会计部门在依据会计凭证记账以后，应定期(每天、每旬或每月)对各种会计凭证进行分类整理，将各种记账凭证按照编号顺序连同所附的原始凭证一起加具封面和封底装订成册，并在装订线上加贴封签，由装订人员在装订线封签处签名或盖章。

从外单位取得的原始凭证遗失时，应取得原签发单位盖有公章的证明，并注明原始凭证的号码、金额、内容等，由经办单位会计机构负责人(会计主管人员)和单位负责人批准后，才能代作原始凭证。若确实无法取得证明的，如车票丢失，则应由当事人写明详细情况，由经办单位会计机构负责人、会计主管人员和单位负责人批准后，代作原始凭证。

(2) 会计凭证封面应注明单位名称、凭证种类、凭证张数、起止号数、年度、月份、会计主管人员和装订人员等有关事项，会计主管人员和保管人员应在封面上签章。

(3) 会计凭证应加贴封条，防止调换凭证。原始凭证不得外借，其他单位如有特殊原因确实需要使用时，经本单位会计机构负责人、会计主管人员批准，可以复制。向外单位提供的原始凭证复制件，应在专设的登记簿上登记，并由提供人员和收取人员共同签名、盖章。

(4) 原始凭证较多时，可单独装订，但应在凭证封面注明所属记账凭证的日期、编号和种类，同时在所属的记账凭证上应注明"附件另订"及原始凭证的名称和编号，以便查阅。对各种重要的原始凭证，如押金收据、提货单等，以及各种需要随时查阅和退回的单据，应另编目录，单独保管，并在有关的记账凭证和原始凭证上分别注明日期和编号。

(5) 每年装订成册的会计凭证，在年度终了时可暂由单位会计机构保管 1 年，期满后应移交本单位档案机构统一保管；未设立档案机构的，应在会计机构内部指定专人保管。出纳人员不得兼管会计档案。

(6) 严格遵守会计凭证的保管期限要求，期满前不得任意销毁。

【练一练】

一、单项选择题

1. 下列记账凭证与原始凭证的区别，错误的是(　　)。
   A. 原始凭证应由经办人员填制，而记账凭证由本单位出纳填制
   B. 原始凭证根据发生或完成的经济业务填制，而记账凭证则根据审核后的原始凭证填制
   C. 原始凭证仅用以记录、证明经济业务已经发生或完成，而记账凭证则依据会计科目对已经发生或完成的经济业务进行归类、整理编制
   D. 原始凭证是记账凭证的附件，是填制记账凭证的依据，而记账凭证是登记账簿的直接依据

2. 关于原始凭证，下列不符合要求的是(　　)。
   A. 对外开出的原始凭证，必须加盖本单位公章
   B. 发生销货退回的，必须有退货验收证明
   C. 购买实物的原始凭证，经购买人查证核实后，会计人员即可据以入账
   D. 收回借款时，应另开收据或退还借款副本，不得退还原借款收据

3. 关于会计凭证的保管，下列说法错误的是(　　)。
   A. 未设立档案机构的，应在会计机构内部指定专人保管
   B. 原始凭证可以外借
   C. 会计凭证不得任意销毁
   D. 出纳人员不得兼管会计档案

4. 会计凭证的传递是指会计凭证从(　　)保管过程中，在单位内部各有关部门和人员之间的传递。

　　A. 取得或填制时起至装订　　　　　　　B. 取得或填制时起至归档

　　C. 取得或填制时起至销毁　　　　　　　D. 取得或填制时起至年末

5. 下列内容中属于审核记账凭证内容的是(　　)。

　　A. 经济业务是否符合国家有关政策的规定

　　B. 凭证所列事项是否符合有关的计划和预算

　　C. 经济业务是否符合会计主体经济活动的需要

　　D. 科目是否正确

6. 关于记账凭证填制的基本要求，下列说法不正确的是(　　)。

　　A. 记账凭证各项内容必须完整

　　B. 记账凭证应连续编号

　　C. 可以将不同内容和类别的原始凭证汇总填制在一张记账凭证上

　　D. 如果当年内发现记账凭证只是金额错误，可以差额另编一张调整的记账凭证，调增金额用蓝字，调减金额用红字

7. 出纳人员在办理收款或付款后，为免重收或重付，(　　)。

　　A. 应在原始凭证上加盖"收讫"或"付讫"戳记

　　B. 由收款人员或付款人员在备查簿上签名

　　C. 由出纳人员在备查簿中登记

　　D. 由出纳人员在凭证上划线注销

8. 下列内容属于记账凭证必须具备而原始凭证不具备的是(　　)。

　　A. 填制日期　　　　B. 经济业务内容　　C. 会计科目　　　　　D. 金额

9. 下列对转账凭证中所涉及的业务表述正确的是(　　)。

　　A. 此业务不是会计所反映的内容

　　B. 直接引起现金或银行存款减少的业务

　　C. 直接引起现金或银行存款增加的业务

　　D. 与现金和银行存款收付无关的业务

10. 接收外单位投资的材料一批，应填制(　　)。

　　A. 收款凭证　　　　B. 付款凭证　　　　C. 转账凭证　　　　D. 汇总凭证

二、多项选择题

1. 从外单位取得的原始凭证必须盖有填制单位的公章，对外开出的原始凭证必须加盖本单位公章，从个人处取得的原始凭证必须有填制人员的签名或盖章。这里所说的"公章"，是指具有法律效力和特定用途，能够证明单位身份和性质的印鉴，包括(　　)。

　　A. 业务公章　　　　　B. 财务专用章　　　C. 发票专用章　　　　D. 结算专用章

2. 下列各项中，(　　)属于会计凭证的归档保管注意事项。

　　A. 原始凭证不得外借，其他单位如有特殊原因确实需要使用时，可以复制

　　B. 原始凭证较多时，可单独装订，但应在凭证封面注明所属记账凭证的日期、编号和种类

  C. 每年装订成册的会计凭证，在年度终了时可暂由单位会计机构保管1年，期满后应移交本单位档案机构统一保管

  D. 出纳人员可以兼管会计档案

3. 确定会计凭证的传递程序应考虑的因素有( )。

  A. 经济业务特点　　　　　　　　　B. 内部机构设置

  C. 人员分工的要求　　　　　　　　D. 管理要求

4. 按照记账凭证的审核要求，下列内容中属于记账凭证审核内容的是( )。

  A. 内容是否真实

  B. 凭证所列事项是否符合有关的计划和预算

  C. 凭证的金额与所附原始凭证的金额是否一致

  D. 凭证项目是否填写齐全

5. 下列各项中，可以作为记账凭证编制依据的有( )。

  A. 若干张同类原始凭证　　　　　　B. 每一张原始凭证

  C. 付款凭证　　　　　　　　　　　D. 原始凭证汇总表

6. 关于记账凭证，下列说法正确的是( )。

  A. 收款凭证是指用于记录现金和银行存款收款业务的记账凭证

  B. 收款凭证分为现金收款凭证和银行存款收款凭证两种

  C. 从银行提取库存现金的业务应编制现金收款凭证

  D. 从银行提取库存现金的业务应编制银行存款付款凭证

7. 下列人员中，应在记账凭证上签章的有( )。

  A. 单位负责人　　　B. 会计主管人员　　C. 记账人员　　　　　D. 填制凭证人员

8. 以下关于记账凭证的表述中，正确的有( )。

  A. 复式记账凭证是指将每一笔经济业务或事项所涉及的全部会计科目及其发生额均在同一张记账凭证中反映的一种凭证

  B. 单式记账凭证是指每一张记账凭证只填列经济业务事项所涉及的一个会计科目及其金额的记账凭证

  C. 收款凭证、付款凭证属于单式记账凭证，转账凭证属于复式记账凭证

  D. 复式记账凭证可以集中反映账户的对应关系，便于了解有关经济业务的全貌，减少记账凭证的数量

9. 记账凭证按照填列方式不同，可以分为( )。

  A. 专用记账凭证　　　B. 通用记账凭证　　C. 复式记账凭证　　　　D. 单式记账凭证

10. 下列各项中，( )属于原始凭证的审核内容。

  A. 数量、单价、金额是否正确无误

  B. 是否符合有关的计划、预算和合同等规定

  C. 记录的经济业务的发生时间

  D. 是否符合有关政策、法令、制度等规定

三、判断题

1. 记账凭证和原始凭证虽同属于会计凭证，但两者没有什么差别。   ( )

2. 原始凭证是记录经济业务发生和完成情况的书面证明，也是登记账簿的唯一依据。

（　　）

3. 原始凭证开具单位应依法开具准确无误的原始凭证，对填制有误的原始凭证负有更正的义务，但是不能重开。 （　　）

4. 使用限额领料单领料，全月不能超过生产计划部门下达的全月领用限额量。由于增加生产量而需追加限额时，应经生产计划部门批准，办理追加限额的手续。 （　　）

5. 发生销货退回的，除填制退货发票外，还必须有退货验收证明；退款时，必须取得对方的收款收据或汇款银行的凭证，不得以退货发票代替收据。 （　　）

6. 已经记账的情况下，如果会计科目没有错误，只是金额错误，也可将正确数字与错误数字之间的差额另编一张调整的记账凭证，调增金额用红字，调减金额用蓝字。

（　　）

7. 会计凭证的传递是指会计凭证记账后的整理、装订、归档和存查工作。 （　　）

8. 记账凭证所附的原始凭证数量过多时，仍不可以单独装订。 （　　）

9. 记账凭证是根据审核后的合法原始凭证填制的。对会计凭证进行审核，是保证会计信息质量，发挥会计监督的重要手段。 （　　）

10. 凡是现金或银行存款增加的经济业务必须填制收款凭证，不填制付款凭证。

（　　）

【做一做】

一、请试做出本章知识结构图

二、填表

根据授课教师要求，请为第五章中部分例题的经济业务编制记账凭证。

收 款 凭 证

借方科目：　　　　　　　　　　　　　　年　月　日　　　　　　　　　　　　收字第　号

摘要	贷方科目		记账符号	金额	
	一级科目	二级或明细科目			附
					件
					张
合计					

会计　　　主管　　　记账　　　出纳　　　审核　　　制单

收 款 凭 证

借方科目：　　　　　　　　　　　　　　年　月　日　　　　　　　　　　　　收字第　号

摘要	贷方科目		记账符号	金额	
	一级科目	二级或明细科目			附
					件
					张
合计					

会计　　　主管　　　记账　　　出纳　　　审核　　　制单

收 款 凭 证

借方科目：　　　　　　　　　　　　　　年　月　日　　　　　　　　　　　　收字第　号

摘要	贷方科目		记账符号	金额	
	一级科目	二级或明细科目			附
					件
					张
合计					

会计　　　主管　　　记账　　　出纳　　　审核　　　制单

收 款 凭 证

借方科目：　　　　　　　　　　　　　　年　月　日　　　　　　　　　　　　收字第　号

摘要	贷方科目		记账符号	金额
	一级科目	二级或明细科目		
合计				

会计　　　主管　　　记账　　　出纳　　　审核　　　制单

附件　张

收 款 凭 证

借方科目：　　　　　　　　　　　　　　年　月　日　　　　　　　　　　　　收字第　号

摘要	贷方科目		记账符号	金额
	一级科目	二级或明细科目		
合计				

会计　　　主管　　　记账　　　出纳　　　审核　　　制单

附件　张

收 款 凭 证

借方科目：　　　　　　　　　　　　　　年　月　日　　　　　　　　　　　　收字第　号

摘要	贷方科目		记账符号	金额
	一级科目	二级或明细科目		
合计				

会计　　　主管　　　记账　　　出纳　　　审核　　　制单

附件　张

收 款 凭 证

借方科目：　　　　　　　　　　　　年　月　日　　　　　　　　　　　　收字第　号

摘要	贷方科目		记账符号	金额	
	一级科目	二级或明细科目			附
					件
					张
合计					

会计　　　　主管　　　　记账　　　　出纳　　　　审核　　　　制单

收 款 凭 证

借方科目：　　　　　　　　　　　　年　月　日　　　　　　　　　　　　收字第　号

摘要	贷方科目		记账符号	金额	
	一级科目	二级或明细科目			附
					件
					张
合计					

会计　　　　主管　　　　记账　　　　出纳　　　　审核　　　　制单

收 款 凭 证

借方科目：　　　　　　　　　　　　年　月　日　　　　　　　　　　　　收字第　号

摘要	贷方科目		记账符号	金额	
	一级科目	二级或明细科目			附
					件
					张
合计					

会计　　　　主管　　　　记账　　　　出纳　　　　审核　　　　制单

收 款 凭 证

借方科目： 年 月 日 收字第 号

摘要	贷方科目		记账符号	金额
	一级科目	二级或明细科目		
合计				

会计 主管 记账 出纳 审核 制单

收 款 凭 证

借方科目： 年 月 日 收字第 号

摘要	贷方科目		记账符号	金额
	一级科目	二级或明细科目		
合计				

会计 主管 记账 出纳 审核 制单

收 款 凭 证

借方科目： 年 月 日 收字第 号

摘要	贷方科目		记账符号	金额
	一级科目	二级或明细科目		
合计				

会计 主管 记账 出纳 审核 制单

收 款 凭 证

借方科目：　　　　　　　　　　　　　　年　月　日　　　　　　　　收字第　号

摘要	贷方科目		记账符号	金额
	一级科目	二级或明细科目		
合计				

会计　　　　　主管　　　　　记账　　　　　出纳　　　　　审核　　　　　制单

附件　张

收 款 凭 证

借方科目：　　　　　　　　　　　　　　年　月　日　　　　　　　　收字第　号

摘要	贷方科目		记账符号	金额
	一级科目	二级或明细科目		
合计				

会计　　　　　主管　　　　　记账　　　　　出纳　　　　　审核　　　　　制单

附件　张

收 款 凭 证

借方科目：　　　　　　　　　　　　　　年　月　日　　　　　　　　收字第　号

摘要	贷方科目		记账符号	金额
	一级科目	二级或明细科目		
合计				

会计　　　　　主管　　　　　记账　　　　　出纳　　　　　审核　　　　　制单

附件　张

收 款 凭 证

借方科目：　　　　　　　　　　　　　　　　年　月　日　　　　　　　　　　　　　收字第　号

摘要	贷方科目		记账符号	金额
	一级科目	二级或明细科目		
合计				

附件　张

会计　　　　主管　　　　记账　　　　出纳　　　　审核　　　　制单

收 款 凭 证

借方科目：　　　　　　　　　　　　　　　　年　月　日　　　　　　　　　　　　　收字第　号

摘要	贷方科目		记账符号	金额
	一级科目	二级或明细科目		
合计				

附件　张

会计　　　　主管　　　　记账　　　　出纳　　　　审核　　　　制单

收 款 凭 证

借方科目：　　　　　　　　　　　　　　　　年　月　日　　　　　　　　　　　　　收字第　号

摘要	贷方科目		记账符号	金额
	一级科目	二级或明细科目		
合计				

附件　张

会计　　　　主管　　　　记账　　　　出纳　　　　审核　　　　制单

收 款 凭 证

借方科目：　　　　　　　　　　年　月　日　　　　　　　　收字第　号

摘要	贷方科目		记账符号	金额
	一级科目	二级或明细科目		
合计				

附件　张

会计　　　　主管　　　　记账　　　　出纳　　　　审核　　　　制单

收 款 凭 证

借方科目：　　　　　　　　　　年　月　日　　　　　　　　收字第　号

摘要	贷方科目		记账符号	金额
	一级科目	二级或明细科目		
合计				

附件　张

会计　　　　主管　　　　记账　　　　出纳　　　　审核　　　　制单

付 款 凭 证

贷方科目：　　　　　　　　　　年　月　日　　　　　　　　付字第　号

摘要	借方科目		记账符号	金额
	一级科目	二级或明细科目		
合计				

附件　张

会计主管　　　　记账　　　　出纳　　　　审核　　　　制单

付 款 凭 证

贷方科目：　　　　　　　　　　　年　月　日　　　　　　　　　付字第　号

摘要	借方科目		记账符号	金额	
	一级科目	二级或明细科目			附
					件
					张
合计					

会计主管　　　　记账　　　　　出纳　　　　　审核　　　　　制单

付 款 凭 证

贷方科目：　　　　　　　　　　　年　月　日　　　　　　　　　付字第　号

摘要	借方科目		记账符号	金额	
	一级科目	二级或明细科目			附
					件
					张
合计					

会计主管　　　　记账　　　　　出纳　　　　　审核　　　　　制单

付 款 凭 证

贷方科目：　　　　　　　　　　　年　月　日　　　　　　　　　付字第　号

摘要	借方科目		记账符号	金额	
	一级科目	二级或明细科目			附
					件
					张
合计					

会计主管　　　　记账　　　　　出纳　　　　　审核　　　　　制单

付 款 凭 证

贷方科目：　　　　　　　　　　　年　月　日　　　　　　　　　付字第　号

摘要	借方科目		记账符号	金额	
	一级科目	二级或明细科目			
					附
					件
					张
合计					

会计主管　　　　记账　　　　　出纳　　　　　审核　　　　　制单

付 款 凭 证

贷方科目：　　　　　　　　　　　年　月　日　　　　　　　　　付字第　号

摘要	借方科目		记账符号	金额	
	一级科目	二级或明细科目			
					附
					件
					张
合计					

会计主管　　　　记账　　　　　出纳　　　　　审核　　　　　制单

付 款 凭 证

贷方科目：　　　　　　　　　　　年　月　日　　　　　　　　　付字第　号

摘要	借方科目		记账符号	金额	
	一级科目	二级或明细科目			
					附
					件
					张
合计					

会计主管　　　　记账　　　　　出纳　　　　　审核　　　　　制单

付 款 凭 证

贷方科目：　　　　　　　　　　　　　年　月　日　　　　　　　　　　　　　付字第　号

摘要	借方科目		记账符号	金额
	一级科目	二级或明细科目		
合计				

会计主管　　　　　记账　　　　　出纳　　　　　审核　　　　　制单

付 款 凭 证

贷方科目：　　　　　　　　　　　　　年　月　日　　　　　　　　　　　　　付字第　号

摘要	借方科目		记账符号	金额
	一级科目	二级或明细科目		
合计				

会计主管　　　　　记账　　　　　出纳　　　　　审核　　　　　制单

付 款 凭 证

贷方科目：　　　　　　　　　　　　　年　月　日　　　　　　　　　　　　　付字第　号

摘要	借方科目		记账符号	金额
	一级科目	二级或明细科目		
合计				

会计主管　　　　　记账　　　　　出纳　　　　　审核　　　　　制单

付 款 凭 证

贷方科目：　　　　　　　　　　　　　　　　年　月　日　　　　　　　　　　　　　　付字第　号

摘要	借方科目		记账符号	金额	
	一级科目	二级或明细科目			
					附
					件
					张
合计					

会计主管　　　　　记账　　　　　出纳　　　　　审核　　　　　制单

付 款 凭 证

贷方科目：　　　　　　　　　　　　　　　　年　月　日　　　　　　　　　　　　　　付字第　号

摘要	借方科目		记账符号	金额	
	一级科目	二级或明细科目			
					附
					件
					张
合计					

会计主管　　　　　记账　　　　　出纳　　　　　审核　　　　　制单

付 款 凭 证

贷方科目：　　　　　　　　　　　　　　　　年　月　日　　　　　　　　　　　　　　付字第　号

摘要	借方科目		记账符号	金额	
	一级科目	二级或明细科目			
					附
					件
					张
合计					

会计主管　　　　　记账　　　　　出纳　　　　　审核　　　　　制单

付 款 凭 证

贷方科目：　　　　　　　　　　　　　年　月　日　　　　　　　　　　　付字第　号

摘要	借方科目		记账符号	金额	
	一级科目	二级或明细科目			附
					件
					张
合计					

会计主管　　　　　记账　　　　　出纳　　　　　审核　　　　　制单

付 款 凭 证

贷方科目：　　　　　　　　　　　　　年　月　日　　　　　　　　　　　付字第　号

摘要	借方科目		记账符号	金额	
	一级科目	二级或明细科目			附
					件
					张
合计					

会计主管　　　　　记账　　　　　出纳　　　　　审核　　　　　制单

付 款 凭 证

贷方科目：　　　　　　　　　　　　　年　月　日　　　　　　　　　　　付字第　号

摘要	借方科目		记账符号	金额	
	一级科目	二级或明细科目			附
					件
					张
合计					

会计主管　　　　　记账　　　　　出纳　　　　　审核　　　　　制单

付 款 凭 证

贷方科目：　　　　　　　　　　　年　月　日　　　　　　　　　　付字第　号

摘要	借方科目		记账符号	金额
	一级科目	二级或明细科目		
合计				

附件　张

会计主管　　　　记账　　　　出纳　　　　审核　　　　制单

付 款 凭 证

贷方科目：　　　　　　　　　　　年　月　日　　　　　　　　　　付字第　号

摘要	借方科目		记账符号	金额
	一级科目	二级或明细科目		
合计				

附件　张

会计主管　　　　记账　　　　出纳　　　　审核　　　　制单

付 款 凭 证

贷方科目：　　　　　　　　　　　年　月　日　　　　　　　　　　付字第　号

摘要	借方科目		记账符号	金额
	一级科目	二级或明细科目		
合计				

附件　张

会计主管　　　　记账　　　　出纳　　　　审核　　　　制单

付 款 凭 证

贷方科目：　　　　　　　　　　　　年　月　日　　　　　　　　　　付字第　号

摘要	借方科目		记账符号	金额	
	一级科目	二级或明细科目			附件张
合计					

会计主管　　　　记账　　　　出纳　　　　审核　　　　制单

转 账 凭 证

年　月　日　　　　　　　　　　转字第　号

摘要	一级科目	二级或明细科目	记账符号	借方金额	贷方金额	
						附件张
合计						

会计主管　　　　记账　　　　审核　　　　制单

转 账 凭 证

年　月　日　　　　　　　　　　转字第　号

摘要	一级科目	二级或明细科目	记账符号	借方金额	贷方金额	
						附件张
合计						

会计主管　　　　记账　　　　审核　　　　制单

转 账 凭 证

年　月　日　　　　　　　　　　　　　　　　　转字第　号

摘要	一级科目	二级或明细科目	记账符号	借方金额	贷方金额	
						附
						件
						张
合计						

会计主管　　　　　记账　　　　　审核　　　　　制单

转 账 凭 证

年　月　　日　　　　　　　　　　　　　　　　转字第　号

摘要	一级科目	二级或明细科目	记账符号	借方金额	贷方金额	
						附
						件
						张
合计						

会计主管　　　　　记账　　　　　审核　　　　　制单

转 账 凭 证

年　月　　日　　　　　　　　　　　　　　　　转字第　号

摘要	一级科目	二级或明细科目	记账符号	借方金额	贷方金额	
						附
						件
						张
合计						

会计主管　　　　　记账　　　　　审核　　　　　制单

转 账 凭 证

年　月　日　　　　　　　　　　　　　　　　　　转字第　号

摘要	一级科目	二级或明细科目	记账符号	借方金额	贷方金额	
						附件
						张
合计						

会计主管　　　　　记账　　　　　审核　　　　　制单

转 账 凭 证

年　月　日　　　　　　　　　　　　　　　　　　转字第　号

摘要	一级科目	二级或明细科目	记账符号	借方金额	贷方金额	
						附件
						张
合计						

会计主管　　　　　记账　　　　　审核　　　　　制单

转 账 凭 证

年　月　日　　　　　　　　　　　　　　　　　　转字第　号

摘要	一级科目	二级或明细科目	记账符号	借方金额	贷方金额	
						附件
						张
合计						

会计主管　　　　　记账　　　　　审核　　　　　制单

转 账 凭 证

年　月　日　　　　　　　　　　　　　　　　　转字第　号

摘要	一级科目	二级或明细科目	记账符号	借方金额	贷方金额	
						附
						件
						张
合计						

会计主管　　　　　　记账　　　　　　审核　　　　　　制单

转 账 凭 证

年　月　日　　　　　　　　　　　　　　　　　转字第　号

摘要	一级科目	二级或明细科目	记账符号	借方金额	贷方金额	
						附
						件
						张
合计						

会计主管　　　　　　记账　　　　　　审核　　　　　　制单

转 账 凭 证

年　月　日　　　　　　　　　　　　　　　　　转字第　号

摘要	一级科目	二级或明细科目	记账符号	借方金额	贷方金额	
						附
						件
						张
合计						

会计主管　　　　　　记账　　　　　　审核　　　　　　制单

转 账 凭 证

年　　月　　日　　　　　　　　　　　　　　　　转字第　号

摘要	一级科目	二级或明细科目	记账符号	借方金额	贷方金额	
						附
						件
						张
合计						

会计主管　　　　　　记账　　　　　　　审核　　　　　　　制单

转 账 凭 证

年　　月　　日　　　　　　　　　　　　　　　　转字第　号

摘要	一级科目	二级或明细科目	记账符号	借方金额	贷方金额	
						附
						件
						张
合计						

会计主管　　　　　　记账　　　　　　　审核　　　　　　　制单

转 账 凭 证

年　　月　　日　　　　　　　　　　　　　　　　转字第　号

摘要	一级科目	二级或明细科目	记账符号	借方金额	贷方金额	
						附
						件
						张
合计						

会计主管　　　　　　记账　　　　　　　审核　　　　　　　制单

转 账 凭 证

年　月　日　　　　　　　　　　　　　转字第　号

摘要	一级科目	二级或明细科目	记账符号	借方金额	贷方金额
合计					

会计主管　　　　　　记账　　　　　　审核　　　　　　制单

附件　张

转 账 凭 证

年　月　日　　　　　　　　　　　　　转字第　号

摘要	一级科目	二级或明细科目	记账符号	借方金额	贷方金额
合计					

会计主管　　　　　　记账　　　　　　审核　　　　　　制单

附件　张

转 账 凭 证

年　月　日　　　　　　　　　　　　　转字第　号

摘要	一级科目	二级或明细科目	记账符号	借方金额	贷方金额
合计					

会计主管　　　　　　记账　　　　　　审核　　　　　　制单

附件　张

转 账 凭 证

年 月 日　　　　　　　　　　　　　　　　转字第 号

摘要	一级科目	二级或明细科目	记账符号	借方金额	贷方金额	
						附
						件
						张
合计						

会计主管　　　　　　记账　　　　　　审核　　　　　　制单

转 账 凭 证

年 月 日　　　　　　　　　　　　　　　　转字第 号

摘要	一级科目	二级或明细科目	记账符号	借方金额	贷方金额	
						附
						件
						张
合计						

会计主管　　　　　　记账　　　　　　审核　　　　　　制单

转 账 凭 证

年 月 日　　　　　　　　　　　　　　　　转字第 号

摘要	一级科目	二级或明细科目	记账符号	借方金额	贷方金额	
						附
						件
						张
合计						

会计主管　　　　　　记账　　　　　　审核　　　　　　制单

第七章

会 计 账 簿

第一节 会计账簿概述

填制与审核会计凭证，可以将每天发生的经济业务进行如实、正确的记录，明确其经济责任。但会计凭证数量繁多、信息分散，缺乏系统性，不便于会计信息的整理与报告。为了全面、系统、连续地核算和监督单位的经济活动及其财务收支情况，应设置会计账簿。

一、会计账簿的概念与作用

会计账簿是指由一定格式的账页组成的，以经过审核的会计凭证为依据，全面、系统、连续地记录各项经济业务的簿籍。设置和登记账簿，既是填制和审核会计凭证的延伸，也是编制财务报表的基础，是连接会计凭证和财务报表的中间环节。

设置和登记账簿的作用主要有以下几项。

1. 记载和储存会计信息

将会计凭证所记录的经济业务一一记入有关账簿，可以全面反映会计主体在一定时期内所发生的各项资金运动，储存所需要的各项会计信息。

2. 分类和汇总会计信息

账簿由不同的相互关联的账户所构成。通过账簿记录，一方面可以分门别类地反映各项会计信息，提供一定时期内经济活动的详细情况；另一方面可以通过发生额、余额计算，提供各方面所需要的总括会计信息，反映财务状况及经营成果的综合价值指标。

3. 检查和校正会计信息

账簿记录是会计凭证信息的进一步整理。例如，在永续盘存制下，通过有关盘存账户余额与实际盘点或核查结果的核对，可以确认财产的盘盈或盘亏，并根据实际结存数额调整账簿记录，做到账实相符，提供如实、可靠的会计信息。

4. 编报和输出会计信息

为了反映一定日期的财务状况及一定时期的经营成果，应定期进行结账工作及有关账簿之间的核对，计算出本期发生额和余额，据以编制会计报表，向有关各方提供所需要的会计信息。

二、会计账簿的基本内容

在实际工作中，由于各种会计账簿所记录的经济业务不同，所以账簿的格式也多种多样，但各账簿都应具备以下基本内容。

(一) 封面

封面主要标明账簿的名称，如总分类账、各种明细账、现金日记账、银行存款日记账等。

(二) 扉页

扉页主要用来标明会计账簿的使用信息，如科目索引表、账簿启用和经管人员一览表等。

1. 科目索引表

科目索引表列明了一本账簿记录的所有账户名称和在账簿中的记录页数，就像是一本书的章节目录一样，既方便记账人员登记账簿，也方便记账工作完成后其他相关人员翻阅。科目索引表一般置于账簿的扉页，即在账簿封面和正式账页之间，格式如表 7-1 所示。

表7-1　科目索引表

账户名称	页数	账户名称	页数	账户名称	页数

2. 账簿启用和经管人员一览表

账簿启用和经管人员一览表一般置于"科目索引表"之后、正式账页之前，格式如表 7-2

所示。

表7-2 账簿启用和经管人员一览表

单位名称					
账簿名称					
账簿编号					
账簿页数					
启用日期					
经管人员	姓名	印鉴	姓名	印鉴	
					备注
交接记录	姓名	经管日期	交出日期	印鉴	

(三) 账页

账页是账簿用来记录具体经济业务的载体，其格式因记录经济业务内容的不同而有所不同，但基本内容应包括以下几项。

(1) 账户的名称(总分类账户、二级账户或明细账户)。

(2) 登记账户的日期栏。

(3) 凭证种类和号数栏。

(4) 摘要栏(简要说明所记录经济业务的内容)。

(5) 金额栏(记录经济业务引起账户发生额或余额增减变动的数额)。

(6) 总页次和分户页次。

三、会计账簿与账户的关系

账簿与账户的关系是形式和内容的关系。账簿是由若干账页组成的一个整体，账簿中的每一账页就是账户的具体存在形式和载体，没有账簿，账户就无法存在。账簿序时、分类地记录经济业务是在各个具体的账户中完成的，因此，账簿只是一个外在形式，账户才是它的实质内容。

四、会计账簿的种类

会计账簿的种类很多，不同类别的会计账簿可以提供不同的信息，满足不同的需要。

(一) 按用途分类

1. 序时账簿

序时账簿，又称为日记账，是按照经济业务发生时间的先后顺序逐日、逐笔登记的账簿。

序时账簿可以用来核算和监督某一类型经济业务或全部经济业务的发生或完成情况，因此按其记录的内容，可分为普通日记账和特种日记账。

普通日记账是对全部经济业务按其发生时间的先后顺序逐日、逐笔登记的账簿；特种日记账是对某一特定种类的经济业务按其发生时间的先后顺序逐日、逐笔登记的账簿，如记录现金收付业务及其结存情况的现金日记账、记录银行存款收付业务及其结存情况的银行存款日记账、专门记录转账业务的转账日记账。在我国，大多数企业一般只设现金日记账和银行存款日记账，而不设置转账日记账和普通日记账。

2. 分类账簿

分类账簿是按照分类账户设置登记的账簿。账簿按其反映经济业务的详略程度，可分为总分类账簿和明细分类账簿。

总分类账簿，又称为总账，是根据总分类账户开设的，总括反映某类经济活动，提供总括的会计信息；明细分类账簿又称为明细账，是根据明细分类账户开设的，用来提供明细的核算资料。总账对所属的明细账起统驭作用，明细账对总账进行补充和说明。

分类账簿可以分别反映和监督各项资产、负债、所有者权益、收入、费用和利润的增减变动情况及其结果。分类账簿提供的核算信息是编制会计报表的主要依据。

分类账簿和序时账簿的作用不同。序时账簿能提供连续系统的信息，反映企业资金运动的全貌；分类账簿则是按照经营与决策的需要而设置的账户，归集并汇总各类信息，反映资金运动的各种状态、形式及其构成。在账簿组织中，分类账簿占有特别重要的地位，因为只有通过分类账簿，才能把数据按账户形成不同信息，满足编制会计报表的需要。

3. 备查账簿

备查账簿，又称为辅助登记簿或补充登记簿，是指对某些在序时账簿和分类账簿中未能记载或记载不全的经济业务进行补充登记的账簿。备查账簿只是对其他账簿记录的一种补充，与其他账簿之间不存在严密的依存和钩稽关系。备查账簿根据企业的实际需要设置，没有固定的格式要求。例如，租入固定资产备查簿，是用来登记以经营租赁方式租入、不属于本企业财产、不能记入本企业固定资产账户的机器设备；应收票据贴现备查簿是用来登记本企业已经贴现的应收票据，由于尚存在票据付款人到期不能支付票据款项而使本企业产生连带责任的可能性(即负有支付票据款项的连带义务)，而这些应收票据已不能在企业的序时账簿或分类账簿中反映，所以要备查登记。

备查账簿与序时账簿和分类账簿相比，存在两点不同之处：一是登记依据可能不需要记账凭证，甚至不需要一般意义上的原始凭证；二是账簿的格式和登记方法不同，备查账簿的主要栏目不记录金额，它更注重用文字来表述某项经济业务的发生情况。例如，租入固定资产登记簿，它登记的依据主要就是租赁合同与企业内部使用单位收到设备的证明。这两者在企业一般经济业务的核算中不能充当正式原始凭证，只能作为原始凭证的附件(如作为支付租金的依据)。登记租入固定资产备查簿也不需要编制记账凭证，该备查簿记录的内容主要有出租单位、设备名称、规格、编号、设备原值、净值、租用时间、月份或年度租金数额、租金支付方式、租用期间修理或改造的有关规定及损坏赔偿规定、期满退租方式及退租时间等。

(二) 按账页格式分类

1. 两栏式账簿

两栏式账簿是指只有借方和贷方两个金额栏目的账簿。普通日记账和转账日记账一般采用两栏式。两栏式账页[普通日记账(两栏式)]的具体格式如表 7-3 所示。

表7-3　两栏式账页[普通日记账(两栏式)]

年		原始	摘要	对应	分类账	借方	贷方
月	日	凭证		账户	页数		

2. 三栏式账簿

三栏式账簿是指设有借方、贷方和余额 3 个金额栏目的账簿。库存现金日记账、银行存款日记账、总分类账,以及资本、债权、债务明细账都可以采用三栏式账簿。三栏式账簿又分为设对方科目和不设对方科目两种,区别是在摘要栏和借方金额栏之间是否有一栏"对方科目"。有"对方科目"栏的称为设对方科目的三栏式账簿;没有"对方科目"栏的称为不设对方科目的三栏式账簿,也称为一般三栏式账簿。三栏式账页的具体格式如表 7-4 所示。

表7-4　三栏式账页

年		凭证	摘要	对方	借方	贷方	余额
月	日	号数		科目			

3. 多栏式账簿

多栏式账簿是指在账簿的两个金额栏目(借方和贷方)按需要分设若干专栏的账簿,如多栏式日记账、多栏式明细账。但专栏是设置在借方还是设置在贷方,或者是两方同时设置专栏,设置多少栏,则根据需要确定。借方多栏式账簿是指账簿的借方金额栏分设若干专栏的多栏式账簿,一般适用于成本、费用明细账,如生产成本明细账、管理费用明细账等;贷方多栏式账簿是指账簿的贷方金额栏分设若干专栏的多栏式账簿,一般适用于收入明细账,如主营业务收入明细账等;借贷方多栏式账簿是指账簿的借方金额栏和贷方金额栏分别分设若干专栏的多栏式账簿,最典型的适用对象是一般纳税人使用的应交增值税明细账。多栏式账簿有生产成本明细账、主营业务收入明细账、应交增值税明细账等，具体格式如表 7-5～表 7-7 所示。

表7-5　生产成本明细账(借方多栏式账页)

年		凭证号数	摘要	借方				贷方	借或贷	余额
月	日			原材料	薪酬	制造费	合计			

表7-6　主营业务收入明细账(贷方多栏式账页)

年		凭证号数	摘要	借方	贷方				借或贷	余额
月	日				甲产品	乙产品	丙产品	合计		

表7-7　应交增值税明细账(借贷方多栏式账页)

年		凭证号数	摘要	借方			贷方			借或贷	余额
月	日			进项税额	已交税金	……	销项税额	进项税额转出	……		

4. 数量金额式账簿

数量金额式账簿是指在账簿的借方、贷方和余额 3 个栏目内，每个栏目再分设数量、单价和金额三小栏，借以反映财产物资的实物数量和价值量的账簿，如原材料、库存商品、产成品等明细账一般都采用数量金额式账簿。数量金额式账页的具体格式如表 7-8 所示。

表7-8 数量金额式账页

年		凭证		摘要	借方			贷方			余额		
月	日	种类	编号		数量	单价	金额	数量	单价	金额	数量	单价	金额

5. 横线登记式账簿

横线登记式账簿，又称为平行式账簿，是指将前后密切相关的经济业务登记在同一行上，以便检查每笔业务的发生和完成情况的账簿。典型的适用对象有材料采购明细账、应收票据业务和一次性备用金业务的明细账等。材料采购明细账(横线登记式账页)的具体格式如表7-9所示。

表7-9 材料采购明细账(横线登记式账页)

年		凭证	摘要	借方			年		凭证	摘要	贷方		
月	日	号数		买价	运费	实际成本	月	日	号数		计划成本	成本差异	合计

(三) 按外形特征分类

1. 订本式账簿

订本式账簿，简称为订本账，是在启用前将编有顺序页码的一定数量账页装订成册的账簿。订本账的优点是能够避免账页散失和防止抽换账页；其缺点是不能准确地为各账户预留账页，预留太多，造成浪费，预留太少，影响连续登记。这种账簿一般适用于总分类账、库存现金日记账、银行存款日记账。

2. 活页式账簿

活页式账簿，简称为活页账，是将一定数量的账页置于活页夹内，可根据记账内容的变化而随时增加或减少部分账页的账簿。当账簿登记完后(通常是一个会计年度结束之后)，才将账页予以装订、加具封面，并将各账页连续编号。这类账簿的优点是记账时可根据实际需要，随时将空白账页装入账簿，或者抽去不需要的账页，也便于分工记账；其缺点是如果管理不善，可能会造成账页散失或故意抽换账页。各种明细分类账一般采用活页账形式。

3. 卡片式账簿

卡片式账簿，简称为卡片账，是将一定数量的卡片式账页存放于专设的卡片箱中，可以根据需要随时增添账页的账簿。在我国，企业一般只对固定资产的核算采用卡片账形式。因为固定资产在长期使用中其实物形态不变，又可能经常转移使用部门，设置卡片账便于随同实物转移。少数企业在材料核算中也使用材料卡片。严格来说，卡片账也是一种活页账，只不过它不是装在活页账夹中，而是装在卡片箱内。

第二节　会计账簿的启用与登记要求

一、会计账簿的启用

启用会计账簿时，应在账簿封面上写明单位名称和账簿名称，并在账簿扉页上附启用表，内容包括启用日期、账簿页数、记账人员和会计机构负责人、会计主管人员姓名，并加盖名章和单位公章。

启用订本式账簿时，应从第一页到最后一页顺序编定页数，不得跳页、缺号。

启用活页式账簿时，应按账户顺序编号，并定期装订成册，装订后再按实际使用的账页顺序编定页码，另加目录以便于记明每个账户的名称和页次。

二、会计账簿的登记要求

为了保证账簿记录的正确性，必须根据审核无误的会计凭证登记会计账簿，并符合有关法律、行政法规和国家统一的会计准则制度的规定，主要有以下几项。

(一) 准确完整

登记会计账簿时，应将会计凭证日期、编号、业务内容摘要、金额和其他有关资料逐项记入账内，做到数字准确、摘要清楚、登记及时、字迹工整。每一项会计事项，一方面要记入有关的总账，另一方面要记入该总账所属的明细账。账簿记录中的日期，应填写记账凭证上的日期；以自制原始凭证，如收料单、领料单等作为记账依据的，账簿记录中的日期应按有关自制凭证上的日期填列。

(二) 注明记账符号

账簿登记完毕，应在记账凭证上签名或盖章，并在记账凭证的"过账"栏内注明账簿页数或画钩，表示记账完毕，避免重记、漏记。

(三) 书写留空

账簿中书写的文字和数字上面要留有适当的空格，不要写满格，一般应占格距的二分之一。这样，一旦发生登记错误时，能比较容易地进行更正，同时也方便查账工作。

(四) 正常记账使用蓝黑墨水

为了保持账簿记录的持久性，防止涂改，登记账簿必须使用蓝黑墨水或碳素墨水并用钢笔书写，不得使用圆珠笔(银行的复写账簿除外)或铅笔书写。

(五) 特殊记账使用红墨水

下列情况可以使用红色墨水记账。

(1) 按照红字冲账的记账凭证，冲销错误记录。

(2) 在不设借贷等栏的多栏式账页中，登记减少数。

(3) 在三栏式账户的余额栏前，如未印明余额方向的，在余额栏内登记负数余额。

(4) 根据国家统一的会计制度规定可以用红字登记的其他会计记录。

会计中的红字表示负数，因此，除上述情况外，不得用红色墨水登记账簿。

(六) 顺序连续登记

记账时，必须按账户页次逐页逐行登记，不得隔页、跳行。若发生隔页、跳行现象，应在空页、空行处用红色墨水划对角线注销，或者注明"此页空白"或"此行空白"字样，并由记账人员签名或签章。

(七) 结出余额

凡需要结出余额的账户，结出余额后，应在"借或贷"栏目内注明"借"或"贷"字样，以示余额的方向；对于没有余额的账户，应在"借或贷"栏内写"平"字，并在"余额"栏用"0"表示。库存现金日记账和银行存款日记账必须逐日结出余额。

(八) 过次承前

每一账页登记完毕时，应结出本页发生额合计及余额，在该账页最末一行"摘要"栏注明"转次页"或"过次页"，并将这一金额记入下一页第一行有关金额栏内，在该行"摘要"栏注明"承前页"，以保持账簿记录的连续性，便于对账和结账。

对需要结计本月发生额的账户，结计"过次页"的本页合计数应为自本月初起至本页末止的发生额合计数；对需要结计本年累计发生额的账户，结计"过次页"的本页合计数应为自年初起至本页末止的累计数；对既不需要结计本月发生额，也不需要结计本年累计发生额的账户，可以只将每页末的余额结转次页。

(九) 不得涂改、刮擦、挖补

如果发生账簿记录错误，不得刮、擦、挖补或用褪色药水更改字迹，而应采用规定的方法更正。

第三节 会计账簿的格式与登记方法

一、日记账的格式与登记方法

日记账是按照经济业务发生或完成的时间先后顺序逐日逐笔进行登记的账簿。设置日记账的目的是使经济业务的时间顺序清晰地反映在账簿记录中。日记账按其所核算和监督经济业务的范围,可分为普通日记账和特种日记账。在我国,大多数企业一般只设库存现金日记账和银行存款日记账。

(一) 库存现金日记账的格式与登记方法

1. 库存现金日记账的格式

库存现金日记账是用来核算和监督库存现金日常收、付和结存情况的序时账簿。库存现金日记账的格式主要有三栏式和多栏式两种,库存现金日记账必须使用订本账。

1) 三栏式库存现金日记账

三栏式库存现金日记账是用来登记库存现金的增减变动及其结果的日记账。设借方、贷方和余额3个金额栏目,一般将其分别称为收入、支出和结余3个基本栏目。在金额栏与摘要栏之间常插入"对方科目",以便记账时标明现金收入的来源科目和现金支出的用途科目。

三栏式库存现金日记账是由出纳人员根据库存现金收款凭证、库存现金付款凭证及从银行提取现金时填制的银行存款付款凭证,按照库存现金收、付款业务和银行存款付款业务发生时间的先后顺序逐日逐笔登记。三栏式库存现金日记账的具体格式如表7-10所示。

表7-10 库存现金日记账(三栏式)

年		凭证号数	摘要	对方科目	借方	贷方	余额
月	日						

2) 多栏式库存现金日记账

多栏式库存现金日记账是在三栏式库存现金日记账基础上发展起来的。这种日记账的借方(收入)和贷方(支出)金额栏都按对方科目设专栏,也就是按收入的来源和支出的用途设专栏。这种格式在月末结账时,可以结出各收入来源专栏和支出用途专栏的合计数,便于对现金收支的合理性、合法性进行审核分析,便于检查财务收支计划的执行情况,其全月发生额还可以作为登记总账的依据。多栏式库存现金日记账的具体格式如表7-11所示。

表7-11 库存现金日记账(多栏式)

年		凭证字号	摘要	收入				支出				余额
月	日			贷方科目			合计	借方科目			合计	
				银行存款	主营业务收入	……		其他应收款	管理费用	……		

表 7-11 所示的多栏式库存现金日记账，如果借、贷两方对应的科目太多会形成账页过长，不便保管和记账。因此，在实际工作中，如果要设多栏式库存现金日记账，一般常把库存现金收入业务和支出业务分设"库存现金收入日记账"和"库存现金支出日记账"两本账，分别如表 7-12 和表 7-13 所示。

表7-12 库存现金收入日记账(多栏式)

年		凭证号	摘要	贷方科目				支出合计	结余
月	日			银行存款	主营业务收入	……	收入合计		

表7-13 库存现金支出日记账(多栏式)

年		凭证号	摘要	借方科目				
月	日			银行存款	其他应收款	管理费用	……	支出合计

其中，库存现金收入日记账按对应的贷方科目设置专栏，另设"支出合计"栏和"结余"栏；库存现金支出日记账则只按支出的对方科目设专栏，不设"收入合计"栏和"结余"栏。这种借、贷方分设的多栏式日记账的登记方法是：先根据有关库存现金收入业务的记账凭证登记库存现金收入日记账，根据有关库存现金支出业务的记账凭证登记库存现金支出日记账，每日营业终了，根据库存现金支出日记账结计的支出合计数，一笔转入库存现金收入日记账的"支出合计"栏中，并结出当日余额。

2. 库存现金日记账的登记方法

库存现金日记账由出纳人员根据与现金收付有关的记账凭证，按时间顺序逐日逐笔进行登记，即根据现金收款凭证和与现金有关的银行存款付款凭证(从银行提取现金的业务)登记现金收入，根据现金付款凭证登记现金支出，并根据"上日余额＋本日收入－本日支出＝本日余额"公式逐日结出库存现金余额，然后与库存现金实存数核对，以检查每日库存现金收付是否有误。

(二) 银行存款日记账的格式与登记方法

银行存款日记账是用来核算和监督银行存款每日的收入、支出和结余情况的账簿。银行存款日记账应按企业在银行开立的账户和币种分别设置，每个银行账户设置一本日记账。由出纳员根据与银行存款收付业务有关的记账凭证，按时间先后顺序逐日逐笔进行登记。根据银行存款收款凭证和库存现金存入银行时填制的库存现金付款凭证登记银行存款收入栏，根据银行存款付款凭证登记其支出栏，每日结出存款余额。

银行存款日记账的格式与现金日记账相同，可以采用三栏式，也可以采用多栏式；多栏式可以将收入和支出的核算在一本账上进行，也可以分设"银行存款收入日记账"和"银行存款支出日记账"。但不管是三栏式还是多栏式，都应在适当位置增加一栏"结算凭证"，以便记账时标明每笔业务的结算凭证及编号，便于与银行核对账目。银行存款日记账的登记方法与现金日记账相同，不再重复。

二、总分类账的格式与登记方法

(一) 总分类账的格式

总分类账是指按照总分类账户分类登记以提供总括会计信息的账簿。总分类账中的账页是按总账科目(一级科目)开设的总分类账户。总分类账最常用的格式为三栏式，设有借方、贷方和余额 3 个金额栏目。表 7-14 所示为设对方科目的三栏式总分类账，表 7-15 所示为一般三栏式总分类账。

表7-14 总分类账(设对方科目的三栏式)

账户名称:

年		凭证 号数	摘要	对方 科目	借方 金额	贷方 金额	借或贷	余额
月	日							

表7-15 总分类账(一般三栏式)

账户名称:

年		凭证 号数	摘要	借方 金额	贷方 金额	借或贷	余额
月	日						

(二) 总分类账的登记方法

总分类账的登记方法因登记的依据不同而有所不同。经济业务少的小型单位的总分类账可以根据记账凭证逐笔登记;经济业务多的大中型单位的总分类账可以根据记账凭证汇总表(又称为科目汇总表)或汇总记账凭证等定期登记。

三、明细分类账的格式与登记方法

明细分类账是根据有关明细分类账户设置并登记的账簿。它能提供交易或事项比较详细、具体的核算资料,以补充总账所提供核算资料的不足。因此,各企业单位在设置总账的同时,还应设置必要的明细账。明细分类账一般采用活页式账簿、卡片式账簿,并根据记账凭证和相应的原始凭证来登记。

(一) 明细分类账的格式

明细分类账是根据二级账户或明细账户开设账页,分类、连续地登记经济业务以提供明细核算资料的账簿。根据各种明细分类账所记录经济业务的特点,明细分类账的常用格式主要有三栏式、多栏式、数量金额式和横线登记式(也称为平行式)4 种。

1. 三栏式

三栏式账页是设有借方、贷方和余额 3 个栏目,用以分类核算各项经济业务,提供详细核算资料的账簿,其格式与三栏式总账格式相同。三栏式明细账适用于只进行金额核算的账户,如债权、债务等往来结算账户的明细账,如表 7-16 所示。

表7-16 三栏式明细分类账

明细科目:

年		凭证 号数	摘要	借方 金额	贷方 金额	借或贷	余额
月	日						

2. 多栏式

多栏式账页是将属于同一个总账科目的各个明细科目合并在一张账页上进行登记,即在这种格式账页的借方或贷方金额栏内按照明细项目设若干专栏。这种格式适用于收入、成本、费用类科目的明细核算。

在实际工作中,成本费用类科目的明细账可以只按借方发生额设置专栏,贷方发生额由于每月发生的笔数很少,可以在借方直接用红字冲记。这类明细账也可以在借方设专栏的情况下,贷方设一总的金额栏,再设一余额栏。这两种多栏式明细账的格式分别如表 7-17 和表 7-18 所示。

表7-17 管理费用明细账(不设贷方金额栏明细账)

年		凭证 号数	摘要	借方						
月	日			工资	福利费	办公费	差旅费	折旧费	……	合计

表7-18 管理费用明细账(设置贷方金额栏明细账)

年		凭证 号数	摘要	借方							贷方 金额	余额
月	日			工资	福利费	办公费	差旅费	折旧费	……	合计		

3. 数量金额式

数量金额式账页适用于既要进行金额核算又要进行数量核算的账户，如原材料、库存商品等存货账户，其借方(收入)、贷方(发出)和余额(结存)都分别设有数量、单价和金额3个专栏，如表7-19所示。

表7-19 库存商品明细分类账

类别：　　　　　　　　　　　　　　库存商品编号：

品名及规格：　　　　　　　　　　　存放地点：　　　　　　　　　计量单位：

年		凭证号	摘要	收入			发出			结存		
月	日			数量	单价	金额	数量	单价	金额	数量	单价	金额

数量金额式账页提供了企业有关财产物资数量和金额收、发、存的详细资料，从而能加强财产物资的实物管理和使用监督，保证这些财产物资的安全完整。

4. 横线登记式

横线登记式账页是采用横线登记，即将每一相关的业务登记在一行，从而可依据每一行各个栏目的登记是否齐全来判断该项业务的进展情况。这种格式适用于登记材料采购、在途物资、应收票据和一次性备用金业务，如表7-20所示。

表7-20 其他应收款——备用金明细账

年		凭证号	摘要	借方			年		凭证号	摘要	贷方		
月	日			原借	补付	合计	月	日			报销	退回	合计

(二) 明细分类账的登记方法

不同类型经济业务的明细分类账可根据管理需要，依据记账凭证、原始凭证或汇总原始凭证逐日逐笔或定期汇总登记。固定资产、债权、债务等明细账应逐日逐笔登记；库存商品、原材料、产成品收发明细账及收入、费用明细账可以逐笔登记，也可定期汇总登记。

四、总分类账户与明细分类账户的平行登记

(一) 总分类账户与明细分类账户的关系

总分类账户是所辖明细分类账户的统驭账户，对所辖明细分类账户起控制作用；明细分类账户则是总分类账户的从属账户，对其所隶属的总分类账户起辅助作用。总分类账户及其所辖明细分类账户的核算对象是相同的，它们所提供的核算资料互相补充，只有把两者结合起来，才能既总括又详细地反映同一核算内容。因此，总分类账户和明细分类账户必须平行登记。总分类账与明细分类账是既有内在联系，又有区别的两类账户。

1. 总分类账户与明细分类账户之间的联系

总分类账户与明细分类账户之间的内在联系主要表现在以下两个方面。

(1) 两者反映经济业务的内容相同。例如，"原材料"总账与所属的"原材料及主要材料""辅助材料"等明细账都是用以反映原材料的收发及结存业务的。

(2) 登记账簿的原始依据相同。登记总分类账户与登记其所属的明细分类账户的原始凭证是相同的。

2. 总分类账户与明细分类账户的区别

总分类账户与明细分类账户的区别主要表现在以下两个方面。

(1) 反映经济业务内容的详细程度不同。总分类账户是概括地反映会计对象的具体内容，提供总括指标；而明细分类账户详细地反映会计对象的具体内容，提供明细指标。

(2) 作用不同。总账提供的经济指标是明细账资料的综合，对所属明细分类账户起统驭控制作用；明细账是对有关总账的补充，起详细说明的作用。

(二) 总分类账户与明细分类账户平行登记的要点

平行登记是指对所发生的每项经济业务都要以会计凭证为依据，一方面记入有关总分类账户，另一方面记入所辖明细分类账户。

总分类账户与明细分类账户平行登记的要点如下。

1. 同向，即方向相同

对于每一项经济业务，总分类账户及其所属的明细分类账户的登记方向应相同。如果总分类账户记入借方，所属明细分类账户也应记入借方；如果总分类账户记入贷方，所属明细分类账户也应记入贷方。

2. 同时，即期间一致

对于每一项经济业务，在记入总分类账户和明细分类账户的过程中，可以有先有后，但必须在同一会计期间(一般在同一月份)全部登记入账。

3. 等额，即金额相等

对于每一项经济业务，记入总分类账户与记入其所属明细分类账户的合计金额应相等。用公式表示如下。

总分类账户的本期发生额＝所属明细分类账户本期发生额合计

总分类账户的期初余额＝所属明细分类账户期初余额合计

总分类账户的期末余额＝所属明细分类账户期末余额合计

第四节 对账与结账

一、对账

(一) 对账的概念

对账就是核对账目，是对账簿记录所进行的核对工作。为了保证账簿所提供的会计资料正确、真实、可靠，会计人员在登记账簿时，一定要有高度的责任心，切不可马虎。记完账后，还应定期做好对账工作，做到账证相符、账账相符、账实相符。

(二) 对账的内容

对账一般可以分为账证核对、账账核对和账实核对。

1. 账证核对

账簿是根据经过审核之后的会计凭证登记的，但实际工作中仍有可能发生账证不符的情况，记账后，应将账簿记录与会计凭证核对，核对账簿记录与原始凭证、记账凭证的时间、凭证字号、内容、金额等是否一致，记账方向是否相符，做到账证相符。

会计期末，如果发现账账不符，也可以再将账簿记录与有关会计凭证进行核对，以保证账证相符。

2. 账账核对

各个会计账簿是一个有机的整体，既有分工，又有衔接，总的目的就是全面、系统、综合地反映会计主体的经济活动与财务收支情况。各种账簿之间的这种衔接依存关系就是常说的钩稽关系。利用这种关系，可以通过账簿的相互核对发现记账工作是否有误，一旦发现有误，应立即更正，做到账账相符。账账核对的内容主要包括以下 4 个方面。

(1) 总分类账簿之间的核对。按照"资产＝负债＋所有者权益"这一会计等式和"有借必有贷、借贷必相等"的记账规律，总分类账簿各账户的期初余额、本期发生额和期末余额之间存在对应的平衡关系，各账户的期末借方余额合计和贷方余额合计也存在平衡关系。通过这种等式和平衡关系，可以检查总账记录是否正确、完整。这项核对工作通常采用编制"总分类账户本期发生额和余额对照表"(简称"试算平衡表")来完成。

(2) 总分类账簿与所辖明细分类账簿之间的核对。总分类账各账户的期末余额应与其所辖的各明细分类账的期末余额之和核对相符。

(3) 总分类账簿与序时账簿之间的核对。我国企事业单位必须设置库存现金日记账和银行存款日记账。库存现金日记账必须每天与库存现金核对相符，银行存款日记账也必须定期与银行对账。在此基础上，还应检查库存现金总账和银行存款总账的期末余额与库存现金日记账和银行存款日记账的期末余额是否相符。

(4) 明细分类账簿之间的核对。会计部门有关实物资产的明细账与财产物资保管部门或使用部门的明细账定期核对，以检查其余额是否相符。核对的方法一般是由财产物资保管部门或使用部门定期编制收发结存汇总表报会计部门核对。

3. 账实核对

账实核对是指各项财产物资、债权债务等账面余额与实有数额之间的核对。账实核对的内容主要包括以下几个方面。

(1) 库存现金日记账账面余额与库存现金实际库存数逐日核对是否相符。

(2) 银行存款日记账账面余额与银行对账单的余额定期核对是否相符。

(3) 各项财产物资明细账账面余额与财产物资的实有数额定期核对是否相符。

(4) 有关债权债务明细账账面余额与对方单位的账面记录核对是否相符等。

二、结账

(一) 结账的概念

结账是一项将账簿记录定期结算清楚的账务工作。在一定时期结束时(如月末、季末或年末)，为了编制财务报表，需要进行结账，具体包括月结、季结和年结。结账的内容通常包括两个方面：一是结清各种损益类账户，并据以计算确定本期利润；二是结出各资产、负债和所有者权益账户的本期发生额合计和期末余额。

(二) 结账的程序

(1) 结账前，将本期发生的经济业务全部登记入账，并保证其正确性。对于发现的记账错误，应采用适当的方法进行更正。

(2) 在将本期经济业务全面入账的基础上，根据权责发生制的要求，调整有关账项，合理确定应计入本期的收入和费用。

(3) 将各损益类账户余额全部转入"本年利润"账户，结平所有损益类账户。

(4) 结出资产、负债和所有者权益账户的本期发生额和余额，并转入下期。

上述工作完成后，就可以根据总分类账和明细分类账的本期发生额和期末余额，分别进行试算平衡。

(三) 结账的方法

结账方法的要点主要有以下几个。

(1) 对不需按月结计本期发生额的账户，每次记账后都要随时结出余额，每月最后一笔余额是月末余额，即月末余额就是本月最后一笔经济业务记录的同一行内余额。月末结账时，只需在最后一笔经济业务记录下通栏划单红线即可，不需要再次结计余额。

(2) 库存现金、银行存款日记账和需要按月结计发生额的收入、费用等明细账，每月结账时，要在最后一笔经济业务记录下通栏划单红线，结出本月发生额和余额，在摘要栏内注明"本月合计"字样，并在下面通栏划单红线。

(3) 对于需要结计本年累计发生额的明细账户，每月结账时，应在"本月合计"行下结出自年初起至本月末止的累计发生额，登记在月份发生额下面，在摘要栏内注明"本年累计"字样，并在下面通栏划单红线。12月末的"本年累计"就是全年累计发生额，全年累计发生额下通栏划双红线。

(4) 总账账户平时只需结出月末余额。年终结账时，为了总括地反映全年各项资金运动情况的全貌，核对账目，要将所有总账账户结出全年发生额和年末余额，在摘要栏内注明"本年合计"字样，并在合计数下通栏划双红线。

(5) 年度终了结账时，有余额的账户，应将其余额结转下年，并在摘要栏注明"结转下年"字样；在下一会计年度新建有关账户的第一行余额栏内填写上年结转的余额，并在摘要栏注明"上年结转"字样，使年末有余额账户的余额如实地在账户中加以反映，以免混淆有余额的账户和无余额的账户。

第五节 错账查找与更正的方法

一、错账查找的方法

在日常会计核算中，由于各种原因，记账错误是难以完全避免的，为保证会计信息的准确性，应及时找出差错，并予以更正。错账查找的方法有很多，一般分为全面检查和个别检查两种。

(一) 全面检查

全面检查是将一定时期的全部账目进行检查核对的方法。具体检查程序分为正查法和反查法。正查法又称为顺查法，即按记账顺序，从会计凭证开始检查至会计报表。反查法又称为逆查法，即从会计报表检查至会计凭证，与记账顺序相反。在实际工作中，大多采用反查法。

(二) 个别检查

在记账过程中，可能发生各种各样的差错，产生这些差错的原因可能是重记、漏记、数字颠倒、数字错位、数字记错、科目记错、借贷方向记反等，从而影响会计信息的准确性，会计人员应及时使用各种有效的方法找出差错，并予以更正。错账查找的个别检查方法主要包括以下几个。

1. 差数法

差数法是指按照错账的差数查找错账的方法。例如，在记账过程中只登记了会计分录的借方或贷方，遗漏了另一方，从而形成试算平衡中借方合计与贷方合计不等。其表现形式是：借方金额遗漏，会使该金额在贷方超出；贷方金额遗漏，会使该金额在借方超出。对于这样的差错，可由会计人员通过回忆和与相关金额的记账核对来查找。

2. 尾数法

尾数法是指对于发生的差错只查找末位数，以提高查错效率的方法。

3. 除2法

除 2 法是指以差数除以 2 来查找错账的方法。当某个借方金额误记入贷方(或相反)时，出现错账的差数表现为错误的 2 倍，将此差数用 2 去除，得出的商即是反向的金额。例如，应记入"原材料——甲材料"科目借方的 4 000 元误记入贷方，则该明细科目的期末余额将小于其总分类科目期末余额 8 000 元，被 2 除的商 4 000 元即为借贷方向反向的金额。同理，如果借方总额大于贷方 600 元，即应查找有无 300 元的贷方金额误记入借方。若非此类错误，则应另寻差错的原因。

4. 除9法

除 9 法是指以差数除以 9 来查找错账的方法，适用于以下 3 种情况。

1) 将数字写小

例如，将 400 写成了 40，错误数字小于正确数字 9 倍。查找的方法是：以差数除以 9 后得出的商即为写错的数字，商乘以 10 即为正确的数字。本例差数 360(即 400－40)除以 9，商 40 即为错数，扩大 10 倍后即可得出正确的数字 400。

2) 将数字写大

例如，将 50 写成了 500，错误数字大于正确数字 9 倍。查找的方法是：以差数除以 9 后得出的商为正确的数字，商乘以 10 后所得的积为错误数字。本例差数 450(即 500－50)除以 9 后，所得的商 50 为正确数字，50 乘以 10(即 500)为错误数字。

3) 邻数颠倒

例如，将 78 写成了 87，将 96 写成了 69，将 36 写成了 63 等。颠倒的两个数字之差最小为 1，最大为 8(即 9－1)。查找的方法是：将差数除以 9，得出的商连续加 11，直到找出颠倒的数字为止。例如，将 78 写成了 87，其差数为 9，查找错误的方法是将差数除 9 得 1，连加 11 后的结果为 12、23、34、45、56、67、78、89，其中 78 是颠倒的数字。邻数颠倒的具体情况如表 7-21 所示。

表7-21 邻数颠倒的具体情况

颠倒数字的差数	1		2		3		4		5		6		7		8	
颠倒的数字	12	21	13	31	14	41	15	51	16	61	17	71	18	81	19	91
	23	32	24	42	25	52	26	62	27	72	28	82	29	92		
	34	43	35	53	36	63	37	73	38	83	39	93				
	45	54	46	64	47	74	48	84	49	94						
	56	65	57	75	58	85	59	95								
	67	76	68	86	69	96										
	78	87	79	97												
	89	98														

二、错账更正的方法

登记账簿中发生的差错，一经查找出就应立即更正。对于账簿记录错误，不准涂改、挖补、刮擦或用药水消除字迹，不准重新抄写，必须根据错误的具体情况和性质，采用规范的方法予以更正。错账的更正方法一般有以下 3 种。

(一) 划线更正法

在结账前发现账簿记录有文字或数字错误，而记账凭证没有错误，采用划线更正法。更正时，应在错误的文字或数字上面划一条红线注销，但必须使原有的笔迹仍可辨认清楚，然后在上方空白处用蓝字填写正确的文字和数字，并在更正处盖记账人员、会计机构负责人名章，以明确责任。对于错误数字必须全部用红线注销，不能只划销整个数中的个别位数，例如，发生数字错误 7 980，应为 7 890，不能只划其中"98"两个数字。对于文字错误，可只划去错误的部分。

(二) 红字更正法

红字更正法是指用红字冲销原有错误的账户记录和凭证记录，以更正或调整账簿记录的一种方法，其适用于以下两种情形。

(1) 记账后发现记账凭证中的应借、应贷会计科目有错误所引起的记账错误。更正时，应先用红字填写一张与错误的记账凭证内容完全相同的红字记账凭证，然后据此用红字记入账内，并在摘要栏注明"冲销×月×日×号凭证错账"以示注销。同时，用蓝字再编写一张正确的记账凭证，据此用蓝字记入账内，并在摘要注明"修正×月×日×号凭证账"。

【例 7-1】某企业生产车间生产产品直接耗用材料一批，价值 2 000 元。该企业误做会计分录如下。

借：制造费用　　　　　　　2 000
　　贷：原材料　　　　　　　　2 000

该企业更正时，应用红字编制一张与原记账凭证完全相同的记账凭证并记账，以示冲销原记账凭证(以下会计分录中，框内数字表示红字)。

借：制造费用　　　　　　　2 000
　　贷：原材料　　　　　　　　2 000

然后用蓝字编制一张正确的记账凭证并记账，会计分录如下。

借：生产成本　　　　　　　2 000
　　贷：原材料　　　　　　　　2 000

(2) 记账后发现记账凭证和账簿记录中应借、应贷会计科目无误，只是所记金额大于应记金额所引起的记账错误。更正时，按多记金额用红字编制一张与原记账凭证应借、应贷科目完全相同的记账凭证，然后据此用红字凭证记入账内，在摘要栏注明"冲销×月×日×号凭证多记金额"。

【例 7-2】某企业生产车间生产产品直接耗用材料一批，价值 2 000 元。该企业误做会计分录如下。

借：生产成本　　　　　　　20 000
　　贷：原材料　　　　　　　20 000

该企业更正时，应按多记金额用红字编制一张与原记账凭证应借、应贷科目完全相同的记账凭证并记账，以示冲销原记账凭证中多记金额，会计分录如下。

借：生产成本　　　　　　　18 000
　　贷：原材料　　　　　　　18 000

(三) 补充登记法

记账后发现记账凭证和账簿记录中应借、应贷会计科目无误，只是所记金额小于应记金额时，采用补充登记法。更正时，将少记金额用蓝字编制一张与原记账凭证应借、应贷科目完全相同的记账凭证，然后用蓝字记入账内，并在摘要栏注明"补记×月×日×号凭证少记金额"。

【例 7-3】某企业生产车间生产产品直接耗用材料一批，价值 2 000 元。该企业误做会计分录如下。

借：生产成本　　　　　　　200
　　贷：原材料　　　　　　　200

该企业更正时，应按少记金额用蓝字编制一张与原记账凭证应借、应贷科目完全相同的记账凭证并记账，以示补充原记账凭证中少记金额，会计分录如下。

借：生产成本　　　　　　　1 800
　　贷：原材料　　　　　　　1 800

第六节　会计账簿的更换与保管

一、会计账簿的更换

会计账簿的更换通常在新会计年度建账时进行。一般来说，总账、日记账和多数明细账都应每年更换一次，这些账簿在每年年终按规定办理完结账手续后，应更换、启用新的账簿，并将余额结转记入新账簿中。但有些财产物资明细账和债权、债务明细账，由于材料等财产物资的品种、规格繁多，债权债务单位也较多，如果更换新账，重抄一遍的工作量相当大，因此，可以跨年度使用，不必每年更换一次。另外，各种备查账簿也可以连续使用。

二、会计账簿的保管

年终，各种账户在结转下年、建立新账后，一般应将旧账集中统一管理。会计账簿暂由本单位财务会计部门保管 1 年，期满后，由本单位财务会计部门编造清册移交本单位的档案管理部门保管。

各账簿应按年度分类归档，编造目录，妥善保管，既保证在需要时迅速查阅，又保证各种账簿的安全和完整。保管期满后，还要按照规定的审批程序经批准后才能销毁。

会计账簿是各单位重要的经济资料，必须建立管理制度，妥善保管。账簿管理分为平时管理和归档保管两部分。

(一) 账簿平时管理的具体要求

各种账簿要分工明确，指定专人管理，账簿经管人员既要负责记账、对账、结账等工作，又要负责保证账簿安全。会计账簿未经领导和会计负责人或有关人员批准，非经管人员不能随意翻阅查看会计账簿。会计账簿除需要与外单位核对外，一般不能携带外出，对携带外出的账簿，一般应由经管人员或会计主管人员指定专人负责。会计账簿不能随意交给其他人员管理，以保证账簿安全和防止任意涂改账簿等问题发生。

(二) 旧账归档保管

年终更换并启用新账后，对更换下来的旧账要整理装订，造册归档。归档旧账的整理工作包括检查和补齐应办的手续，如改错盖章、注销空行或空页、结转余额等。活页账应撤出未使用的空白账页，再装订成册，并注明各账页号数。旧账装订时应注意：活页账一般按账户分类装订成册，一个账户装订成一册或数册；某些账户账页较少，也可以合并装订成一册。装订时应检查账簿扉页的内容是否填写全齐。装订后应由经办人员及装订人员、会计主管人员在封口处签名或盖章。旧账装订完应编制分录和编写移交清单，然后按期移交档案部门保管。各种账簿同会计凭证和会计报表一样，都是重要的经济档案，必须按照制度统一规定的保存年限妥善保管，不得丢失和任意销毁。根据我国《会计档案管理办法》的规定，总分类账、明细分类账、辅助账、日记账均应保存 15 年；现金、银行存款日记账要保存 25 年；涉外和对私改造账簿应永久保存。保管期满后，应按照规定的审批程序报经批准后才能销毁。

【练一练】

一、单项选择题

1. 对于邻数颠倒的情况，适用的错账查找方法是(　　)。
   A. 差数法 B. 尾数法
   C. 除9法 D. 除2法

2. 某公司"原材料"总分类科目下设"甲材料"和"乙材料"两个明细科目。2022 年 8 月末，"原材料"总分类科目为借方余额 450 000 元，"甲材料"明细科目为借方余额 200 000 元，则"乙材料"明细科目为(　　)。
   A. 借方余额650 000元 B. 贷方余额250 000元
   C. 借方余额250 000元 D. 贷方余额650 000元

3. 下列账簿中，可以跨年度连续使用的是( )。
　　A. 总账　　　　　　　　　　　　B. 备查账
　　C. 日记账　　　　　　　　　　　D. 多数明细账

4. 结账时，应划通栏双红线的是( )。
　　A. 12月末结出全年累计发生额后　　B. 各月末结出全年累计发生额后
　　C. 结出本季累计发生额后　　　　　D. 结出当月发生额后

5. 某企业通过银行收回应收账款8 000元，在填制记账凭证时，科目、方向无误，误将金额记为800元，并登记入账。当年发现错误，更正时应采用的更正方法是( )。
　　A. 重编正确的收款凭证　　　　　　B. 划线更正法
　　C. 红字更正法　　　　　　　　　　D. 补充登记法

6. 记账后，发现记账凭证上应借、应贷的会计科目并无错误，但所填金额有错，致使账簿记录错误，正确的更正方法是( )。
　　A. 若所填金额大于应填金额，则采用红字更正法
　　B. 若所填金额小于应填金额，则采用红线更正法
　　C. 若所填金额大于应填金额，则采用补充登记法
　　D. 若所填金额小于应填金额，则采用划线更正法

7. 明细账应与记账凭证或原始凭证相核对属于( )。
　　A. 账证核对　　　　　　　　　　　B. 账账核对
　　C. 账实核对　　　　　　　　　　　D. 余额核对

8. 现金日记账账面余额应与现金实际库存数逐日核对相符属于( )。
　　A. 账证核对　　　　　　　　　　　B. 账账核对
　　C. 账实核对　　　　　　　　　　　D. 余额核对

9. 下列不属于账证核对的是( )。
　　A. 日记账应与收、付款凭证相核对
　　B. 总账全部账户的借方期末余额合计数应与贷方期末余额合计数核对相符
　　C. 总账应与记账凭证核对
　　D. 明细账应与记账凭证或原始凭证相核对

10. 下列关于对账的意义，说法不正确的是( )。
　　A. 能够保证账簿记录的准确无误和编制会计报表数字的真实可靠
　　B. 能够发现会计工作中的薄弱环节，有利于会计核算质量的不断提高
　　C. 能够加强单位内部控制，建立健全经济责任制
　　D. 能够提高会计人员的工作效率

二、多项选择题

1. 错账查找方法具体分为( )。
　　A. 全面检查　　　　　　　　　　　B. 个别检查
　　C. 定期检查　　　　　　　　　　　D. 不定期检查

2. 下列关于账簿与账户关系的表述，正确的有(　　)。

　　A. 账户存在于账簿之中，没有账簿，账户就无法存在

　　B. 账簿存在于账户之中，没有账户，账簿就无法存在

　　C. 账户只是一个外在形式，账簿才是它的真实内容

　　D. 账簿只是一个外在形式，账户才是它的真实内容

3. 下列关于会计账簿的更换和保管正确的有(　　)。

　　A. 总账、日记账和多数明细账每年更换一次

　　B. 变动较小的明细账可以连续使用，不必每年更换

　　C. 备查账不可以连续使用

　　D. 会计账簿由本单位财务会计部门保管半年后，交由本单位档案管理部门保管

4. 结账的内容通常包括(　　)。

　　A. 在会计期末将本期所有发生的经济业务事项全部登记入账

　　B. 结清各种损益类账户，并据以计算确定本期利润

　　C. 结清各资产、负债和所有者权益账户，分别结出本期发生额合计和余额

　　D. 期末有余额的账户，要将其余额结转下一期间

5. 下列需要划双红线的有(　　)。

　　A. 在"本月合计"的下面

　　B. 在"本年累计"的下面

　　C. 在12月末的"本年累计"的下面

　　D. 在"本年合计"的下面

6. 账簿记录发生错误，不准涂改、挖补、刮擦或用药水消除字迹，不准重新抄写，而是应该按(　　)方法更正。

　　A. 全冲全入法　　　　　　　　　　B. 补充登记法

　　C. 红字更正法　　　　　　　　　　D. 划线更正法

7. 下列各种工作的错误，应用红字更正法予以更正的有(　　)。

　　A. 在账簿中将2 500元误记为2 550元，记账凭证正确无误

　　B. 在填制记账凭证时，误将"应收账款"科目填成"其他应收款"，并已登记入账

　　C. 在填制记账凭证时，误将3 000元填成300元，尚未入账

　　D. 记账凭证中的借、贷方向错误，并已入账

8. 下列属于对账内容的是(　　)。

　　A. 明细账与总账核对

　　B. 库存商品账和实物核对

　　C. 往来账与业务合同核对

　　D. 记账凭证与原始凭证核对

9. 账实核对是指账簿与财产物资实有数额是否相符，具体包括(　　)核对。

　　A. 现金日记账余额与实际库存数

　　B. 银行存款日记账余额与银行对账单余额

　　C. 各种财物明细账余额与实存额

　　D. 债权、债务明细账余额与对方单位或个人的记录(往来对账)

10. 现金日记账对账的内容包括(　　)。

    A. 账证核对　　　　　　　　　　　B. 账账核对

    C. 账表核对　　　　　　　　　　　D. 账实核对

三、判断题

1. 差数法是指对于发生的差错只查找末位数，以提高差错效率的方法。 (　　)

2. 错账查找方法中的顺查法能减少查找的工作量，实际工作中使用较多。 (　　)

3. 账户是根据会计科目开设的，账户存在于账簿中，账簿中的每一账页就是账户的存在形式和载体，没有账簿，账户就无法存在。 (　　)

4. 横线登记式账页适用于登记材料采购、在途物资、应收票据和一次性备用金业务。

(　　)

5. 总分类账户与明细分类账户登记的核算对象不同。 (　　)

6. 财产物资明细账和债权债务明细账必须每年度更换一次。 (　　)

7. 新旧账簿有关账户之间的结转余额，需要编制记账凭证。 (　　)

8. 新旧账有关账户之间转记余额，不必编制记账凭证。 (　　)

9. 发现以前年度记账凭证是错误的，应用红字填制一张更正的记账凭证。 (　　)

10. 随着科技的发展，记账错误均可采用褪色药水消除字迹，而不必采用麻烦的更正方法。

(　　)

【做一做】

一、请试做出本章知识结构图

二、填表

(一) 库存现金日记账填制练习

天津大富翁学习有限公司 2022 年 5 月库存现金期初余额及当期业务如下。

1. 1 日库存现金日记账余额为 500 元。

2. 5 月份发生了以下有关现金收支业务。

(1) 3 日，开出现金支票，从银行提取现金 1 000 元备用。

(2) 3 日，管理人员阿土伯参加业务讨论会，预借差旅费 800 元，支付现金。

(3) 8 日，收到购货公司交来包装物押金，现金 200 元。

(4) 8 日，阿土伯交回差旅费余额 250 元。

(5) 15 日，职工钱夫人违章操作，交来罚款，收到现金 200 元。

(6) 15 日，现金支付办公用品费用 850 元。

(7) 25 日，从银行提取现金 600 元。

(8) 26 日，销售人员孙小美预借差旅费 900 元，支付现金。

(9) 30 日，收到出租包装物租金现金 500 元(不考虑相关税费)。

(10) 30 日，收到废料销售收入现金 904 元(不考虑相关税费)。

请根据库存现金日记账的期初情况，为企业建立库存现金日记账，然后根据上述 10 笔经济业务分别填制相关记账凭证，再根据 10 张记账凭证登记库存现金日记账。

<h1 align="center">(　　)款凭证</h1>

摘要	(　)方总账科目	明细科目	(　)方金额									记账符号	
			千	百	十	万	千	百	十	元	角	分	
合计													

(　)方科目　　　　　　　年　月　日　　　　　　　字第　号

附单据　张

财务主管　　　　　记账　　　　　出纳审核　　　　　制单

(　　　)款凭证

(　　)方科目　　　　　　　　　　　年　月　日　　　　　　　　　　字第　号

摘要	(　　)方总账科目	明细科目	(　　)方金额										记账符号	附单据张
			千	百	十	万	千	百	十	元	角	分		
合计														

财务主管　　　　　　　记账　　　　　　　出纳审核　　　　　　制单

(　　　　)款凭证

(　　)方科目　　　　　　　　　　　年　月　日　　　　　　　　　　字第　号

摘要	(　　)方总账科目	明细科目	(　　)方金额										记账符号	附单据张
			千	百	十	万	千	百	十	元	角	分		
合计														

财务主管　　　　　　　记账　　　　　　　出纳审核　　　　　　制单

(　　　　)款凭证

(　　)方科目　　　　　　　　　　　年　月　日　　　　　　　　　　字第　号

摘要	(　　)方总账科目	明细科目	(　　)方金额										记账符号	附单据张
			千	百	十	万	千	百	十	元	角	分		
合计														

财务主管　　　　　　　记账　　　　　　　出纳审核　　　　　　制单

(　　)款凭证

(　　)方科目　　　　　　　　　　　　　　年　月　日　　　　　　　　　　　　字第　号

摘要	(　　)方总账科目	明细科目	(　　)方金额										记账符号	附
			千	百	十	万	千	百	十	元	角	分		单
														据
														张
合计														

财务主管　　　　　　记账　　　　　　出纳审核　　　　　　制单

(　　)款凭证

(　　)方科目　　　　　　　　　　　　　　年　月　日　　　　　　　　　　　　字第　号

摘要	(　　)方总账科目	明细科目	(　　)方金额										记账符号	附
			千	百	十	万	千	百	十	元	角	分		单
														据
														张
合计														

财务主管　　　　　　记账　　　　　　出纳审核　　　　　　制单

(　　)款凭证

(　　)方科目　　　　　　　　　　　　　　年　月　日　　　　　　　　　　　　字第　号

摘要	(　　)方总账科目	明细科目	(　　)方金额										记账符号	附
			千	百	十	万	千	百	十	元	角	分		单
														据
														张
合计														

财务主管　　　　　　记账　　　　　　出纳审核　　　　　　制单

(　　)款凭证

(　　)方科目　　　　　　　　　　　　　年　月　日　　　　　　　　　　　字第　号

摘要	(　　)方 总账科目	明细科目	(　　)方金额										记账 符号	附 单 据 张
			千	百	十	万	千	百	十	元	角	分		
合计														

财务主管　　　　　　记账　　　　　　出纳审核　　　　　　制单

(　　)款凭证

(　　)方科目　　　　　　　　　　　　　年　月　日　　　　　　　　　　　字第　号

摘要	(　　)方 总账科目	明细科目	(　　)方金额										记账 符号	附 单 据 张
			千	百	十	万	千	百	十	元	角	分		
合计														

财务主管　　　　　　记账　　　　　　出纳审核　　　　　　制单

(　　)款凭证

(　　)方科目　　　　　　　　　　　　　年　月　日　　　　　　　　　　　字第　号

摘要	(　　)方 总账科目	明细科目	(　　)方金额										记账 符号	附 单 据 张
			千	百	十	万	千	百	十	元	角	分		
合计														

财务主管　　　　　　记账　　　　　　出纳审核　　　　　　制单

库存现金日记账

年		记账凭证		摘 要	对方科目	收 入										支 出										借或贷	结 余									
月	日	字	号			亿	千	百	十	万	千	百	十	元	角	分	亿	千	百	十	万	千	百	十	元	角	分		亿	千	百	十	万	千	百	十	元	角	分

(二) 银行存款日记账填制练习

天津大富翁学习有限公司 2022 年 5 月银行存款期初余额及当期业务如下。

1. 1 日单位银行存款日记账余额为 80 000 元。

2. 5 月份发生了以下有关银行存款业务。

(1) 3 日，孙小美预借的差旅费 1 000 元，会计以现金支付。

(2) 3 日，把现金 5 000 元存入银行。

(3) 8 日，从银行提取现金 23 000 元，备发工资。

(4) 8 日，胜利公司开来的商业承兑汇票到期，收到票据款 50 000 元，存入银行。

(5) 15 日，采购 A 材料一批，价款为 15 000 元，增值税为 1 950 元，货款已通过银行转账支付，材料已入库。

(6) 15 日，采购 B 原材料一批，普通购货发票注明的货款是 20 000 元，开出转账支票一张支付货款，材料已入库。

(7) 25 日，以银行存款支付水电费 1 500 元。

(8) 26 日，销售甲产品一批，增值税专用发票注明货款为 30 000 元，增值税为 3 900 元，货款已收到并存入银行。

(9) 30 日，收到诚信公司投资款 100 000 元，存入银行。

(10) 30 日，收到转账支票一张，为天宇公司偿还的货款 1 020 元。

请根据银行存款日记账的期初情况，为企业建立银行存款日记账，然后根据上述 10 笔经济业务分别填制相关记账凭证，再根据 10 张记账凭证登记银行存款日记账。

( )款凭证

( )方科目　　　　　　　　　　　　　　年　月　日　　　　　　　　　　　　字第　号

摘要	( )方总账科目	明细科目	( )方金额										记账符号
			千	百	十	万	千	百	十	元	角	分	
合计													

附单据　张

财务主管　　　　　记账　　　　　出纳审核　　　　　制单

( )款凭证

( )方科目　　　　　　　　　　　年　月　日　　　　　　　　　　字第　号

摘要	( )方 总账科目	明细科目	( )方金额										记账 符号
			千	百	十	万	千	百	十	元	角	分	
合计													

财务主管　　　　　　记账　　　　　　出纳审核　　　　　　制单

附单据　张

( )款凭证

( )方科目　　　　　　　　　　　年　月　日　　　　　　　　　　字第　号

摘要	( )方 总账科目	明细科目	( )方金额										记账 符号
			千	百	十	万	千	百	十	元	角	分	
合计													

财务主管　　　　　　记账　　　　　　出纳审核　　　　　　制单

附单据　张

( )款凭证

( )方科目　　　　　　　　　　　年　月　日　　　　　　　　　　字第　号

摘要	( )方 总账科目	明细科目	( )方金额										记账 符号
			千	百	十	万	千	百	十	元	角	分	
合计													

财务主管　　　　　　记账　　　　　　出纳审核　　　　　　制单

附单据　张

( )款凭证

( )方科目　　　　　　　　　　年　月　日　　　　　　　　　　字第　号

摘要	( )方总账科目	明细科目	( )方金额										记账符号	附单据张
			千	百	十	万	千	百	十	元	角	分		
合计														

财务主管　　　　　记账　　　　　出纳审核　　　　　制单

( )款凭证

( )方科目　　　　　　　　　　年　月　日　　　　　　　　　　字第　号

摘要	( )方总账科目	明细科目	( )方金额										记账符号	附单据张
			千	百	十	万	千	百	十	元	角	分		
合计														

财务主管　　　　　记账　　　　　出纳审核　　　　　制单

( )款凭证

( )方科目　　　　　　　　　　年　月　日　　　　　　　　　　字第　号

摘要	( )方总账科目	明细科目	( )方金额										记账符号	附单据张
			千	百	十	万	千	百	十	元	角	分		
合计														

财务主管　　　　　记账　　　　　出纳审核　　　　　制单

(　　)款凭证

(　　)方科目　　　　　　　　　　　年　月　日　　　　　　　　　　字第　号

摘要	(　　)方 总账科目	明细科目	(　　)方金额										记账 符号
			千	百	十	万	千	百	十	元	角	分	
合计													

附单据　　张

财务主管　　　　　　记账　　　　　　出纳审核　　　　　　制单

(　　)款凭证

(　　)方科目　　　　　　　　　　　年　月　日　　　　　　　　　　字第　号

摘要	(　　)方 总账科目	明细科目	(　　)方金额										记账 符号
			千	百	十	万	千	百	十	元	角	分	
合计													

附单据　　张

财务主管　　　　　　记账　　　　　　出纳审核　　　　　　制单

(　　)款凭证

(　　)方科目　　　　　　　　　　　年　月　日　　　　　　　　　　字第　号

摘要	(　　)方 总账科目	明细科目	(　　)方金额										记账 符号
			千	百	十	万	千	百	十	元	角	分	
合计													

附单据　　张

财务主管　　　　　　记账　　　　　　出纳审核　　　　　　制单

银行存款日记账

账号

年		记账凭证		摘要	对方科目	现金支票号码	转账支票号码	借 方											贷 方										借或贷	余 额									
月	日	字	号					亿	千	百	十	万	千	百	十	元	角	分	亿	千	百	十	万	千	百	十	元	角	分		亿	千	百	十	万	千	百	十	元	角	分

第八章

账务处理程序

◈ **基本要求**

1. 了解企业账务处理程序的概念与意义
2. 熟悉账务处理程序的一般步骤
3. 掌握企业账务处理程序的种类
4. 掌握记账凭证账务处理程序的内容
5. 掌握汇总记账凭证账务处理程序的内容
6. 掌握科目汇总表账务处理程序的内容

第一节　账务处理程序概述

一、账务处理程序的概念与意义

账务处理程序，又称为会计核算组织程序或会计核算形式，是指会计凭证、会计账簿、财务报表相结合的方式，包括账簿组织和记账程序。账簿组织是指会计凭证和会计账簿的种类、格式，会计凭证与账簿之间的联系方法；记账程序是指由填制、审核原始凭证到填制、审核记账凭证，登记日记账、明细分类账和总分类账，编制财务报表的工作程序和方法等。

科学、合理地选择账务处理程序，对会计核算工作具有以下重要的意义。

(1) 有利于规范会计工作，保证会计信息加工过程的严密性，提高会计信息质量。

(2) 有利于保证会计记录的完整性和正确性，增强会计信息的可靠性。

(3) 有利于减少不必要的会计核算环节，提高会计工作的效率，保证会计信息的及时性。

二、账务处理程序的种类

企业常用的账务处理程序主要有记账凭证账务处理程序、汇总记账凭证账务处理程序和科目汇总表账务处理程序等，它们之间的主要区别是登记总分类账的依据和方法不同。

(一) 记账凭证账务处理程序

记账凭证账务处理程序是指对发生的经济业务,先根据原始凭证或汇总原始凭证填制记账凭证,再直接根据记账凭证登记总分类账的一种账务处理程序。

(二) 汇总记账凭证账务处理程序

汇总记账凭证账务处理程序是指先根据原始凭证或汇总原始凭证填制记账凭证,定期根据记账凭证分类编制汇总收款凭证、汇总付款凭证和汇总转账凭证,再根据汇总记账凭证登记总分类账的一种账务处理程序。

(三) 科目汇总表账务处理程序

科目汇总表账务处理程序,又称为记账凭证汇总表账务处理程序,是指根据记账凭证定期编制科目汇总表,再根据科目汇总表登记总分类账的一种账务处理程序。

第二节 记账凭证账务处理程序

记账凭证账务处理程序是指对发生的经济业务,先根据原始凭证或汇总原始凭证填制记账凭证,再直接根据记账凭证登记总分类账的一种账务处理程序。记账凭证账务处理程序是最基本的账务处理程序,它既是理解账务处理程序的基础,也是掌握其他账务处理程序的基础。记账凭证账务处理程序的流程如图8-1所示。

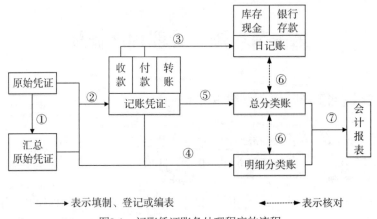

——→ 表示填制、登记或编表   ◄----► 表示核对

图8-1 记账凭证账务处理程序的流程

一、记账凭证账务处理程序的一般步骤

记账凭证账务处理程序的一般步骤如下。

(1) 根据原始凭证填制汇总原始凭证。

(2) 根据原始凭证或汇总原始凭证,填制收款凭证、付款凭证和转账凭证,也可以填制通用记账凭证。

(3) 根据收款凭证和付款凭证逐笔登记库存现金日记账和银行存款日记账。

(4) 根据原始凭证、汇总原始凭证和记账凭证，登记各种明细分类账。

(5) 根据记账凭证逐笔登记总分类账。

(6) 期末，将库存现金日记账、银行存款日记账和明细分类账的余额与有关总分类账的余额核对相符。

(7) 期末，根据总分类账和明细分类账的记录，编制财务报表。

二、记账凭证账务处理程序的评价

(一) 特点

记账凭证账务处理程序是最基本的账务处理程序，其特点是直接根据记账凭证对总分类账进行逐笔登记。

(二) 优缺点

记账凭证账务处理程序的优点是简单明了，易于理解，总分类账可以较详细地反映经济业务的发生情况，过程清楚，便于查对账目；缺点是由于总分类账是直接根据记账凭证逐笔登记的，所以登记总账的工作量比较大。

(三) 适用范围

由于经济业务较多、经营规模较大企业的记账凭证较多，登记总分类账的工作较繁重，因此，该账务处理程序适用于规模较小、经济业务量较少的单位。

第三节 汇总记账凭证账务处理程序

汇总记账凭证账务处理程序是指先根据原始凭证或汇总原始凭证填制记账凭证，定期(通常为5天或10天)根据记账凭证分类编制汇总收款凭证、汇总付款凭证和汇总转账凭证，再根据汇总记账凭证登记总分类账的一种账务处理程序。汇总记账凭证账务处理程序的流程如图8-2所示。

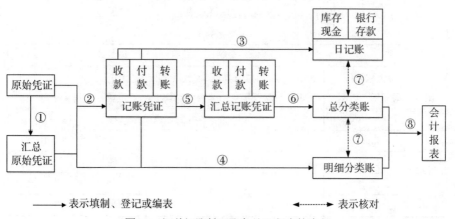

图8-2 汇总记账凭证账务处理程序的流程

一、汇总记账凭证的编制方法

汇总记账凭证是指对一段时期内同类记账凭证进行定期汇总而编制的记账凭证。汇总记账凭证可以分为汇总收款凭证、汇总付款凭证和汇总转账凭证，它们的编制方法不同，具体如下。

(一) 汇总收款凭证的编制

汇总收款凭证根据"库存现金"和"银行存款"账户的借方进行编制。汇总收款凭证是在对各账户对应的贷方分类之后，进行汇总编制。总分类账根据各汇总收款凭证的合计数进行登记，分别记入"库存现金""银行存款"总分类账户的借方，并将汇总收款凭证上各账户贷方的合计数分别记入有关总分类账户的贷方。汇总收款凭证的一般格式如表 8-1 所示。

表8-1　汇总收款凭证

借方科目：　　　　　　　　　　　　年　　月　　　　　　　　　　　　汇收字第　　号

贷方科目	金额				总账账页
	1—10日收款凭证 第　号至第　号	11—20日收款凭证 第　号至第　号	21—30日收款凭证 第　号至第　号	合计	
合计					

(二) 汇总付款凭证的编制

汇总付款凭证根据"库存现金"和"银行存款"账户的贷方进行编制。汇总付款凭证是在对各账户对应的借方分类之后，进行汇总编制。总分类账根据各汇总付款凭证的合计数进行登记，分别记入"库存现金""银行存款"总分类账户的贷方，并将汇总付款凭证上各账户借方的合计数分别记入有关总分类账户的借方。汇总付款凭证的一般格式如表 8-2 所示。

表8-2　汇总付款凭证

贷方科目：　　　　　　　　　　　　年　　月　　　　　　　　　　　　汇付字第　　号

借方科目	金额				总账账页
	1—10日付款凭证 第　号至第　号	11—20日付款凭证 第　号至第　号	21—30日付款凭证 第　号至第　号	合计	
合计					

(三) 汇总转账凭证的编制

汇总转账凭证通常根据所设置账户的贷方进行编制。汇总转账凭证是在对所设置账户相对应的借方账户分类之后，进行汇总编制。总分类账根据各汇总转账凭证的合计数进行登记，分别记入对应账户的总分类账户的贷方，并将汇总转账凭证上各账户借方的合计数分别记入有关总分类账户的借方。值得注意的是，在编制过程中贷方账户必须唯一，借方账户可以一个或多个，即转账凭证必须一借一贷或多借一贷。

如果在一个月内某一贷方账户的转账凭证不多，可不编制汇总转账凭证，直接根据单个的转账凭证登记总分类账。汇总转账凭证的一般格式如表8-3所示。

表8-3　汇总转账凭证

贷方科目：　　　　　　　　　　　年　月　　　　　　　　汇转字第　号

借方科目	金额				总账账页
	1—10日转账凭证第　号至第　号	11—20日转账凭证第　号至第　号	21—30日转账凭证第　号至第　号	合计	
合计					

二、汇总记账凭证账务处理程序的一般步骤

汇总记账凭证账务处理程序的一般步骤如下。

(1) 根据原始凭证填制汇总原始凭证。

(2) 根据原始凭证或汇总原始凭证，填制收款凭证、付款凭证和转账凭证，也可以填制通用记账凭证。

(3) 根据收款凭证、付款凭证逐笔登记库存现金日记账和银行存款日记账。

(4) 根据原始凭证、汇总原始凭证和记账凭证，登记各种明细分类账。

(5) 根据各种记账凭证编制有关汇总记账凭证。

(6) 根据各种汇总记账凭证登记总分类账。

(7) 期末，将库存现金日记账、银行存款日记账和明细分类账的余额与有关总分类账的余额核对相符。

(8) 期末，根据总分类账和明细分类账的记录，编制财务报表。

三、汇总记账凭证账务处理程序的评价

(一) 特点

汇总记账凭证账务处理程序的特点是先定期根据记账凭证编制汇总记账凭证，再根据汇总记账凭证登记总分类账。

(二) 优缺点

汇总记账凭证账务处理程序的优点是减轻了登记总分类账的工作量；缺点是当转账凭证较多时，编制汇总转账凭证的工作量较大，并且按每一贷方账户编制汇总转账凭证，不利于会计核算的日常分工。

(三) 适用范围

该账务处理程序适用于规模较大、经济业务较多的单位，特别是收款、付款业务较多而转账业务较少的单位。

第四节　科目汇总表账务处理程序

科目汇总表账务处理程序，又称为记账凭证汇总表账务处理程序，是指根据记账凭证定期(通常为 10 天、15 天或每月一次)编制科目汇总表，再根据科目汇总表登记总分类账的一种账务处理程序。科目汇总表账务处理程序的流程如图 8-3 所示。

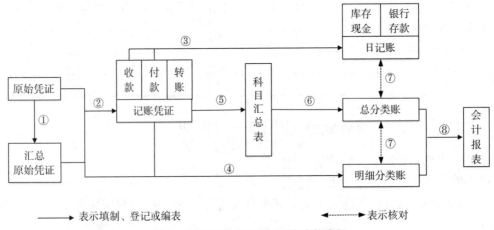

图8-3　科目汇总表账务处理程序的流程

一、科目汇总表的编制方法

科目汇总表，又称为记账凭证汇总表，是企业定期对全部记账凭证进行汇总后，按照不同的会计科目分别列示各账户借方发生额和贷方发生额的一种汇总凭证。科目汇总表的编制方法是，根据一定时期内的全部记账凭证，按照会计科目进行归类，定期汇总出每一个账户的借方本期发生额和贷方本期发生额，填写在科目汇总表的相关栏内。科目汇总表可每月编制一张，按旬汇总，也可每旬汇总一次编制一张。任何格式的科目汇总表，都只反映各个账户的借方本期发生额和贷方本期发生额，不能反映各个账户之间的对应关系。科目汇总表的具体格式如表 8-4 所示。

表8-4 科目汇总表

年 月 日至 月 日 附件 张

会计科目	1—10日		11—20日		21—31日	
	借方	贷方	借方	贷方	借方	贷方
合计						

二、科目汇总表账务处理程序的一般步骤

科目汇总表账务处理程序的一般步骤如下。

(1) 根据原始凭证填制汇总原始凭证。

(2) 根据原始凭证或汇总原始凭证填制记账凭证。

(3) 根据收款凭证、付款凭证逐笔登记库存现金日记账和银行存款日记账。

(4) 根据原始凭证、汇总原始凭证和记账凭证，登记各种明细分类账。

(5) 根据各种记账凭证编制科目汇总表。

(6) 根据科目汇总表登记总分类账。

(7) 期末，将库存现金日记账、银行存款日记账和明细分类账的余额与有关总分类账的余额核对相符。

(8) 期末，根据总分类账和明细分类账的记录，编制财务报表。

三、科目汇总表账务处理程序的评价

(一) 特点

科目汇总表账务处理程序的特点是先定期将所有记账凭证汇总编制成科目汇总表，然后以科目汇总表为依据登记总分类账。

(二) 优缺点

科目汇总表账务处理程序的优点是减轻了登记总分类账的工作量，易于理解，方便学习，并可做到试算平衡；缺点是科目汇总表不能反映各个账户之间的对应关系，不利于对账目进行检查。

(三) 适用范围

该账务处理程序适用于规模较大、经济业务较多的单位，特别是转账业务较多而收款、付款业务较少的单位。

【练一练】

一、单项选择题

1. 下列各项中,( )属于科目汇总表账务处理程序和汇总记账凭证账务处理程序的主要相同点。
   A. 记账凭证汇总的方法相同
   B. 登记总账的依据相同
   C. 都可以做到试算平衡
   D. 可以大大减少登记总分类账的工作量

2. 汇总记账凭证账务处理程序的特点是根据汇总记账凭证逐笔登记( )。
   A. 日记账和明细分类账
   B. 总分类账和明细分类账
   C. 总分类账
   D. 明细分类账

3. 以下关于科目汇总表账务处理程序的描述中,错误的是( )。
   A. 根据科目汇总表登记总分类账
   B. 不能反映账户间的对应关系
   C. 能反映各账户一定时期内的借方发生额和贷方发生额,进行试算平衡
   D. 由于科目汇总表的编制手续复杂,所以只适用于小规模、业务少的企业

4. 在科目汇总表核算形式下,记账凭证不可以用来( )。
   A. 登记库存现金日记账
   B. 登记总分类账
   C. 登记明细分类账
   D. 编制科目汇总表

5. 甲公司是一家小规模企业,选用记账凭证账务处理程序记账,工作流程涉及如下环节:①根据原始凭证或汇总原始凭证填制记账凭证;②根据原始凭证或原始凭证汇总表、记账凭证登记明细账;③根据明细账和总分类账编制会计报表;④根据收款凭证、付款凭证登记现金日记账和银行存款日记账;⑤根据记账凭证登记总分类账;⑥库存现金日记账、银行存款日记账和明细分类账的余额与有关总分类账的余额核对相符。下列流程中,正确的是( )。
   A. ①②③④⑤⑥
   B. ①④②⑤⑥③
   C. ①⑤④②③⑥
   D. ⑤④①②⑥③

6. 记账凭证账务处理程序的主要缺点是( )。
   A. 登记总分类账的工作量较大
   B. 不利于会计分工
   C. 不反映各科目的对应关系
   D. 总分类账不能详细反映经济业务的发生情况

7. 各种账务处理程序的主要区别是( )。
   A. 总账格式不同
   B. 登记明细账的依据不同
   C. 登记总账的依据和方法不同
   D. 编制会计报表的依据不同

8. 一家小型商业流通企业,主要经销家电产品,其账务处理使用记账凭证账务处理程序,月末登记总账的依据是( )。
   A. 原始凭证
   B. 原始凭证汇总表
   C. 记账凭证
   D. 记账凭证汇总表

9. 根据原始凭证或汇总原始凭证编制记账凭证，定期根据记账凭证分类编制汇总收款凭证、汇总付款凭证和汇总转账凭证，再根据汇总记账凭证登记总分类账。下列各项中，( )属于这种账务处理程序。

    A. 记账凭证账务处理程序   B. 汇总记账凭证账务处理程序

    C. 科目汇总表账务处理程序   D. 不存在这种账务处理程序

10. 在汇总记账凭证账务处理程序下，汇总转账凭证应按科目进行设置，设置方向为( )。

    A. 借方   B. 贷方

    C. 增加   D. 减少

二、多项选择题

1. 科目汇总表账务处理程序主要适用于( )。

    A. 规模较小，业务较少的单位   B. 业务少的单位

    C. 业务较多的单位   D. 转账业务较多的企业

2. 下列各项中，属于科目汇总表账务处理程序一般程序的有( )。

    A. 根据原始凭证编制汇总原始凭证

    B. 根据收款凭证、付款凭证逐笔登记现金日记账和银行存款日记账

    C. 根据原始凭证、汇总原始凭证和记账凭证，登记各种明细分类账

    D. 根据各种记账凭证编制科目汇总表

3. 下列各项中，属于汇总记账凭证账务处理程序缺点的有( )。

    A. 当转账凭证较多时，编制汇总转账凭证的工作量大

    B. 按每一贷方科目标志汇总转账凭证，不利于会计核算的日常分工

    C. 总分类账中无法清晰地反映科目之间的对应关系

    D. 登记总分类的工作量较大

4. 汇总转账凭证的借方科目可能有( )。

    A. 应付账款或预付账款   B. 固定资产或无形资产

    C. 库存现金或银行存款   D. 生产成本或制造费用

5. 汇总记账凭证账务处理程序的特点主要表现在( )。

    A. 记账凭证可以采用一种通用的格式，即通用记账凭证

    B. 定期将全部记账凭证按收、付款凭证和转账凭证分别归类编制成汇总记账凭证

    C. 根据汇总记账凭证登记总账

    D. 根据原始凭证或汇总原始凭证编制记账凭证

6. 下列项目中，属于科学、合理地选择适用于本单位账务处理程序的意义的是( )。

    A. 有利于规范会计工作   B. 有利于增强会计信息可靠性

    C. 有利于提高会计信息的质量   D. 有利于保证会计信息的及时性

7. 下列各项中，( )能够通过科目汇总表反映。

    A. 各个会计科目借本期发生额   B. 各个会计科目贷方本期发生额

    C. 各个会计科目借方本期余额   D. 各个会计科目贷方本期余额

8. 下列表述中,适于科目汇总表账务处理程序的是(　　)。

　　A. 大大减少了登记总账的工作量

　　B. 不能反映各个账户之间的对应关系,不利于对账目进行检查

　　C. 层次分明、简单明了、手续简便、容易掌握

　　D. 适用于规模较小、业务量较少、记账凭证不多的单位

9. 各种账务处理程序的相同之处是(　　)。

　　A. 根据原始凭证编制汇总原始凭证

　　B. 根据原始凭证、汇总原始凭证和记账凭证,登记各种明细分类账

　　C. 根据收款凭证和付款凭证登记现金、银行存款日记账

　　D. 根据总账和明细账编制财务报表

10. 下列关于科目汇总表账务处理程序与汇总记账凭证账务处理程序共同之处的表述中,正确的有(　　)。

　　A. 都适用于规模较大、业务量较多的企业

　　B. 可以减少总分类账登记工作量

　　C. 可以保持会计科目之间的对应关系

　　D. 可以进行发生额试算平衡

三、判断题

1. 科目汇总表账务处理程序是根据汇总记账凭证登记总分类账的一种账务处理程序。

　　　　　　　　　　　　　　　　　　　　　　　　　　　　　　　(　　)

2. 科目汇总表账务处理程序适用于各种类型的单位,尤其适用于经济业务较少的单位。

　　　　　　　　　　　　　　　　　　　　　　　　　　　　　　　(　　)

3. 科目汇总表的编制方法是,根据一定时期内的全部记账凭证,按照相同的会计科目归类,定期汇总出每一个会计科目的借方期末余额和贷方本期余额。　　　　　　　(　　)

4. 在不同的账务处理程序下,各账务处理程序的根本区别在于财务报表编制的依据不同。

　　　　　　　　　　　　　　　　　　　　　　　　　　　　　　　(　　)

5. 记账凭证账务处理程序的缺点之一是登记总分类账的工作量较大。　　(　　)

6. 记账凭证账务处理程序、汇总记账凭证账务处理程序和科目汇总表账务处理程序的一般步骤中都包括根据记账凭证登记总分类账。　　　　　　　　　　　　　(　　)

7. 由于各企业生产经营活动特点和规模大小的不同,所以要科学、合理地选择适合本单位的账务处理程序。　　　　　　　　　　　　　　　　　　　　　　　(　　)

8. 在记账凭证账务处理程序下,其记账凭证必须采用收款凭证、付款凭证和转账凭证 3 种格式。　　　　　　　　　　　　　　　　　　　　　　　　　　　(　　)

9. 汇总记账凭证账务处理程序的优点之一是编制汇总记账凭证的程序比较简单。

　　　　　　　　　　　　　　　　　　　　　　　　　　　　　　　(　　)

10. 在汇总记账凭证账务处理程序下,根据汇总记账凭证来编制财务报表。　　(　　)

【做一做】

一、请试做出本章知识结构图

二、填表

请归纳并填写表 8-5 中各账务处理程序的特点、优点、缺点及适用范围。

表8-5　账务处理程序的特点、优点、缺点及适用范围

账务处理程序	特点	优点	缺点	适用范围
记账凭证账务处理程序				
汇总记账凭证账务处理程序				
科目汇总表账务处理程序				

第九章

财 产 清 查

◆ **基本要求**

1. 了解财产清查的意义与种类
2. 熟悉财产清查的一般程序
3. 熟悉货币资金、实物资产和往来款项的清查方法
4. 掌握银行存款余额调节表的编制
5. 掌握财产清查结果的账务处理

第一节　财产清查概述

一、财产清查的概念与意义

(一) 财产清查的概念

财产清查是指通过对货币资金、实物资产和往来款项等财产物资进行盘点或核对，确定其实存数，查明账存数与实存数是否相符的一种专门方法。

财产清查是核算和监督企业经济活动的重要方法。会计核算的一个最基本的要求就是要保证各项财产的账面记录和实际情况完全相符，只有这样才能保证会计核算资料的真实性和相关性，才能发挥会计加强企业经营管理、提高企业经济效益的重要作用。从理论上讲，尽管会计核算采用了凭证审核、复式记账、试算平衡和对账等一系列严密的会计核算方法来保证会计记录的正确性，但是在实际工作中，由于财产物资自然属性所造成的自然损耗，自然灾害造成的资产损失，收发过程控制不力发生的资产破损、变质和短缺，会计记录或计算可能出现的差错，以及不法分子贪污、盗窃、营私舞弊造成的人为损失等，都可能会导致财产物资的账簿记录与实际情况不符。为了保证会计信息的真实可靠、财产物资的安全完整，以及提高资产的使用效率，我国《会计法》规定企业必须建立健全财产清查制度，对各项财产物资进行定期或不定期的盘点和核对，确保账实相符。

(二) 财产清查的意义

企业应建立健全财产物资清查制度，加强管理，以保证财产物资核算的真实性和完整性。具体而言，财产清查的意义主要有以下几项。

1. 保证账实相符，提高会计资料的准确性

通过财产清查，可以查明各项财产物资的实存数，并与其账存数相核对，确定财产实存数与账存数的差异，并查清账实不符的原因和责任，以便及时调整账簿记录，做到账实相符，保证会计核算资料的准确性，为生产经营管理工作提供可靠的会计资料。

2. 切实保障各项财产物资的安全完整

通过财产清查，可以查明财产物资的保管使用情况，如：有无因管理不善造成损坏丢失、霉烂变质等，有无因制度不健全造成非法挪用、贪污盗窃等情况，以便针对存在的问题，采取相应措施改善管理，建立健全各项管理制度，加强经济责任制，保障企业各项财产物资的安全完整。

3. 加速资金周转，提高资金使用效益

通过财产清查，可以及时查明各项财产物资的储备和使用情况，看有无短缺或储备不足、闲置不用或滞销积压等情况，合理安排生产经营活动，充分挖掘财产物资使用潜力，加速资金周转，提高企业的经济效益。

二、财产清查的种类

(一) 按照清查范围分类

按照清查范围不同，财产清查可分为全面清查和局部清查。

1. 全面清查

全面清查是指对所有财产进行全面的盘点和核对。全面清查的对象一般包括：库存现金、银行存款和其他货币资金等货币性资产；所有的固定资产、存货等实物资产；各项债权、债务及预算缴拨款项；各项其他单位加工或保管的材料、商品及物资等。

全面清查的特点是清查内容多、范围广、工作量大，不可能经常进行。财产需要进行全面清查的情况主要有以下几种。

(1) 年终决算前。

(2) 单位撤销、合并或改变隶属关系前。

(3) 中外合资、国内联营前。

(4) 开展全面的资产评估、清产核资前。

(5) 单位主要负责人调离工作前。

(6) 企业股份制改制前。

2. 局部清查

局部清查是指根据需要只对部分财产进行盘点和核对。其主要清查对象是流动性较大的财

产，如库存现金、银行存款、原材料、在产品和库存商品等。

局部清查的特点是清查范围小、内容少、涉及的人员较少，但专业性较强。其清查对象主要是流动性较强的财产，一般包括以下几种。

(1) 库存现金，应由出纳员在每日业务终了时清点，做到日清月结。

(2) 银行存款，应由出纳员每月至少同银行核对一次。

(3) 对于贵重的财产物资，应每月清查盘点一次。

(4) 流动性较大的原材料、在产品和库存商品，除年度清查外，每月应有计划地重点抽查。

(5) 债权、债务，应在年度内至少同对方核对一至两次。

(二) 按照清查时间分类

按照清查时间不同，财产清查可分为定期清查和不定期清查。

1. 定期清查

定期清查是指按照预先计划安排的时间对财产进行的盘点和核对。定期清查一般在年末、季末、月末进行。例如，在年末按规定进行清查，可以在编制会计报表前发现账实不符的情况，报经批准后调整有关账簿记录，使得账实相符，从而保证会计报表资料的真实性。定期清查可以是全面清查，也可以是局部清查。

2. 不定期清查

不定期清查，也称为临时清查，是指事前不规定清查日期，而是根据特殊需要临时进行的盘点和核对。不定期清查可以是全面清查，也可以是局部清查，应根据实际需要来确定清查的对象和范围。

不定期清查一般在以下几种情况下进行。

(1) 更换财产物资保管人员和现金出纳人员时，对其所保管的财产物资和现金进行清查，以分清经济责任。

(2) 发生非常灾害和意外损失时，对企业受灾损失的有关财产进行清查，以查明损失情况。

(3) 企业进行临时性的清产核资、资产评估、企业并购、资产重组，以及改变隶属关系时，对本单位的财产物资进行清查，以摸清家底。

(4) 上级主管部门、财政、税务、银行及审计等部门对本单位进行临时检查时，按检查的要求和范围进行清查，以确保会计资料的真实性。

(三) 按照清查执行系统分类

按照清查执行系统不同，财产清查可分为内部清查和外部清查。

1. 内部清查

内部清查是指由本单位内部自行组织清查工作小组所进行的财产清查工作。大多数财产清查都是内部清查。

2. 外部清查

外部清查是指由上级主管部门、审计机关、司法部门、注册会计师根据国家有关规定或情况需要对本单位所进行的财产清查。一般来讲，进行外部清查时应有本单位相关人员参加。

三、财产清查的一般程序

财产清查既是会计核算的一种专门方法，又是财产物资管理的一项重要制度。企业必须有计划、有组织地进行财产清查。财产清查一般包括以下程序。

(1) 建立财产清查组织。进行财产清查时，应根据财产清查的目的、种类、对象和范围，建立相应的清查组织或指定清查人员，负责财产清查的组织和实施。在进行全部清查时，因为清查范围大，涉及的部门多、工作量大，所以在企业中必须建立由本单位领导人员牵头，并由会计部门及与清查内容相关的各职能部门参加的清查组织。单位领导人员负责协调解决清查中的各种问题，各职能科室人员负责具体的清查工作。进行局部清查时，根据清查内容指定专人参加并负责清查过程的全部工作。

(2) 组织清查人员学习有关政策规定，掌握有关法律、法规和相关业务知识，以提高财产清查工作的质量。

(3) 确定清查对象、范围，明确清查任务。

(4) 制定清查方案，具体安排清查内容、时间、步骤、方法，以及必要的清查前准备，主要有以下几种。

① 账簿记录准备。有关财务会计人员应在财产清查前把发生的各项经济业务全部登记入账，将有关账目结算清楚，并进行账簿记录与凭证记录、总账与明细账之间的核对，做到账证相符、账账相符，为清查工作提供可靠的会计数据资料。银行存款和往来款项等，也应在清查前准备好对账单。

② 实物整理准备。财产物资保管部门和有关人员应在截至清查日前，将发生的各项财产物资的收、发业务填好凭证手续，登记入账，结出余额，并将准备清查的各项财产物资整理清楚，按类别摆放整齐，标明编号、品种、规格及结存数量，以便进行实地盘点清查。

③ 计量工具的准备。清查前应准备好各种必要的计量器具，并校对准确。清查人员要准备好清查盘点所需的表册、单据、文具等，以便清查时使用。

④ 准备好有关清查的各种表册，记录用具，以便清查登记。

(5) 清查时本着先清查数量、核对有关账簿记录等，后认定质量的原则进行。

(6) 填制盘存清单。清查人员要做好盘存记录，在盘存单中详细说明各项财产物资的编号、名称、规格、计量单位、数量、金额等，并由盘点人员和实物管理保管人员分别签字盖章。

(7) 根据盘存清单，填制实物、往来账项清查结果报告表。

四、财产物资的盘存制度

财产物资盘存制度就是确定财产物资账面结存额的制度。财产物资的盘存制度有"永续盘存制"和"实地盘存制"两种。

(一) 永续盘存制

永续盘存制，又称为账面盘存制，是指企业对各项财产物资收入和发出的数量和金额，都必须根据原始凭证和记账凭证在有关账簿中进行连续登记，并随时结出账面余额的一种盘存制度。其计算公式如下。

$$期末账面结存数＝期初账面结存数＋本期增加数－本期减少数$$

永续盘存制是设置存货明细分类账，逐笔或逐日连续登记存货的收入、发出数，并且随时计算确定其账面结存数的一种核算方法。在永续盘存制下，存货明细账要按存货的品种规格设置。在各种存货明细账中都要登记收、发、结存的数量，有的还要同时登记收、发、结存的金额。采用永续盘存制记录存货，仍需对存货定期或不定期地进行实地盘点，以便核对账存数与实存数是否相符。

【例9-1】某工业企业的材料采用"永续盘存制"，其账簿记录的方法如表9-1所示。

表9-1 原材料明细分类账(永续盘存制)

材料名称：甲材料

2022年		凭证号	摘要	收入			发出			结存		
月	日			数量(千克)	单价(元)	金额(元)	数量(千克)	单价(元)	金额(元)	数量(千克)	单价(元)	金额(元)
7	1	略	期初结存							1 500	10	15 000
	6	略	领用				1 500	10	15 000	111 0	10	1111 0
	18	略	购入	1 000	10	10 000				1 000	10	10 000
	29	略	领用				1 700	10	17 000	1 300	10	13 000
	31	略	月结	1 000	10	10 000	1 200	10	12 000	1 300	10	13 000

从表9-1甲材料明细账中可以看出，采用永续盘存制能在账面上随时反映出各种存货的增加、减少、结存数额，可以通过账存数与实存数的对比，发现存货盈余、短缺情况，以便查明原因，改进管理工作。

永续盘存制的优点是加强了对存货的日常管理，通过存货明细账可以随时反映各种存货的收、发、结存情况，并从数量和金额两个方面进行控制和监督对账存数，可以通过盘点与实存数进行核对，当发生存货溢余或短缺时可以及时查清原因。永续盘存制的缺点是存货明细分类核算的工作量较大，需要耗用较多的人力和时间。

与实地盘存制比较，永续盘存制在控制和保护存货安全，以及为经营决策及时提供信息方面都具有明显的优越性。因此，在实际工作中，企业一般都采用永续盘存制核算存货。

(二) 实地盘存制

实地盘存制，又称为定期盘存制，是指企业对各项财产物资平时只在明细账簿中登记收入数，不登记其发出数，期末通过对财产物资的实地盘点来确定结存数，然后倒挤出本期发出数的一种盘存制度。这种方法用于产品制造企业时称为"以存计耗制"；用于商品流通企业时又称为"以存计销制"。其计算公式如下。

$$本期减少数＝期初结存数＋本期增加数－期末实存数$$

实地盘存制的关键在于确定期末每种存货的实际库存数量。实际库存数量的确定，一般按照以下两个步骤进行：①进行实地盘点，确定盘存数。盘存时间通常在本期营业或生产活动结束以后，下期营业或生产活动开始以前进行。以盘点小组为单位，可由一人盘点，一人登表，一人复核。商品流通企业盘点后要填制"商品存货盘点表"，如实列明各种商品存货的盘存数量。因外单位委托代销的商品不属于本企业所有，故不应列入盘点表中。②对临近月底几天的购销单据或收发凭证进行整理，以调整盘存数量。在商品流通企业，凡已做销售但尚未提走的商品、已经出库但尚未做销售的商品等，都要进行调整，以求得实际库存数量。其计算公式如下。

$$实际库存数量＝盘点数量＋已提未销数量－已销未提数量$$

具体做法是平时只在账簿中对各项存货收入数额进行详细登记，对于发出数额不做登记。期末以实地盘点的数量作为账存数量计算结存余额，倒挤出本期发出数量和金额，并分别补记入存货明细账的发出和结存栏内。

【例 9-2】某企业甲材料采用"实地盘存制"，月末实地盘点甲材料实存 300 千克，则本期发出数量计算如下。

$$本期发出数量＝期初结存＋本期收入－期末结存＝500＋1\ 000－300＝1\ 200(千克)$$

其账簿登记如表 9-2 所示。

表9-2　原材料明细分类账(实地盘存制)

材料名称：甲材料

2022年		凭证号	摘要	收入			发出			结存		
月	日			数量(千克)	单价(元)	金额(元)	数量(千克)	单价(元)	金额(元)	数量(千克)	单价(元)	金额(元)
7	1	略	期初结存							500	10	5 000
	18	略	购入	1 000	10	10 000						
	29	略	领用				1 200	10	12 000			
	31	略	月结	1 000	10	10 000	1 200	10	12 000	300	10	3 000

从例 9-2 可以看出：采用实地盘存制时，平时账面上只能反映各项存货本期增加数，不能反映减少数和结存数，如果要了解本期的减少数，只能通过期末清查盘点。在实地盘存制下，由于平时对发出和结存的存货不做数量记录，所以可以简化日常核算工作。

采用实地盘存制对存货进行核算主要有以下几个缺点：①不能随时反映存货的发出和结存状况。②存货成本和销售成本的计算不够准确，不利于对资产的管理。③由于用"以存计销"或"已存计耗"的方法来倒算销售成本或耗用成本时，会把非销售或非生产耗用的一些存货损耗、差错损失和短缺等全部挤入销售或耗用成本中，从而削弱了对存货的控制和监督作用，影响成本计算的清晰性和正确性。④它只适用于定期结转销售或耗用成本，而不能随时结转销售或耗用成本。

实地盘存制一般适用于核算价值较低、进出较频繁的商品，以及数量不稳定、损耗较大的鲜活商品。

第二节 财产清查的方法

由于货币资金、实物、往来款项的特点各有不同，所以在进行财产清查时，应采用与其特点和管理要求相适应的方法。

一、货币资金清查方法

(一) 库存现金的清查

库存现金的清查是采用实地盘点法确定库存现金的实存数，然后与库存现金日记账的账面余额相核对，确定账实是否相符。

库存现金的清查包括日常清查和专门清查两种情况。日常清查是指出纳人员每日业务终了清点库存现金实存数，并与库存现金日记账的账面余额核对，做到账实相符，这是出纳人员所做的经常性的现金清查工作。专门清查是指专门的清查小组对库存现金进行定期或不定期清查。清查小组清查前，出纳人员应将全部有关库存现金的收付款凭证登记入账，结出库存现金余额并填列在"库存现金盘点报告表"的"账存金额"栏。清查小组盘点时，出纳人员必须在场，库存现金由出纳人员经手盘点，清查人员从旁监督。同时，清查人员还应认真审核库存现金收付款凭证和有关账簿，检查账务处理是否合理合法、账簿记录有无错误，以确定账存数与实存数是否相符。

通过库存现金的清查，既要检查账证是否客观、真实，是否存在违反现金管理制度的行为(如白条抵库、超限额留存现金、公款私存等)，又要检查账实是否相符。

在库存现金清查结束后，直接填制"库存现金盘点报告表"，由盘点人员、出纳人员共同签名盖章，并据以调整现金日记账的账面记录。"库存现金盘点报告表"兼有"盘存单"和"实存账存对比表"的作用，是反映库存现金实有数和调整账簿记录的原始凭证。库存现金盘点报告表的一般格式如表9-3所示。

表9-3 库存现金盘点报告表

单位名称：　　　　　　　　　　　　年　月　日　　　　　　　　　　　单位：元

实存金额	账存金额	清查结果		备注
		盘盈(溢余)	盘亏(短缺)	

负责人(签章)：　　　　　　　　　盘点人(签章)：　　　　　　　　　出纳员(签章)：

(二) 银行存款的清查

银行存款的清查是采用与开户银行核对账目的方法进行的，即将本单位银行存款日记账的账簿记录与开户银行转来的对账单逐笔进行核对，来查明银行存款的实有数额。银行存款的清查一般在月末进行。

1. 银行存款日记账与银行对账单不一致的原因

将截止到清查日的所有银行存款的收付业务都登记入账后，对发生的错账、漏账应及时查清更正，然后与银行的对账单逐笔核对。如果两者余额相符，则说明没有错误；如果两者余额不相符，则可能是企业或银行一方或双方记账过程有错误或存在未达账项。

未达账项是指企业和银行之间，由于记账时间不一致而发生的一方已经入账，而另一方尚未入账的事项。未达账项一般分为以下 4 种情况。

(1) 企业已收款记账，银行未收款未记账的款项(简称"企业已收，银行未收"或"企收银未收")。例如，企业销售产品收到转账支票送存银行后，即可根据银行盖章后返回的"进账单"回单联在单位的银行存款日记账上登记银行存款的增加，而银行则要等款项收妥后再记增加，如果此时对账，就会出现企业已记银行存款增加，而开户银行尚未增加的款项。

(2) 企业已付款记账，银行未付款未记账的款项(简称"企业已付，银行未付"或"企付银未付")。例如，企业开出一张转账支票支付购料款，企业可根据支票存根等凭证在单位的银行存款日记账上登记银行存款的减少，而此时银行由于尚未接到支付款项的凭证而尚未记减少，如果此时对账，就会出现企业已记银行存款减少，而开户银行尚未减少的款项。

(3) 银行已收款记账，企业未收款未记账的款项(简称"银行已收，企业未收"或"银收企未收")。例如，某单位给本企业汇来款项，银行收到汇款后，登记了企业存款增加，此时企业因未收到银行收款通知单而尚未在单位的银行存款日记账上登记银行存款增加，如果此时对账，就会出现银行已登记企业存款增加，而企业尚未登记增加的款项。

(4) 银行已付款记账，企业未付款未记账的款项(简称"银行已付，企业未付"或"银付企未付")。例如，银行收取企业借款的利息，银行从企业存款账户中收取并已登记企业存款减少，此时企业因未接到银行的计付利息通知单而尚未在单位的银行存款日记账上登记银行存款减少，如果此时对账，就会出现银行已登记企业存款减少，而企业尚未登记减少的款项。

上述任何一种未达账项的存在，都会使企业银行存款日记账的余额与银行出具的对账单的余额不符。因此，在与银行对账时首先应查明是否存在未达账项，如果存在未达账项，则应编制"银行存款余额调节表"，据以确定企业银行存款实有数。

2. 银行存款清查的步骤

银行存款的清查按以下 4 个步骤进行。

(1) 根据经济业务、结算凭证的种类、号码和金额等资料逐日逐笔核对银行存款日记账和银行对账单。凡双方都有记录的，用铅笔在金额栏打"√"。

(2) 找出未达账项(即银行存款日记账和银行对账单中没有打"√"的款项)。

(3) 将日记账和对账单的月末余额及未达账项填入"银行存款余额调节表"，如表 9-4 所示，并计算出调整后的余额。

表9-4 银行存款余额调节表

单位： 年 月 日

项目	金额	项目	金额
企业银行存款日记账余额		银行对账单余额	
加：银行已收，企业未收		加：企业已收，银行未收	
减：银行已付，企业未付		减：企业已付，银行未付	
调节后的银行存款日记账余额		调节后的银行存款对账单余额	

会计主管： 出纳： 制表人(清查人员)：

(4) 调整平衡的"银行存款余额调节表"，经清查人员、出纳人员、会计主管等相关人员签章后存档保管。企业在会计期末收到开户银行发来"银企余额对账单"时，应在回执联确认是否与单位银行存款日记账余额相符，如不相符应认真填写"银企余额对账单"回执联上印有的"银行存款余额调节表"，填好后加盖预留印鉴并呈报开户银行。

凡有几个银行户头及开设有外币存款户头的单位，应分别按存款户头开设"银行存款日记账"。每月月末，应分别将各户头的"银行存款日记账"与各户头的"银行对账单"核对，并分别编制各户头的"银行存款余额调节表"。

银行存款余额调节表的编制，是以双方账面余额为基础，各自分别加上对方已收款入账而己方尚未入账的数额，减去对方已付款入账而己方尚未入账的数额。其计算公式如下。

企业银行存款日记账余额＋银行已收企业未收款－银行已付企业未付款＝银行对账单存款余额＋企业已收银行未收款－企业已付银行未付款

3. 银行存款余额调节表的作用

银行存款余额调节表的作用有以下几个。

(1) 银行存款余额调节表是一种对账记录或对账工具，不能作为调整账面记录的依据，即不能根据银行存款余额调节表中的未达账项来调整银行存款账面记录，未达账项只有在收到有关凭证后才能进行有关的账务处理。

(2) 调节后的余额如果相等，通常说明企业和银行的账面记录一般没有错误，该余额通常为企业可以动用的银行存款实有数。

(3) 调节后的余额如果不相等，通常说明一方或双方记账有误，需进一步追查，查明原因后予以更正和处理。

经调节正确后的银行存款余额是月末企业银行存款的真正实存数额，即企业实际可动用的银行存款数额。但企业不得按照银行存款余额调节表调整账面金额，各项未达账项应待收到银行转来的有关收、付结算凭证时，方可进行账务处理。

二、实物资产清查方法

实物资产主要包括存货(如原材料、在产品、库存商品、半成品、低值易耗品等)和固定资产等的清查。实物资产的清查就是对实物资产在数量和质量上所进行的清查。由于实物资产的实物形态、体积大小和堆放方式等不相同，因而所采用的清偿方法也不相同。常用的清查方法主要有实地盘点法和技术推算法两种。

(一) 实地盘点法

实地盘点法是指在财产物资存放现场逐一清点数量或用仪器计量确定其实存数的一种方法。实地盘点法适用范围广，数字准确可靠，清查质量高，但工作量较大，大多数财产物资都可采用这种方法进行清查。

(二) 技术推算法

技术推算法是指利用技术方法(包括量方、计尺等技术方法)推算财产物资实存数的方法。技术推算法适用于难以逐一清点的煤炭、砂石等大宗物资的清查。此方法清查的结果不够准确、可靠，但工作量较小。

对实物资产的数量进行清查的同时，还要对实物资产的质量进行鉴定。为了明确经济责任，进行实物资产清查时，实物资产保管人员和盘点人员必须同时在场。

对于财产物资的盘点结果，应逐一填制"盘存单"，由盘点人和实物保管人签字或盖章。"盘存单"既是记录盘点结果的书面证明，也是反映财产物资实存数的原始凭证。盘存单的一般格式如表 9-5 所示。

表9-5　盘存单

单位名称：　　　　　　　　　　　存放地点：　　　　　　　　　　编号：

财产类别：　　　　　　　　　　　盘点时间：

编号	名称	规格	计量单位	实存数量	单价	金额	备注

盘点人(签章)：　　　　　　　　　　　　　　　实物保管人(签章)：

"盘存单"内的实物编号、计量单位和单价应与账簿记录相同，同时应注明所采用的清查方法，以便处理清查结果时参考。"盘存单"一般为一式三联，一联交盘点人员留存备查，一联交实物保管人员保存，一联交财会部门与账簿记录相核对。

为了查明财产物资实存数与账存数是否一致，确定盘盈或盘亏的情况，相关人员还应根据盘存单和账簿记录编制"实存账存对比表"。该表是用以调整账簿记录的重要原始凭证，也是分析差异产生、明确经济责任的重要依据。实存账存对比表的一般格式如表 9-6 所示。

表9-6　实存账存对比表

单位名称：　　　　　　　　　　年　月　日　　　　　　　　　编号：

编号	类别及名称	计量单位	单价	实存		账存		对比结果				备注
								盘盈		盘亏		
				数量	金额	数量	金额	数量	金额	数量	金额	

复核人(签章)：　　　　　　　　　　　　　　　制表人(签章)：

三、往来款项清查方法

往来款项主要包括应收、应付款项和预收、预付款项等。往来款项的清查一般采用发函询证的方法进行核对。往来款项清查以后，将清查结果编制"往来款项清查报告单"，填列各项债权、债务的余额。对于有争执的款项及无法收回的款项，应在报告单上详细列明情况，以便及时采取措施进行处理，避免或减少坏账损失。往来款项清查的具体流程如下。

(1) 将本单位的各项往来账款核对清楚，确认总分类账与明细分类账的余额相等。

(2) 在保证往来账户记录完整正确的基础上，编制"往来款项对账单"，寄往各有关往来单位。"往来款项对账单"一般为一式两联，其中一联作为回单联，如表9-7所示。对方单位如核对相符，应在回单联上盖章后寄回；如核对不符，则应将不符的情况在回单上注明，或者另抄对账单寄回，以便进一步清查。

表9-7　往来款项对账单(回单联)

××公司：

贵公司××××年××月××日从我公司购入Y商品50件，货款23 000元尚未支付，请核对后将回单联寄回。

清查单位：(盖章)

××××年××月××日

如核对相符，请在数据无误处盖章确认(沿此虚线剪开，将以下回联单寄回)；如数据存在差异，请注明贵公司记载的金额。

- -

往来款项对账单(回联)

××清查单位：

贵单位寄来的"往来款项对账单"已收到，经核对相符无误。

单位：(盖章)

××××年××月××日

(3) 收到对方单位的回单联后，应据以编制"往来款项清查报告单"，格式如表9-8所示，注明核对相符与不相符的款项，尤其应注意查明双方发生争议的款项、无望收回的款项或无法支付的款项，针对具体情况及时采取措施予以解决。

表9-8　往来款项清查报告单

总账科目：　　　　　　　　　　　年　月　日　　　　　　　　　　单位：元

明细科目	账面结存余额	对方核实数额	不符数额	不符原因分析					备注
				未达账项	托付款项	争执款项	坏账	其他	

记账员(签章)：　　　　　　　　　　　　　　　　清查人员(签章)：

第三节　财产清查结果的处理

财产清查的结果有以下 3 种情况：①账存数与实存数相符；②账存数大于实存数，即盘亏；③账存数小于实存数，即盘盈。除第一种情况外，财产清查中出现的盘盈、盘亏都属于账实不符，说明财产管理和会计核算等方面可能存在某些问题，应查明原因，并根据国家统一会计准则的规定，按照一定的程序，严肃认真地予以处理。

一、财产清查结果处理的要求

对于财产清查中发现的问题，如财产物资的盘盈、盘亏、毁损或其他各种损失，应核实情况，调查分析产生的原因，并按照国家有关法律法规的规定，进行相应的处理。财产清查结果处理的具体要求包括以下几个方面。

(一) 分析产生差异的原因和性质，提出处理建议

对于财产清查中发现的各种盘盈、盘亏及质量问题，应核准数字，调查分析发生盘盈、盘亏的性质，认真查明其发生的原因，明确经济责任，提出处理意见，按照审批权限和程序报请批准后予以处理。

(二) 积极处理多余积压财产，清理往来款项

对于清查中发现的积压、滞销或不需要的物资，报请批准后积极处理，除安排在企业内部使用外，应积极组织调拨和销售；对于长期拖欠的及有争议的往来款项都应指定专人负责查明原因，主动与对方单位协商解决。

(三) 总结经验教训，建立和健全各项管理制度

财产清查不仅要查明财产物资的实有数，对盘盈、盘亏做出妥善处理，而且要促进企业

内部改善财产物资的管理。对于清查过程中发现的账实不符情况，应在彻底查明问题性质和原因的基础上，认真总结财产管理的经验教训，制定改进工作的具体措施，建立健全财产物资管理制度，进一步落实财产管理责任制，提高经营管理水平，保护企业财产物资的安全与完整。

(四) 及时调整账簿记录，保证账实相符

为了充分发挥财产清查的作用，保证账实相符，对于清查中发现的各种盘盈、盘亏，经批准后，应按批准的意见及时进行相应的账项调整。

二、财产清查结果处理的步骤与方法

对于财产清查结果的处理可分为以下两种情况。

1. 审批之前的处理

根据"清查结果报告表""盘点报告表"等已经查实的数据资料，填制记账凭证，记入有关账簿，使账簿记录与实际盘存数相符，同时根据权限，将处理建议报股东大会或董事会或经理(厂长)会议或类似机构批准。

2. 审批之后的处理

企业清查的各种财产的损益，应于期末前查明原因，并根据企业的管理权限，经股东大会或董事会或经理(厂长)会议或类似机构批准后，在期末结账前处理完毕。企业应严格按照有关部门对财产清查结果的处理意见填制有关记账凭证，登记有关账簿，并追回应由责任者承担的财产损失。

期末结账前，如果企业清查的各种资产的损益尚未经批准，在对外提供财务报表时，先按上述规定进行处理，并在附注中做出说明；其后批准处理的金额与已处理金额不一致的，应调整财务报表相关项目的年初数。

三、财产清查结果的账务处理

(一) 设置"待处理财产损溢"账户

为了反映和监督企业在财产清查过程中查明的各种财产物资的盘盈、盘亏、毁损及其处理情况，应设置"待处理财产损溢"账户(固定资产盘盈和毁损分别通过"以前年度损益调整""固定资产清理"账户核算)。该账户属于双重性质的资产类账户，下设"待处理流动资产损溢"和"待处理非流动资产损溢"两个明细分类账户进行明细分类核算。

该账户的借方登记财产物资的盘亏数、毁损数和批准转销的财产物资盘盈数；贷方登记财产物资的盘盈数和批准转销的财产物资盘亏及毁损数。由于企业清查的各种财产的盘盈、盘亏和毁损应在期末结账前处理完毕，所以"待处理财产损溢"账户在期末结账后没有余额。"待处理财产损溢"的账户结构如图 9-1 所示。

借方	待处理财产损溢	贷方
财产物资的盘亏数、毁损数	财产物资的盘盈数	
批准转销的财产物资盘盈数	批准转销的财产物资盘亏及毁损数	

图9-1 "待处理财产损溢"的账户结构

(二) 库存现金清查结果的账务处理

1. 库存现金盘盈的账务处理

库存现金盘盈时，应及时办理库存现金的入账手续，调整库存现金账簿记录，即按盘盈的金额借记"库存现金"科目，贷记"待处理财产损溢——待处理流动资产损溢"科目。

对于盘盈的库存现金，应及时查明原因，按管理权限报经批准后，按盘盈的金额借记"待处理财产损溢——待处理流动资产损溢"科目，按需要支付或退还他人的金额贷记"其他应付款"科目，按无法查明原因的金额贷记"营业外收入"科目。

【例9-3】某企业现金清查中发现库存现金比账面余额多出800元，经查其中500元为应付某单位的账款，该企业应编制如下会计分录。

(1) 发生盘盈时的账务处理如下。

借：库存现金　　　　　　　　　　　　　　　　　　800

　　贷：待处理财产损溢——待处理流动资产损溢　　　　　800

(2) 审核批准后的账务处理如下。

借：待处理财产损溢——待处理流动资产损溢　　　　800

　　贷：其他应付款——某单位　　　　　　　　　　　　500

　　　　营业外收入　　　　　　　　　　　　　　　　　300

2. 库存现金盘亏的账务处理

库存现金盘亏时，应及时办理盘亏的确认手续，调整库存现金账簿记录，即按盘亏的金额借记"待处理财产损溢——待处理流动资产损溢"科目，贷记"库存现金"科目。

对于盘亏的库存现金，应及时查明原因，按管理权限报经批准后，按可收回的保险赔偿和过失人赔偿的金额借记"其他应收款"科目，按管理不善等原因造成净损失的金额借记"管理费用"科目，按自然灾害等原因造成净损失的金额借记"营业外支出"科目，按原记入"待处理财产损溢——待处理流动资产损溢"科目借方的金额贷记本科目。

【例9-4】某企业现金清查中发现库存现金比账面余额短缺600元，经查现金的短缺属于出纳员阿土伯的责任，要求责任人全额赔偿，该企业应编制如下会计分录。

(1) 发生盘亏时的账务处理如下。

借：待处理财产损溢——待处理流动资产损溢　　　　600

　　贷：库存现金　　　　　　　　　　　　　　　　　　600

(2) 审核批准后的账务处理如下。

借：其他应收款——阿土伯　　　　　　　　　　　　600

　　贷：待处理财产损溢——待处理流动资产损溢　　　　600

(三) 存货清查结果的账务处理

1. 存货盘盈的账务处理

存货盘盈时，应及时办理存货入账手续，调整存货账簿的实存数。盘盈的存货应按其重置成本作为入账价值借记"原材料""库存商品"等科目，贷记"待处理财产损溢——待处理流动资产损溢"科目。

对于盘盈的存货，应及时查明原因，按管理权限报经批准后，冲减管理费用，即按其入账价值，借记"待处理财产损溢——待处理流动资产损溢"科目，贷记"管理费用"科目。

【例9-5】某企业财产清查中盘盈甲材料2 000元，经查明是由于收发计量上的错误所致，报经企业管理当局批准后，该企业应编制如下会计分录。

(1) 发生盘盈时的账务处理如下。

借：原材料——甲材料   2 000

    贷：待处理财产损溢——待处理流动资产损溢   2 000

(2) 审核批准后的账务处理如下。

借：待处理财产损溢——待处理流动资产损溢   2 000

    贷：管理费用   2 000

2. 存货盘亏的账务处理

存货盘亏时，应按盘亏的金额借记"待处理财产损溢——待处理流动资产损溢"科目，贷记"原材料""库存商品"等科目。材料、产成品、商品采用计划成本(或售价)核算的，还应同时结转成本差异(或商品进销差价)。涉及增值税的，还应进行相应处理。

对于盘亏的存货，应及时查明原因，按管理权限报经批准后，按可收回的保险赔偿和过失人赔偿的金额借记"其他应收款"科目，按管理不善等原因造成净损失的金额借记"管理费用"科目，按自然灾害等原因造成净损失的金额借记"营业外支出"科目，按原记入"待处理财产损溢——待处理流动资产损溢"科目借方的金额贷记本科目。

【例9-6】某企业盘亏乙材料2 000元，经查明部分是由于保管人员过失造成的材料毁损，应由过失人阿土伯赔偿1 500元，其余为自然灾害造成，假设不考虑增值税因素，报经企业管理当局批准后，该企业应编制如下会计分录。

(1) 发生盘亏时的账务处理如下。

借：待处理财产损溢——待处理流动资产损溢   2 000

    贷：原材料——乙材料   2 000

(2) 审核批准后的账务处理如下。

借：其他应收款——阿土伯   1 500

    营业外支出   500

    贷：待处理财产损溢——待处理流动资产损溢   2 000

(四) 固定资产清查结果的账务处理

1. 固定资产盘盈的账务处理

企业在财产清查过程中盘盈的固定资产，经查明确属企业所有，按管理权限报经批准后，应根据盘存凭证填制固定资产交接凭证，经有关人员签字后送交企业会计部门，填写固定资产卡片账，并作为前期差错处理，通过"以前年度损益调整"科目核算。盘盈的固定资产通常按其重置成本作为入账价值借记"固定资产"科目，贷记"以前年度损益调整"科目。涉及增值税、所得税和盈余公积的，还应按相关规定处理。

【例9-7】某企业在财产清查过程中发现一台尚未入账的设备，其重置成本为30 000元(假定与其计税基础不存在差异)。假定该企业适用的所得税税率为25%，按净利润的10%计提法定盈余公积，该企业应编制如下会计分录。

(1) 盘盈固定资产时的账务处理如下。

借：固定资产　　　　　　　　　　　　　　　　30 000
　　贷：以前年度损益调整　　　　　　　　　　　　　　30 000

(2) 确定应缴纳的所得税时的账务处理如下。

借：以前年度损益调整　　　　　　　　　　　　7 500
　　贷：应交税费——应交所得税　　　　　　　　　　7 500(30 000×25%)

(3) 结转为留存收益时的账务处理如下。

借：以前年度损益调整　　　　　　　　　　22 500(30 000－7 500)
　　贷：盈余公积——法定盈余公积　　　　　　　2 250(22 500×10%)
　　　　利润分配——未分配利润　　　　　　　　20 250

根据《企业会计准则第28号——会计政策、会计估计变更和差错更正》的规定，例9-7中盘盈的固定资产作为前期差错进行处理，应通过"以前年度损益调整"进行核算。

2. 固定资产盘亏的账务处理

固定资产盘亏时，应及时办理固定资产注销手续，按盘亏固定资产的账面价值，借记"待处理财产损溢——待处理非流动资产损溢"科目，按已提折旧额，借记"累计折旧"科目，按其原价，贷记"固定资产"科目。涉及增值税和递延所得税的，还应按相关规定处理。

对于盘亏的固定资产，应及时查明原因，按管理权限报经批准后，按过失人及保险公司应赔偿额，借记"其他应收款"科目，按盘亏固定资产的原价扣除累计折旧和过失人及保险公司赔偿后的差额，借记"营业外支出"科目，按盘亏固定资产的账面价值，贷记"待处理财产损溢——待处理非流动资产损溢"科目。

【例9-8】某企业在财产清查中发现盘亏设备一台，其原值为50 000元(不考虑增值税)，已提折旧额30 000元，该企业应编制如下会计分录。

(1) 发生盘亏时的账务处理如下。

借：待处理财产损溢——待处理非流动资产损溢　　20 000
　　累计折旧　　　　　　　　　　　　　　　　　30 000
　　贷：固定资产　　　　　　　　　　　　　　　　　50 000

(2) 审核批准后的账务处理如下。

借：营业外支出　　　　　　　　　　　　　　　20 000
　　贷：待处理财产损溢——待处理非流动资产损溢　　20 000

(五) 结算往来款项盘存的账务处理

在财产清查过程中发现的长期未结算的往来款项，应及时清查。对于经查明确实无法支付的应付款项可按规定程序报经批准后，转作营业外收入。企业转销确实无法支付的应付账款时，应按其账面余额，借记"应付账款"科目，贷记"营业外收入"科目。

【例 9-9】某企业在财产清查中查明应付 A 单位的货款 500 元确实无法支付，经批准转营业外收入，该企业应编制如下会计分录。

借：应付账款——A 单位   500

  贷：营业外收入   500

对于无法收回的应收款项应作为坏账损失冲减坏账准备。坏账是指企业无法收回或收回的可能性极小的应收款项。由于发生坏账而产生的损失，称为坏账损失。

企业通常应将符合下列条件之一的应收款项确认为坏账：①债务人死亡，以其遗产清偿后仍然无法收回；②债务人破产，以其破产财产清偿后仍然无法收回；③债务人较长时间内未履行其偿债义务，并有足够的证据表明无法收回或收回的可能性极小。

企业对有确凿证据表明确实无法收回的应收款项，经批准后作为坏账损失。企业发生坏账损失时，借记"坏账准备"科目，贷记"应收账款"科目。

【例 9-10】某企业在财产清查中查明应收 B 单位的货款 4 000 元确实无法收回，经批准确认为坏账损失，该企业应编制如下会计分录。

借：坏账准备   4 000

  贷：应收账款——B 单位   4 000

对于已确认为坏账的应收款项，并不意味着企业放弃了追索权，一旦重新收回，应及时入账。

【练一练】

一、单项选择题

1. 盈亏的材料，查明原因属于一般经营损失，经批准后进行会计处理。下列关于应记入的科目，正确的是(　　)。

  A. 管理费用   B. 营业费用

  C. 财务费用   D. 投资收益

2. 固定资产发生盘亏进行会计处理，下列各项中，(　　)是应借记的会计科目。

  A. 固定资产清理   B. 待处理财产损溢

  C. 以前年度损益调整   D. 材料成本差异

3. 财产清查中财产盘亏是由于自然灾害所造成的，下列关于会计处理时应记入的借方科目中，正确的是(　　)。

  A. 管理费用   B. 营业外支出

  C. 其他应收款   D. 生产成本

4. 某企业在财产清查中盘亏现金 1 000 元，其中 400 元应由出纳赔偿，另外 600 元是由于管理不善导致的，现经批准后，转销现金盘亏的会计分录为(　　)。

    A. 借：待处理财产损溢　　　　　　　　　1 000

        贷：库存现金　　　　　　　　　　　　　　　1 000

    B. 借：管理费用　　　　　　　　　　　　　600

        营业外支出　　　　　　　　　　　　400

        贷：库存现金　　　　　　　　　　　　　　　1 000

    C. 借：管理费用　　　　　　　　　　　　　600

        其他应收款　　　　　　　　　　　　400

        贷：库存现金　　　　　　　　　　　　　　　1 000

    D. 借：管理费用　　　　　　　　　　　　　600

        其他应收款　　　　　　　　　　　　400

        贷：待处理财产损溢　　　　　　　　　　　1 000

5. 在财产清查中通过"账存实存对比表"发现：账存甲材料 100 000 元，实存甲材料 110 000 元，原因待查，在未批准处理前，下列账务处理中正确的是(　　)。

    A. 借：原材料——甲材料　　　　　　　　　　　　　10 000

        贷：待处理财产损溢——流动资产损溢　　　　　　　　10 000

    B. 借：原材料——甲材料　　　　　　　　　　　　　10 000

        贷：营业外收入　　　　　　　　　　　　　　　　　　10 000

    C. 借：固定资产——甲材料　　　　　　　　　　　　10 000

        贷：待处理财产损溢——非流动资产损溢　　　　　　　10 000

    D. 借：待处理财产损溢——流动资产损溢　　　　　　10 000

        贷：原材料——甲材料　　　　　　　　　　　　　　　10 000

6. 某企业盘点中发现因自然灾害损失一台设备，原始价值为 50 000 元，已计提折旧 10 000 元。根据事先签订的保险合同，保险公司应赔偿 30 000 元，则扣除保险公司赔偿后剩余的损失 10 000 元应记入(　　)科目。

    A. 累计折旧　　　　　　　　　　　　B. 营业外支出

    C. 管理费用　　　　　　　　　　　　D. 所有者权益

7. 对于"待处理财产损溢"科目，下列说法中不正确的是(　　)。

    A. 该科目贷方登记财产物资盘亏、毁损的金额；盘盈的转销额

    B. 处理前的借方余额反映企业尚未处理的财产的净损失

    C. 该科目年末应无余额

    D. 该科目借方登记财产物资盘亏、毁损的金额；盘盈的转销额

8. 下列各项中，(　　)需要采用发函询证方法进行核对。

    A. 固定资产　　　　　　　　　　　　B. 存货

    C. 库存现金　　　　　　　　　　　　D. 往来款项

9. 下列记录可以作为调整账面数字的原始凭证的是(　　)。

    A. 盘存单　　　　　　　　　　　　　B. 实存账存对比表

    C. 银行存款余额调节表　　　　　　　D. 往来款项对账单

10. 在盘点财产物资时，将各项实物资产的盘点结果登记在( )中。

 A. 盘存单   B. 账存实存对比表

 C. 对账单   D. 现金盘点报告表

二、多项选择题

1. 对各项财产物资的盘点结果，应逐一填制盘存单，由( )共同签章。

 A. 盘点人员   B. 实物保管人员

 C. 单位负责人   D. 会计主管

2. 下列关于银行存款余额调节表的表述中，不正确的有( )。

 A. 调节后的余额表示企业可以实际动用的银行存款数额

 B. 该表是通知银行更正错误的依据

 C. 可以作为调整本单位银行存款日记账记录的原始凭证

 D. 是更正本单位银行存款日记账记录的依据

3. 关于现金清查，下列说法不正确的是( )。

 A. 采用实地盘点法进行清查

 B. 出纳人员应对其进行不定期清查

 C. 单位应定期或不定期组织专门清查

 D. 现金清查报告表由出纳签章即可

4. 关于现金清查，下列说法中正确的是( )。

 A. 出纳人员每天都必须进行清查

 B. 单位只在年终决算前组织对库存现金的专门清查

 C. 清查小组清查前，出纳人员应将现金收付款凭证全部登记入账，并结出账存数

 D. 清查小组清查盘点时，出纳人员必须在场

5. 下列各项中，( )属于财产清查一般程序。

 A. 组织清查人员学习有关政策规定

 B. 确定清查对象、范围，明确清查任务

 C. 制定清查方案

 D. 填制盘存单和清查报告表

6. 下列各项中，( )企业应进行全面清查。

 A. 编制年度财务会计报告前   B. 改变隶属关系前

 C. 股份制改制前   D. 盘点存货时

7. 下列关于财产全面清查特点的表述中，正确的有( )。

 A. 清查的范围广   B. 清查的内容多

 C. 清查的时间长   D. 投入的人力多

8. 下列各项中属于财产清查程序的是( )。

 A. 建立财产清查组织   B. 组织清查人员学习有关政策规定

 C. 向关联方通报清查计划   D. 制定清查方案

9. 全面清查一般在年终进行，但单位在(　　)时，也要进行全面清查。

　　A. 中外合资　　　　　　　　　　　　B. 合并

　　C. 更换单位负责人　　　　　　　　　D. 更换实物保管人

10. 企业进行财产清查，其意义有(　　)。

　　A. 保证账实相符，提高会计资料的准确性

　　B. 保证账账相符，提高会计报表的准确性

　　C. 保障财产物资的安全完整

　　D. 充分利用各项财产物资，提高资金使用效果

三、判断题

1. 由于永续盘存制实际记录了财产物资的收、付、存数量和金额，所以企业实行永续盘存制，就不需要定期进行财产清查。　　　　　　　　　　　　　　　　　　　　　　(　　)

2. 实地盘存制是指企业对各项财产物资收入和发出的数量和金额，都必须根据原始凭证和记账凭证在有关账簿中进行连续登记，并随时结出账面余额的一种盘存制度。

(　　)

3. 银行存款余额调节表，调节后的余额如果相等，通常说明企业和银行的账面记录一般没有错误，该余额通常为企业可以动用的银行存款实有数。　　　　　　　　　　(　　)

4. 在财产清查中发现的长期未结算的往来款项，应及时清查。对于经查明确实无法支付的应付款项可按规定的程序报经批准后，转作为其他业务收入。　　　　　　　　(　　)

5. 存货盘亏、毁损的净损失一律记入"管理费用"科目。　　　　　　　　(　　)

6. 经批准转销固定资产盘亏净损失时，账务处理应借记"营业外支出"科目，贷记"固定资产清理"科目。　　　　　　　　　　　　　　　　　　　　　　　　(　　)

7. 对于材料的盘盈一般冲减管理费用，固定资产盘盈作为前期差错更正。　　(　　)

8. 在财产物资的变动和结存实际情况与账簿记录不一致时，企业应依据盘点实有数量调整账面数量。　　　　　　　　　　　　　　　　　　　　　　　　　　(　　)

9. 企业在日常工作中发生的待处理财产损溢，通常必须在年报编制前处理完毕。

(　　)

10. 企业对于与外部单位往来款项的清查，一般采取编制对账单寄交给对方单位的方式进行，因此属于账账核对。　　　　　　　　　　　　　　　　　　　　　　(　　)

四、计算分析题

1. 天宇公司 2022 年 9 月 30 日银行存款日记账余额为 98 500 元，9 月底公司与银行往来的其余资料如下。

(1) 9 月 30 日收到购货方转账支票一张，金额为 12 600 元，已经送存银行，但银行尚未入账。

(2) 本公司当月的水电费用 800 元银行已代为支付，但公司未接到通知而尚未入账。

(3) 本公司当月开出的用以支付供货方货款的转账支票，尚有 4 500 元未兑现。

(4) 本公司送存银行的某客户转账支票 35 000 元，因对方存款不足而被退票，而公司未接到通知。

(5) 公司委托银行代收的款项 22 000 元，银行已转入本公司的存款户，但本公司尚未收到通知入账。

要求：完成如表 9-9 所示的天宇公司 9 月份的银行存款余额调节表的编制。

表9-9 天宇公司9月份的银行存款余额调节表

编制单位：天宇公司　　　　　　2022 年 9 月 30 日　　　　　　单位：元

项目	金额	项目	金额
企业银行存款日记账余额	98 500	银行对账单余额	76 600
加：银行已收企业未收的款项合计	（　　）	加：企业已收银行未收的款项合计	（　　）
减：银行已付企业未付的款项合计	800	减：企业已付银行未付的款项合计	（　　）
调节后的银行存款日记账余额	（　　）	调节后的银行存款对账单余额	（　　）

【做一做】

一、请试做出本章知识结构图

二、填表

请完成如表 9-10 所示的天宇公司 10 月份的银行存款余额调节表的编制。天宇公司 2022 年 10 月最后三天的银行存款日记账和银行对账单的有关记录如下。

天宇公司银行存款日记账的记录

日期	摘要	金额
10 月 29 日	销售商品收到 98#转账支票一张	25 000
10 月 29 日	开出 78#现金支票一张	5 800
10 月 30 日	收到诚信公司交来的 355#转账支票一张	4 800
10 月 30 日	开出 105#转账支票以支付货款	11 300
10 月 31 日	开出 106#转账支票支付明年报刊订阅费	700
月末余额		147 800

银行对账单的记录

日期	摘要	金额
10 月 29 日	支付 78#现金支票	800
10 月 30 日	收到 98#转账支票	25 000
10 月 30 日	收到托收的货款	35 000
10 月 30 日	支付 105#转账支票	11 300
10 月 31 日	结转银行结算手续费	100
月末余额		178 600

表9-10 天宇公司10月份的银行存款余额调节表

编制单位：天宇公司　　　　　　　　2022 年 10 月 31 日　　　　　　　　单位：元

项目	金额	项目	金额
企业银行存款日记账余额		银行对账单余额	
加：银行已收企业未收的款项合计		加：企业已收银行未收的款项合计	
减：银行已付企业未付的款项合计		减：企业已付银行未付的款项合计	
调节后的银行存款日记账余额		调节后的银行存款对账单余额	

第十章

财 务 报 表

◈ **基本要求**

1. 了解财务报表的概念与分类
2. 熟悉财务报表编制的基本要求
3. 熟悉资产负债表的列示要求与编制方法
4. 熟悉利润表的列示要求与编制方法
5. 掌握资产负债表、利润表的作用

第一节 财务报表概述

一、财务报表的概念与分类

(一) 财务报表的概念

财务报表是对企业财务状况、经营成果和现金流量的结构性表述。企业编制财务报表的目标是,向财务报表使用者提供与企业财务状况、经营成果和现金流量等有关的会计信息,反映企业管理层受托责任的履行情况,有助于财务报表使用者做出经济决策。财务报表使用者通常包括投资者、债权人、政府及其有关部门和社会公众等。

一套完整的财务报表至少应包括下列组成部分:资产负债表、利润表、现金流量表、所有者权益变动表和附注。财务报表上述组成部分具有同等的重要程度。

资产负债表、利润表和现金流量表分别从不同角度反映企业的财务状况、经营成果和现金流量。资产负债表反映企业在某一特定日期所拥有的资产、需偿还的债务及股东(投资者)拥有的净资产情况;利润表反映企业在一定会计期间的经营成果,即利润或亏损的情况,表明企业运用所拥有的资产的获利能力;现金流量表反映企业在一定会计期间现金和现金等价物流入和流出的情况。

所有者权益变动表反映构成所有者权益的各组成部分当期的增减变动情况。企业的净利润及其分配情况是所有者权益变动的组成部分，相关信息已经在所有者权益变动表及其附注中反映，企业不需要再单独编制利润分配表。

附注是财务报表不可或缺的组成部分，是对在资产负债表、利润表、现金流量表和所有者权益变动表等报表中列示项目的文字描述或明细资料，以及对未能在这些报表中列示项目的说明等。

(二) 财务报表的分类

(1) 财务报表可以按其编报期间不同分为中期财务报表和年度财务报表。中期财务报表是以短于一个完整会计年度的报告期间为基础编制的财务报表，包括月报、季报和半年报等。中期财务报表至少应包括资产负债表、利润表、现金流量表和附注，其中，资产负债表、利润表和现金流量表应是完整报表，其格式和内容应与年度财务报表相一致。与年度财务报表相比，中期财务报表中的附注披露可适当简略。

(2) 财务报表按其编报主体不同分为个别财务报表和合并财务报表。个别财务报表是由企业在自身会计核算基础上对账簿记录进行加工而编制的财务报表，它主要用以反映企业自身的财务状况、经营成果和现金流量情况。合并财务报表是以母公司和子公司组成的企业集团为会计主体，根据母公司和所属子公司的财务报表，由母公司编制的综合反映企业集团财务状况、经营成果及现金流量的财务报表。

二、财务报表编制的基本要求

(一) 以持续经营为基础

企业应以持续经营为基础，根据实际发生的交易和事项，按照《企业会计准则——基本准则》和其他各项会计准则的规定进行确认和计量，在此基础上编制财务报表。以持续经营为基础编制财务报表不再合理时，企业应采用其他基础编制财务报表，并在附注中声明财务报表未以持续经营为基础编制的事实、披露未以持续经营为基础编制的原因和财务报表的编制基础。

(二) 按正确的会计基础编制

除现金流量表按照收付实现制原则编制外，企业应按照权责发生制原则编制财务报表。

(三) 至少按年编制财务报表

企业至少应按年编制财务报表。年度财务报表涵盖的期间短于 1 年的，应披露年度财务报表的涵盖期间、短于 1 年的原因及报表数据不具可比性的事实。

(四) 项目列报遵守重要性原则

重要性是指在合理预期下，财务报表某项目的省略或错报会影响使用者据此做出经济决策的，该项目具有重要性。

重要性应根据企业所处的具体环境，从项目的性质和金额两方面予以判断，并且对各项目重要性的判断标准一经确定，不得随意变更。判断项目性质的重要性，应考虑该项目在性质上是否属于企业日常活动，是否显著影响企业的财务状况、经营成果和现金流量等因素；判断项目金额大小的重要性，应考虑该项目金额占资产总额、负债总额、所有者权益总额、营业收入总额、营业成本总额、净利润、综合收益总额等直接相关项目金额的比重或所属报表单列项目金额的比重。

性质或功能不同的项目，应在财务报表中单独列报，但不具有重要性的项目除外。

性质或功能类似的项目，其所属类别具有重要性的，应按其类别在财务报表中单独列报。

某些项目的重要性程度不足以在资产负债表、利润表、现金流量表或所有者权益变动表中单独列示，但对附注却具有重要性的，应在附注中单独披露。

《企业会计准则第 30 号——财务报表列报》规定，在财务报表中单独列报的项目，应单独列报。其他会计准则规定单独列报的项目，应增加单独列报项目。

(五) 保持各个会计期间财务报表项目列报的一致性

财务报表项目的列报应在各个会计期间保持一致，除会计准则要求改变财务报表项目的列报或企业经营业务的性质发生重大变化后，变更财务报表项目的列报能够提供更可靠、更相关的会计信息外，不得随意变更。

(六) 各项目之间的金额不得相互抵销

财务报表中的资产项目和负债项目的金额、收入项目和费用项目的金额、直接计入当期利润的利得项目和损失项目的金额不得相互抵销，但其他会计准则另有规定的除外。

一组类似交易形成的利得和损失应以净额列示，但具有重要性的除外。

资产或负债项目按扣除备抵项目后的净额列示，不属于抵销。

非日常活动产生的利得和损失，以同一交易形成的收益扣减相关费用后的净额列示更能反映交易实质的，不属于抵销。

(七) 至少应提供所有列报项目上一个可比会计期间的比较数据

当期财务报表的列报，至少应提供所有列报项目上一个可比会计期间的比较数据，以及与理解当期财务报表相关的说明，但其他会计准则另有规定的除外。

财务报表列报项目发生变更的，应至少对可比期间的数据按照当期的列报要求进行调整，并在附注中披露调整的原因和性质，以及调整的各项目金额。对可比数据进行调整不切实可行的，应在附注中披露不能调整的原因。

(八) 应在财务报表的显著位置披露编报企业的名称等重要信息

企业应在财务报表的显著位置(如表头)至少披露下列各项：①编报企业的名称；②资产负债表日或财务报表涵盖的会计期间；③人民币金额单位；④财务报表是合并财务报表的，应予以标明。

三、财务报表编制前的准备工作

在编制财务报表前，需要完成下列工作：①严格审核会计账簿的记录和有关资料；②进行全面财产清查、核实债务，发现有关问题，应及时查明原因，按规定程序报批后，进行相应的会计处理；③按规定的结账日结账，结出有关会计账簿的余额和发生额，并核对各会计账簿之间的余额；④检查相关的会计核算是否按照国家统一的会计制度的规定进行；⑤检查是否存在因会计差错、会计政策变更等原因需要调整前期或本期相关项目的情况等。

第二节　资产负债表概述

一、资产负债表的概念与作用

(一) 资产负债表的概念

资产负债表，又称为财务状况表，是反映企业在某一特定日期的财务状况的财务报表。资产负债表是一张静态的会计报表，它是根据"资产＝负债＋所有者权益"会计恒等式编制的。

(二) 资产负债表的作用

资产负债表的作用主要有：①可以提供某一日期资产的总额及其结构，表明企业拥有或控制的资源及其分布情况；②可以提供某一日期的负债总额及其结构，表明企业未来需要用多少资产或劳务清偿债务及清偿时间；③可以反映所有者所拥有的权益，据以判断资本保值、增值的情况及对负债的保障程度。

通过资产负债表的分析，可以全面综合地了解企业资产的规模和结构、负债的规模和结构，以及所有者权益的构成情况；了解企业的资产实力、偿债能力强弱和变动情况，以及财务状况的大致变化趋势。

二、资产负债表的列示要求

(一) 资产负债表的列报

1. 分类别列报
资产负债表应按照资产、负债和所有者权益三大类别分类列报。

2. 资产和负债按流动性列报
资产和负债按照流动性分为流动资产和非流动资产、流动负债和非流动负债。

3. 列报相关的合计、总计项目
资产负债表中的资产类至少应列示流动资产和非流动资产的合计项目；负债类至少应列示流动负债、非流动负债及负债的合计项目；所有者权益类应列示所有者权益的合计项目。

资产负债表应分别列示资产总计项目和负债与所有者权益之和的总计项目，并且这两者的金额应相等。

(二) 资产的列报

资产负债表中的资产类至少应单独列示反映下列信息的项目：①货币资金；②以公允价值计量且其变动计入当期损益的金融资产；③应收款项；④预付款项；⑤存货；⑥被划分为持有待售的非流动资产及被划分为持有待售的处置组中的资产；⑦可供出售金融资产；⑧持有至到期投资；⑨长期股权投资；⑩投资性房地产；⑪固定资产；⑫生物资产；⑬无形资产；⑭递延所得税资产。

(三) 负债的列报

资产负债表中的负债类至少应单独列示反映下列信息的项目：①短期借款；②以公允价值计量且其变动计入当期损益的金融负债；③应付款项；④预收款项；⑤应付职工薪酬；⑥应交税费；⑦被划分为持有待售的处置组中的负债；⑧长期借款；⑨应付债券；⑩长期应付款；⑪预计负债；⑫递延所得税负债。

(四) 所有者权益的列报

资产负债表中的所有者权益类至少应单独列示反映下列信息的项目：①实收资本(或股本)；②资本公积；③盈余公积；④未分配利润。

三、我国企业资产负债表的一般格式

资产负债表的格式有报告式和账户式两种。报告式资产负债表是将资产、负债和所有者权益垂直排列的上下结构，上半部分列示资产，下半部分列示负债和所有者权益。账户式资产负债表分为左右两方，左方列示资产项目，按资产的流动性排列，右方列示负债及所有者权益项目，一般按求偿权先后顺序排列。

在我国，资产负债表采用账户式的格式，即左侧列示资产项目，大体按资产的流动性大小排列，流动性大的资产(如"货币资金"等)排在前面，流动性小的资产(如"长期股权投资""固定资产"等)排在后面；右侧列示负债和所有者权益项目，一般按要求清偿时间的先后顺序排列，如"短期借款""应付票据""应付账款"等需要在1年以内或长于1年的一个正常营业周期内偿还的流动负债排在前面，"长期借款"等在1年以上才需偿还的非流动负债排在中间，在企业清算之前不需要偿还的所有者权益项目排在后面。

资产负债表由表头和表体两部分组成。表头部分应列明报表名称、编表单位名称、资产负债表日和人民币金额单位；表体部分反映资产、负债和所有者权益的内容。其中，表体部分是资产负债表的主体和核心，各项资产、负债和所有者权益按流动性排列，所有者权益项目按稳定性排列。我国企业资产负债表的格式一般如表10-1所示。

表10-1 资产负债表

会企01表

编制单位： 　　　　　　　　　　年　　月　　日 　　　　　　　　　单位：元

资产	期末余额	上年年末余额	负债和所有者权益(或股东权益)	期末余额	上年年末余额
流动资产：			流动负债：		
货币资金			短期借款		
交易性金融资产			交易性金融负债		
衍生金融资产			衍生金融负债		
应收票据			应付票据		
应收账款			应付账款		
应收款项融资			预收款项		
预付账款			合同负债		
其他应收款			应付职工薪酬		
存货			应交税费		
合同资产			其他应付款		
持有待售资产			持有待售负债		
1年内到期的非流动资产			1年内到期的非流动负债		
其他流动资产			其他流动负债		
流动资产合计			流动负债合计		
非流动资产：			非流动负债：		
债权投资			长期借款		
其他债权投资			应付债券		
长期应收款			其中：优先股		
长期股权投资			永续债		
其他权益工具投资			租赁负债		
其他非流动金融资产			长期应付款		
投资性房地产			预计负债		
固定资产			递延收益		
在建工程			递延所得税负债		
生产性生物资产			其他非流动负债		
油气资产			非流动负债合计		
使用权资产			负债合计		
无形资产			所有者权益(或股东权益)：		
开发支出			实收资本(或股本)		
商誉			其他权益工具		
长期待摊费用			其中：优先股		
递延所得税资产			永续债		
其他非流动资产			资本公积		
非流动资产合计			减：库存股		
			其他综合收益		
			专项储备		
			盈余公积		
			未分配利润		
			所有者权益(或股东权益)合计		
资产总计			负债和所有者权益(或股东权益)总计		

四、资产负债表编制的基本方法

资产负债表各项目均需填列"上年年末余额"和"期末余额"两栏。

(一) "期末余额"栏的填列方法

资产负债表"期末余额"栏内各项数字,一般应根据资产、负债和所有者权益类科目的期末余额填列,具体有如下几种方法。

1. 根据一个或几个总账科目的余额填列

(1) 根据一个总账科目的余额直接填列,如"短期借款""应付票据""应付职工薪酬"等项目,根据"短期借款""应付票据""应付职工薪酬"各总账科目的余额直接填列。其中"应交税费"等负债项目,如果其相应科目出现借方余额,应以"一"号填列;"固定资产清理"等资产项目,如果其相应科目出现贷方余额,也应以"一"号填列。

【例10-1】某企业2022年3月1日向银行借入1年期借款320 000元,向其他金融机构借款230 000元,无其他短期借款业务发生。

企业2022年12月31日资产负债表中的"短期借款"项目金额为:320 000+230 000=550 000(元)。

本例中,企业直接以"短期借款"总账科目余额填列在资产负债表中。

【例10-2】某企业2022年12月31日应付A企业商业票据32 000元,应付B企业商业票据56 000元,应付C企业商业票据680 000元,尚未支付。

该企业在2022年12月31日资产负债表中"应付票据"项目金额为:32 000+56 000+680 000=768 000(元)。

本例中,企业直接以"应付票据"总账科目余额填列在资产负债表中。

【例10-3】某企业2022年12月31日应付管理人员工资300 000元,应付福利费42 000元,应付车间工作人员工资57 000元,无其他应付职工薪酬项目。

企业2022年12月31日资产负债表中"应付职工薪酬"项目金额为:300 000+42 000+57 000=399 000(元)。

本例中,管理人员工资和福利费、车间工作人员工资都属于职工薪酬的范围,应以各种应付未付职工薪酬加总后的金额,即"应付职工薪酬"总账科目余额填列在资产负债表中。

(2) 根据几个总账科目的余额计算填列,如"货币资金"项目,需根据"库存现金""银行存款""其他货币资金"3个总账科目的期末余额的合计数填列。"未分配利润"项目,应根据"本年利润"科目和"利润分配"科目的期末余额计算填列。

【例10-4】某企业2022年12月31日结账后的"库存现金"科目余额为10 000元,"银行存款"科目余额为4 000 000元,"其他货币资金"科目余额为1 000 000元。

该企业2022年12月31日资产负债表中的"货币资金"项目金额为:10 000+4 000 000+1 000 000=5 010 000(元)。

本例中,企业应按照"库存现金""银行存款"和"其他货币资金"3个总账科目余额加总后的金额,作为资产负债表中"货币资金"项目的金额。

2. 根据明细账科目的余额计算填列

(1)"应收账款"项目,应根据"应收账款"科目和"预收账款"科目所属明细科目的期末借方余额合计数,减去"坏账准备"科目中有关应收账款计提的坏账准备期末余额后的金额填列。

(2)"预付账款"项目,应根据"预付账款"科目和"应付账款"科目所属明细科目的期末借方余额合计数,减去"坏账准备"科目中有关预付账款计提的坏账准备期末余额后的金额填列。

(3)"应付账款"项目,应根据"应付账款"科目和"预付账款"科目所属明细科目的期末贷方余额合计数填列。

(4)"预收账款"项目,应根据"预收账款"科目和"应收账款"科目所属明细科目的期末贷方余额合计数填列。

【例10-5】某企业2022年12月31日结账后有关科目所属明细科目借、贷方余额如表10-2所示。

表10-2　明细科目借、贷方余额表

单位:元

科目名称	明细科目借方余额合计	明细科目贷方余额合计
应收账款	1 600 000	100 000
预付账款	800 000	60 000
应付账款	400 000	1 800 000
预收账款	600 000	1 400 000

该企业2022年12月31日资产负债表中相关项目的金额如下。

- "应收账款"项目金额为:1 600 000+600 000=2 200 000(元)
- "预付账款"项目金额为:800 000+400 000=1 200 000(元)
- "应付账款"项目金额为:60 000+1 800 000=1 860 000(元)
- "预收账款"项目金额为:1 400 000+100 000=1 500 000(元)

本例中,应收账款项目应根据"应收账款"科目所属明细科目借方余额1 600 000元和"预收账款"科目所属明细科目借方余额600 000元加总,作为资产负债表中"应收账款"的项目金额,即2 200 000元。

预付账款项目应根据"预付账款"科目所属明细科目借方余额800 000元和"应付账款"科目所属明细科目借方余额400 000元加总,作为资产负债表中"预付账款"的项目金额,即1 200 000元。

应付账款项目应根据"应付账款"科目所属明细科目贷方余额1 800 000元和"预付账款"科目所属明细科目贷方余额60 000元加总,作为资产负债表中"应付账款"的项目金额,即1 860 000元。

预收账款项目应根据"预收账款"科目所属明细科目贷方余额1 400 000元和"应收账款"科目所属明细科目贷方余额100 000元加总,作为资产负债表中"预收账款"的项目金额,即1 500 000元。

3. 根据总账科目和明细账科目的余额分析计算填列

例如,"长期待摊费用"项目,根据"长期待摊费用"科目期末余额扣除其中将于 1 年内摊销的数额后的金额填列,将于 1 年内摊销的数额填列在"1 年内到期的非流动资产"项目内;再如,"长期借款"和"应付债券"项目,应根据"长期借款"和"应付债券"科目的期末余额,扣除其中自资产负债表日起 1 年内到期且企业不能自主地将清偿义务展期的部分在"1 年内到期的非流动负债"项目内反映。

【例 10-6】某企业长期借款情况如表 10-3 所示。

表10-3　某企业长期借款情况

借款起始日期	借款期限(年)	金额(元)
2021 年 1 月 1 日	3	1 000 000
2019 年 1 月 1 日	5	2 000 000
2019 年 6 月 1 日	4	1 500 000

该企业 2022 年 12 月 31 日资产负债表中"长期借款"项目金额为:1 000 000＋2 000 000＝3 000 000(元)。

本例中,企业应根据"长期借款"总账科目余额 4 500 000(1 000 000＋2 000 000＋1 500 000)元,减去 1 年内到期的长期借款 1 500 000 元,作为资产负债表中"长期借款"项目的金额,即 3 000 000 元。将在 1 年内到期的长期借款 1 500 000 元,应填列在流动负债下"1 年内到期的非流动负债"项目中。

【例 10-7】某企业 2022 年"长期待摊费用"科目的期末余额为 375 000 元,将于 1 年内摊销的数额为 204 000 元。

该企业 2022 年 12 月 31 日资产负债表中的"长期待摊费用"项目金额为:375 000－204 000＝171 000(元)。

本例中,企业应根据"长期待摊费用"总账科目余额 375 000 元,减去将于 1 年内摊销的金额 204 000 元,作为资产负债表中"长期待摊费用"项目的金额,即 171 000 元。将于 1 年内摊销完毕的 204 000 元,应填列在流动资产下"1 年内到期的非流动资产"项目中。

4. 根据有关科目余额减去备抵科目余额后的净额填列

例如,"固定资产"项目,应根据"固定资产"科目的期末余额减去"累计折旧""固定资产减值准备"科目期末余额后的净额填列;"无形资产"项目,应根据"无形资产"科目的期末余额减去"累计摊销""无形资产减值准备"科目期末余额后的净额填列。

【例 10-8】某企业 2022 年 12 月 31 日结账后的"固定资产"科目余额为 1 000 000 元,"累计折旧"科目余额为 90 000 元,"固定资产减值准备"科目余额为 200 000 元。

该企业 2022 年 12 月 31 日资产负债表中的"固定资产"项目金额为:1 000 000－90 000－200 000＝710 000(元)。

本例中,企业应以"固定资产"总账科目余额减去"累计折旧"和"固定资产减值准备"两个备抵类总账科目余额后的净额,作为资产负债表中"固定资产"的项目金额。

【例 10-9】某企业 2022 年 12 月 31 日结账后的"无形资产"科目余额为 488 000 元,"累计摊销"科目余额为 48 800 元,"无形资产减值准备"科目余额为 93 000 元。

该企业 2022 年 12 月 31 日资产负债表中的"无形资产"项目金额为：488 000－48 800－93 000＝346 200(元)。

本例中，企业应以"无形资产"总账科目余额减去"累计摊销"和"无形资产减值准备"两个备抵类总账科目余额后的净额，作为资产负债表中"无形资产"的项目金额。

5. 综合运用上述填列方法分析填列

例如，"存货"项目，应根据"在途物资""材料采购""原材料""周转材料""库存商品""委托加工物资""发出商品""生产成本"等科目的期末余额之和，加上或减去"材料成本差异"科目期末余额，减去"存货跌价准备"科目期末余额后的金额填列。

【例 10-10】某企业采用计划成本核算材料，2022 年 12 月 31 日结账后有关科目余额为："材料采购"科目余额为 140 000 元(借方)，"原材料"科目余额为 2 400 000 元(借方)，"周转材料"科目余额为 1 800 000 元(借方)，"库存商品"科目余额为 1 600 000 元(借方)，"生产成本"科目余额为 600 000 元(借方)，"材料成本差异"科目余额为 120 000 元(贷方)，"存货跌价准备"科目余额为 210 000 元。

该企业 2022 年 12 月 31 日资产负债表中的"存货"项目金额为：140 000＋2 400 000＋1 800 000＋1 600 000＋600 000－120 000－210 000＝6 210 000 (元)。

本例中，企业应以"材料采购"(表示在途材料采购成本)、"原材料""周转材料"(如包装物和低值易耗品等)、"库存商品""生产成本"(表示期末在产品金额)各总账科目余额加总后，加上或减去"材料成本差异"总账科目的余额(若为贷方余额，应减去；若为借方余额，应加上)，再减去"存货跌价准备"总账科目余额后的净额，作为资产负债表中"存货"项目的金额。

(二)"上年年末余额"的填列方法

本表的"上年年末余额"通常根据上年末有关项目的期末余额填列，且与上年末资产负债表"期末余额"一致。如果企业上年度资产负债表规定的项目名称和内容与本年度不一致，应对上年年末资产负债表相关项目的名称和数字按照本年度的规定进行调整，填入"上年年末余额"栏。

第三节　利润表概述

一、利润表的概念与作用

(一) 利润表的概念

利润表，又称为损益表，是反映企业在一定会计期间的经营成果的财务报表。利润表主要是根据"收入－费用＝利润"这一等式，依照一定的分类标准和顺序，将企业一定会计期间的各种收入、费用支出和直接计入当期利润的利得和损失进行适当分类、排列而成的。

(二) 利润表的作用

利润表的作用主要有：①反映一定会计期间收入的实现情况；②反映一定会计期间的

费用耗费情况；③反映企业经济活动成果的实现情况，据以判断资本保值增值等情况。

通过利润表可以从总体上了解企业收入、费用和净利润(或亏损)的实现和构成情况，用以分析企业的盈利能力和亏损原因。企业的外部使用者可以根据报表提供的信息进行各自的经济决策；企业的内部管理人员可以据此分析企业利润计划的完成情况，并从利润的构成入手，分析影响利润的主要因素，发现存在的问题，采取有效的措施，加强和改善内部经营管理，以进一步提高企业的经济效益。

二、利润表的列示要求

利润表列示的基本要求如下。

(1) 企业在利润表中应对费用按照功能分类，分为从事经营业务发生的成本、管理费用、销售费用和财务费用等。

(2) 利润表至少应单独列示反映下列信息的项目，但其他会计准则另有规定的除外：①营业收入；②营业成本；③税金及附加；④管理费用；⑤销售费用；⑥财务费用；⑦投资收益；⑧公允价值变动损益；⑨资产减值损失；⑩非流动资产处置损益；⑪所得税费用；⑫净利润；⑬其他综合收益各项目分别扣除所得税影响后的净额；⑭综合收益总额。金融企业可以根据其特殊性列示利润表项目。

(3) 其他综合收益项目应根据其他相关会计准则的规定分为以后会计期间不能重分类进损益的其他综合收益项目和以后会计期间在满足规定条件时将重分类进损益的其他综合收益项目两类列报。

三、我国企业利润表的一般格式

利润表的格式一般有单步式和多步式两种。单步式利润表是将所有收入和所有费用分别加以汇总，用收入合计减去费用合计得出本期利润的利润表。多步式利润表是按照利润的构成内容分层次、分步骤逐项、逐步计算编制而成的报表。

在我国，企业应采用多步式利润表，将不同性质的收入和费用分别进行对比，以便得出一些中间性的利润数据，帮助使用者理解企业经营成果的不同来源。

利润表通常包括表头和表体两部分。表头应列明报表名称、编表单位名称、财务报表涵盖的会计期间和人民币金额单位等内容；利润表的表体，反映形成经营成果的各个项目和计算过程。我国企业利润表的格式一般如表10-4所示。

表10-4 利润表(式样)

会企02表

编制单位：　　　　　　　　　　　年　月　　　　　　　　　　　单位：元

项目	本期金额	上期金额
一、营业收入		
减：营业成本		
税金及附加		

项目	本期金额	上期金额
销售费用		
管理费用		
研发费用		
财务费用		
其中：利息费用		
利息收入		
加：其他收益		
投资收益(损失以"－"号填列)		
其中：对联营企业和合营企业的投资收益		
以摊余成本计量的金融资产终止确认收益(损失以"－"号填列)		
净敞口套期收益(损失以"－"号填列)		
公允价值变动损益(损失以"－"号填列)		
信用减值损失(损失以"－"号填列)		
资产减值损失(损失以"－"号填列)		
资产处置收益(损失以"－"号填列)		
二、营业利润(亏损以"－"号填列)		
加：营业外收入		
减：营业外支出		
三、利润总额(亏损总额以"－"号填列)		
减：所得税费用		
四、净利润(净亏损以"－"号填列)		
(一) 持续经营净利润(净亏损以"－"号填列)		
(二) 终止经营净利润(净亏损以"－"号填列)		
五、其他综合收益的税后净额		
(一) 不能重分类进损益的其他综合收益		
1. 重新计量设定受益计划变动额		
2. 权益法下不能转损益的其他综合收益		
3. 其他权益工具投资公允价值变动		
4. 企业自身信用风险公允价值变动		
……		
(二) 将重分类进损益的其他综合收益		
1. 权益法下可转损益的其他综合收益		
2. 其他债权投资公允价值变动		
3. 金融资产重分类计入其他综合收益的金额		
4. 其他债权投资信用减值准备		
5. 现金流量套期储备		

(续表)

项目	本期金额	上期金额
6. 外币财务报表折算差额		
……		
六、综合收益总额		
七、每股收益		
（一）基本每股收益		
（二）稀释每股收益		

四、利润表编制的基本方法

利润表各项目均需填列"本期金额"和"上期金额"两栏。

(一)"本期金额"栏的填列方法

利润表中的"本期金额"反映各项目的本期实际发生数，主要应依据损益类各科目的本期实际发生额列报。具体各项目的填列方法如下。

(1)"营业收入"项目，反映企业日常经营主要业务和其他业务所确认的收入总额，应根据"主营业务收入"和"其他业务收入"科目的本期发生额分析填列。

(2)"营业成本"项目，反映企业日常经营主要业务和其他业务所发生的成本的总额，应根据"主营业务成本"和"其他业务成本"科目的本期发生额分析填列。

(3)"税金及附加"项目，反映企业日常经营活动应负担的消费税、城市维护建设税、资源税和教育费附加等，应根据"税金及附加"科目的本期发生额分析填列。

(4)"销售费用"项目，反映企业在销售商品过程中发生的包装费、广告费等费用和为销售本企业商品而专设的销售机构的职工薪酬、业务费等经营费用，应根据"销售费用"科目的本期发生额分析填列。

(5)"管理费用"项目，反映企业为组织和管理生产经营发生的管理费用，应根据"管理费用"科目的本期发生额分析填列。

(6)"财务费用"项目，反映企业为筹集生产经营所需资金等而发生的筹资费用，应根据"财务费用"科目的本期发生额分析填列。

(7)"资产减值损失"项目，反映企业各项资产发生的减值损失，应根据"资产减值损失"科目的本期发生额分析填列。

(8)"公允价值变动收益"项目，反映企业发生的应计入当期损益的资产或负债公允价值变动收益，应根据"公允价值变动损益"科目的本期发生额分析填列。若为净损失，则应以"—"号填列。

(9)"投资收益"项目，反映企业以各种方式对外投资所取得的收益，应根据"投资收益"科目的本期发生额分析填列。若为投资损失，则应以"—"号填列。

(10)"营业利润"项目，反映企业实现的营业利润，应根据利润表中相关项目计算填列。

若为亏损，本项目以"一"号填列。

(11)"营业外收入"项目，反映企业发生的与经营业务无直接关系的各项收入，应根据"营业外收入"科目的本期发生额分析填列。

(12)"营业外支出"项目，反映企业发生的与经营业务无直接关系的各项支出，应根据"营业外支出"科目的本期发生额分析填列。

(13)"利润总额"项目，反映企业实现的利润总额，应根据利润表中相关项目计算填列。若为亏损，本项目以"一"号填列。

(14)"所得税费用"项目，反映企业应从当期利润总额中扣除的所得税费用，应根据"所得税费用"科目的本期发生额分析填列。

(15)"净利润"项目，反映企业实现的净利润，应根据利润表中相关项目计算填列。若为亏损，本项目以"一"号填列。

(16)"其他综合收益的税后净额"项目，反映企业根据企业会计准则规定未在损益中确认的各项利得和损失扣除所得税影响后的净额。

(17)"综合收益总额"项目，反映企业净利润与其他综合收益的合计金额。

(18)"每股收益"项目，包括基本每股收益和稀释每股收益两项指标，反映普通股或潜在普通股已公开交易的企业，以及正处在公开发行普通股和潜在普通股过程中的企业的每股收益信息。

(二)"上期金额"的填列方法

"上期金额"应根据上年该期利润表"本期金额"填列。如果上年该期利润表规定的各个项目的名称和内容同本期不一致，应对上年该期利润表各项目的名称和数字按本期的规定进行调整，填入利润表"上期金额"栏内。

【例10-11】某企业2022年度损益类科目累计发生净额如表10-5所示。

表10-5　某企业2022年度损益类科目累计发生净额

单位：元

科目名称	借方发生额	贷方发生额
主营业务收入		3 750 000
主营业务成本	2 250 000	
税金及附加	6 000	
销售费用	210 000	
管理费用	220 000	
财务费用	124 500	
资产减值损失	104 000	
投资收益		154 500
营业外收入		150 000
营业外支出	59 100	
所得税费用	270 225	

根据上述资料编制该企业 2022 年度利润表如表 10-6 所示。

表10-6 利润表

编制单位：某企业　　　　　　　　　　　2022 年　　　　　　　　　　　单位：元

项目	本期金额	上期金额
一、营业收入	3 750 000	(略)
减：营业成本	2 250 000	(略)
税金及附加	6 000	(略)
销售费用	210 000	(略)
管理费用	220 000	(略)
财务费用	124 500	(略)
资产减值损失	104 000	(略)
加：公允价值变动收益(损失以"－"号填列)		(略)
投资收益(损失以"－"号填列)	154 500	(略)
其中：对联营企业和合营企业的投资收益		(略)
二、营业利润(亏损以"－"号填列)	990 000	(略)
加：营业外收入	150 000	(略)
其中：非流动资产处置利得		(略)
减：营业外支出	59 100	(略)
其中：非流动资产处置损失		(略)
三、利润总额(亏损总额以"－"号填列)	1 080 900	(略)
减：所得税费用	270 225	(略)
四、净利润(净亏损以"－"号填列)	810 675	(略)
五、其他综合收益的税后净额		(略)
(一) 以后不能重分类进损益的其他综合收益		(略)
1. 重新计量设定受益计划净负债或净资产的变动		(略)
2. 权益法下在被投资单位不能重分类进损益的其他综合收益中享有份额		(略)
(二) 以后将重分类进损益的其他综合收益		(略)
1. 权益法下在被投资单位以后将重分类进损益的其他综合收益中享有的份额		(略)
2. 可供出售金融资产公允价值变动损益		(略)
3. 持有至到期投资重分类为可供出售金融资产损益		(略)
4. 现金流进套期损益的有效部分		(略)
5. 外币财务报表折算差额		(略)
……		(略)
六、综合收益总额		(略)
七、每股收益		(略)
(一) 基本每股收益		(略)
(二) 稀释每股收益		(略)

【练一练】

一、单项选择题

1. 企业本月利润表中的营业收入为 450 000 元，营业成本为 216 000 元，税金及附加为 9 000 元，管理费用为 10 000 元，财务费用为 5 000 元，销售费用为 8 000 元，则其营业利润为(　　)元。

  A. 217 000   B. 225 000   C. 234 000   D. 202 000

2. 下列各项中，(　　)不会影响企业利润总额增减的变化。

  A. 销售费用   B. 管理费用   C. 所得税费用   D. 营业外支出

3. 某公司本会计期间的主营业务收入为 1 700 万元，主营业务成本为 1 190 万元，税金及附加为 170 万元，销售费用为 110 万元，管理费用为 100 万元，财务费用为 19 万元，营业外收入为 16 万元，营业外支出为 25 万元，其他业务收入为 200 万元，其他业务成本为 100 万元，应交所得税按利润总额的 25%计算，其营业利润、利润总额、企业净利润分别为(　　)万元。

  A. 111、232、174   B. 211、202、151.5

  C. 356、232、74   D. 111、202、151.5

4. 下列各项中，不会影响营业利润金额的是(　　)。

  A. 资产减值损失   B. 财务费用   C. 投资收益   D. 营业外收入

5. 某企业本月主营业务收入为 1 000 000 元，其他业务收入为 80 000 元，营业外收入为 90 000 元，主营业务成本为 760 000 元，其他业务成本为 50 000 元，税金及附加为 30 000 元，营业外支出为 75 000 元，管理费用为 40 000 元，销售费用为 30 000 元，财务费用为 15 000 元，所得税费用为 75 000 元，则该企业本月营业利润为(　　)元。

  A. 170 000   B. 155 000   C. 25 000   D. 80 000

6. 下列各项中，利润表无法直接反映的是(　　)。

  A. 主营业务利润   B. 营业利润   C. 利润总额   D. 净利润

7. 下列资产负债表项目中，(　　)直接根据一个总分类账户就能填列。

  A. 货币资金   B. 应收账款   C. 短期借款   D. 预收款项

8. 在编制报表时由总账余额直接填列报表数据的项目是(　　)。

  A. 预计负债   B. 长期借款   C. 应收账款   D. 应付账款

9. 编制资产负债表时，根据总账余额和明细账的余额计算填列的项目是(　　)。

  A. 应付票据   B. 短期借款   C. 长期借款   D. 应收票据

10. 某企业"应付账款"科目月末贷方余额 40 000 元，其中，"应付账款——甲公司"明细科目贷方余额 35 000 元，"应付账款——乙公司"明细科目贷方余额 5 000 元；"预付账款"科目月末贷方余额 30 000 元，其中，"预付账款——A 工厂"明细科目贷方余额 50 000 元，"预付账款——B 工厂"明细科目借方余额 20 000 元。该企业月末资产负债表中"应付账款"项目的金额为(　　)元。

  A. 90 000   B. 30 000   C. 40 000   D. 70 000

二、多项选择题

1. 利润表可以提供不同时期收入、费用和利润的比较数字,这些比较数字应填入的栏次有( )。

    A. 本期计划数   B. 本期数   C. 本年累计数   D. 上年数

2. 利润表中的"营业成本"项目填列的依据有( )。

    A. "营业外支出"发生额   B. "主营业务成本"发生额

    C. "其他业务成本"发生额   D. "税金及附加"发生额

3. 利润表的意义体现在( )。

    A. 通过利润表,可以从总体上了解企业的收入和费用、净利润等的实现及构成情况

    B. 通过利润表提供的不同时期的比较数字,可以分析企业的获利能力及利润的变化情况和未来发展趋势

    C. 通过利润表,可以了解投资者投入资本的保值增值情况,评价企业经营业绩

    D. 通过利润表提供的数据可以了解企业的债务偿还能力

4. 下列资产负债表项目中,( )需要根据其明细科目余额计算填列。

    A. 应收账款   B. 应收票据   C. 应付账款   D. 货币资金

5. 某企业 2022 年 12 月 31 日应付生产工人薪酬 5 000 元,应付车间管理人员薪酬 6 000 元,应付厂部管理人员薪酬 3 500 元,则该企业 2022 年 12 月 31 日资产负债表中"应付职工薪酬"项目填列的金额不可能是( )元。

    A. 11 000   B. 14 500   C. 8 500   D. 9 500

6. 资产负债表中,"预收账款"项目应根据( )总分类账户所属各明细分类账户期末贷方余额合计填列。

    A. 预付账款   B. 应收账款   C. 应付账款   D. 预收账款

7. 资产负债表中的"存货"项目反映的内容包括( )。

    A. 发出商品   B. 材料成本差异   C. 委托加工物资   D. 生产成本

8. 下列各项中,( )列在资产负债表左方。

    A. 固定资产   B. 无形资产   C. 长期股权投资   D. 流动资产

9. 下列各项中,( )属于企业资产负债表提供的信息。

    A. 企业资产的构成及其状况   B. 企业的负债总额及其结构

    C. 企业利润的形成情况   D. 企业所有者权益情况

10. 下列应记入资产负债表中"流动负债合计"的项目是( )。

    A. 应收账款   B. 应付账款

    C. 1年内到期的非流动负债   D. 预付账款

三、判断题

1. 其他综合收益项目应根据其他相关会计准则的规定分为以后会计期间不能重分类进损益的其他综合收益项目和以后会计期间在满足规定条件时将重分类进损益的其他综合收益项目两类列报。   ( )

2. 根据项目列报遵守重要性原则，性质或功能不同的项目，应在财务报表中单独列报，但不具有重要性的项目除外。　　　　　　　　　　　　　　　　　　　　　　　　　（　　）

3. 利润表中的大部分项目都可以根据资产负债账户的发生额填列。　　　　　　　（　　）

4. 资产负债表和利润表都是根据有关账户的本期发生额填列的。　　　　　　　　（　　）

5. 利润表可以帮助报表使用者分析企业某一特定日期的经营成果和利润的未来发展趋势。　　　　　　　　　　　　　　　　　　　　　　　　　　　　　　　　　　　　（　　）

6. 单步式利润表可以得出一些中间性的利润数据，便于使用者理解单位经营成果的不同来源。　　　　　　　　　　　　　　　　　　　　　　　　　　　　　　　　　　　　　（　　）

7. 利润表是反映企业一定会计期间财务状况的报表。　　　　　　　　　　　　　（　　）

8. 利润表的格式主要有多步式和单步式两种，我国采用多步式。　　　　　　　　（　　）

9. 资产负债表各项的"期末数"，根据总账和有关明细账的期末余额直接填列。　　　（　　）

10. 未弥补亏损在资产负债表的"未分配利润"项目内以"－"号填列。　　　　　（　　）

四、计算分析题

1. 已知金地公司 2022 年年初总资产比年末总资产少 100 000 元，年末流动资产是年末流动负债的 3 倍。2022 年年末的资产负债表(简表)如表 10-7 所示。

表10-7　资产负债表(简表)

制表单位：金地公司　　　　　　　　　　　　2022 年 12 月 31 日　　　　　　　　　　　　单位：元

资产	年初数	年末数	负债和所有者权益	年初数	年末数
流动资产：			流动负债：		
货币资金	52 500	47 200	短期借款	20 000	50 000
应收账款	26 500	83 500	应付账款	22 500	65 500
其他应收款	1 000	1 500	应交税费	9 500	6 500
存货	266 000	233 800	流动负债合计	52 000	（　　）
流动资产合计	346 000	366 000	非流动负债：		
非流动资产：			长期借款	180 000	200 000
固定资产	204 000	（　　）	所有者权益：		
			实收资本	300 000	300 000
			盈余公积	18 000	（　　）
			所有者权益合计	318 000	（　　）
资产总计	550 000		负债及所有者权益总计	550 000	（　　）

要求：请填写完成表 10-7 括号中的数据。

2. 金地公司所得税税率为 25%，该公司 2022 年 1 月至 11 月各损益类账户的累计发生额和 12 月底转账前各损益类账户的发生额如表 10-8 所示。

表10-8 金地公司1月至11月累计发生额和12月底转账前各损益类账户的发生额

账户名称	12月份发生额		1月至11月累计发生额	
	借方	贷方	借方	贷方
主营业务收入	252 500		2 800 000	5 000 000
主营业务成本	2 600		10 000	
销售费用	1 000		29 000	
税金及附加	7 500		32 500	
其他业务成本	2 000		11 000	
营业外支出	3 000		30 000	
财务费用	4 400	3 000	50 000	
管理费用		20 000		
其他业务收入				
营业外收入		2 500		
投资收益				

则金地公司 2022 年度利润表的下列报表项目金额如下。

(1) 营业收入(　　　　)元。

(2) 营业成本(　　　　)元。

(3) 营业利润(　　　　)元。

(4) 利润总额(　　　　)元。

(5) 净利润(　　　　)元。

【做一做】

一、请试做出本章知识结构图

二、填表

请对比学习资产负债表和利润表，并填制表 10-9。

表10-9　填制表

对比项目	资产负债表	利润表(损益表)
概念		
理论依据		
作用		
格式		
报表内容		
编制方法		

参考文献

[1] 中华人民共和国财政部. 企业会计准则[M]. 上海：立信会计出版社，2021.

[2] 财政部会计资格评价中心. 初级会计实务[M]. 北京：经济科学出版社，2021.

[3] 中华人民共和国财政部. 会计从业资格考试大纲[M]. 北京：经济科学出版社，2016.

[4] 中华人民共和国财政部. 会计基础工作规范[M]. 北京：经济科学出版社，2019.

[5] 赵丽生. 会计基础[M]. 三版. 北京：高等教育出版社，2021.